• 经济管理学术文库 •

虚拟企业知识转移的研究

Research on the Knowledge Transfer in Virtual Enterprise

张红兵 / 著

经济管理出版社
ECONOMY & MANAGEMENT PUBLISHING HOUSE

图书在版编目（CIP）数据

虚拟企业知识转移的研究/张红兵著 . —北京：经济管理出版社，2009.3

ISBN 978 - 7 - 5096 - 0577 - 6

Ⅰ. 虚… Ⅱ. 张… Ⅲ. 知识经济—应用—企业管理—研究 Ⅳ. F270

中国版本图书馆 CIP 数据核字（2009）第 026201 号

出版发行：**经济管理出版社**

北京市海淀区北蜂窝 8 号中雅大厦 11 层

电话：（010）51915602　　邮编：100038

印刷：三河市海波印务有限公司　　　　经销：新华书店

组稿编辑：陈力　　　　　　责任编辑：陈力　李晓宪

技术编辑：杨国强　　　　　　责任校对：郭佳

720mm × 1000mm/16　　　　14 印张　　259 千字

2009 年 4 月第 1 版　　　　2009 年 4 月第 1 次印刷

印数：1—2500 册　　　　　　　　定价：32.00 元

书号：ISBN 978 - 7 - 5096 - 0577 - 6

摘　要

　　虚拟企业是在新的全球经济竞争形式下，随着信息技术的迅速发展而逐渐演化形成的一种新型组织模式，它能够以其本身独有的柔性实现对环境变化的敏捷性适应，使企业从容应对不可预测的市场变化，在多变的竞争环境中取得长期的经济效益和可持续发展。虚拟企业中各成员企业之间的交互体现了一种"知识"的相互转移流动，而目前却很少有文献对虚拟企业的知识转移进行系统的研究。因此，本书借助于知识管理的相关理论对虚拟企业知识转移进行深入的探索，无疑是一种积极有益的尝试。

　　第一，本书澄清了虚拟企业的内涵，并对国内外知识转移的研究现状进行了梳理和述评。第二，分别从自组织理论、模块化理论以及知识交易理论的角度，论证了"虚拟企业的存在性"和"虚拟企业是知识转移的一种有效组织形式"两个关键命题，据此明确了虚拟企业知识转移的理论基础。第三，本书详细地分析了虚拟企业知识转移的机理，并依次对虚拟企业知识转移能力与风险进行了深入探讨。第四，本书参考信息学等相关理论，对虚拟企业知识转移的实现平台以及实现方法进行系统的分析。第五，提出了我国构筑虚拟企业知识转移机制的策略。

　　本书的研究成果和创新点主要体现在以下五个方面：一是本书创造性地结合物理学理论，提出了虚拟企业知识转移的动力——知识势差的概念，指出知识转移（流动）的根源在于各成员企业之间存在着不同的知识势，据此构建出虚拟企业知识转移的动力机制模型。二是由于"知识发酵"是知识管理领域一个新理论，这个理论具有很强的解释性和实践可操作性，因此，本书从知识发酵出发，对虚拟企业知识转移发酵的要素情况以及相应的循环发酵机制进行系统的描述，从而为虚拟企业知识转移的研究提供了一个全新的视角。三是构筑了知识吸收能力模型和知识溢出信号框架模型，据此揭示了虚拟企业知识转移的能力——知识吸收能力与知识溢出能力的内在机理。四是本书将虚拟企业知识转移理论与现代信息技术相互结合——建立了一个基于 Web2.0 的虚拟企业知识共享系统（VEKSS），并对虚拟企业知识转移的实现方法（知识技术）进行了深入的探索，进一步拓展了虚拟企业知识转移理论的研究领域。五是针对我国实践中虚拟企业知识转移面临的各种制约因素，分别从政府和企业两个层面提出了构筑虚拟企业知识转移机制的策略，为增强虚拟企业知识转移能力与核心竞争力提供科学的指导依据。

目　　录

第一章　绪论

1.1　问题的提出

　　由于信息技术的迅猛发展和国际互联网的广泛应用，企业共享信息并在全球范围内进行资源配置已成为可能，其组织结构也将趋于分散并逐步虚拟化。虚拟企业（Virtual Enterprise，VE）被称为21世纪企业的新型组织模式，它是随着精益生产，集成制造、敏捷制造等制造形式的提出而发展起来的，是企业之间为了共同响应某一市场需求机遇而形成的一种新型组织模式，它能够以其本身独有的柔性实现对环境变化的敏捷反应，使企业从容应付不可预测的市场变化，在多变的竞争环境中取得长期的经济效益和可持续发展。与此同时，知识资本也逐渐成为企业的竞争优势之一。知识已成为最重要的资源，一个企业的竞争力和潜在竞争力主要决定于知识的模仿能力和创新能力。相应地，在所有的知识需求者和知识拥有者之间知识模仿中，虚拟企业提供了一个消化、吸收别人知识的高效平台。尤其在近几年来，快速发展第二代互联网——Web2.0对虚拟企业知识转移的效率影响最为显著。

　　20世纪80年代，哈默、普拉哈拉德和多茨（Hamel，Prahalad and Doz，1989）利用5年多的时间对15家虚拟企业做了研究。研究结果表明，日本企业通过合作加强了自身的技术和能力；而美国企业在合作中失去的则比得到的更多。哈默、普拉哈拉德和多茨认为，出现这种结果的主要原因在于美国企业加入合作的目的往往是降低成本和风险，或者为了进入新市场；而日本企业则会花很大力气去学习别人的技术和能力。因此，一个企业如何向它的伙伴学习，及怎样通过虚拟企业知识转移机制提高它的竞争力，这是一个非常关键的议题。

　　现有文献很少从知识管理理论与信息技术实践相结合的角度对虚拟企业的知识转移进行研究。很多相关问题，如虚拟企业知识转移的影响因素是什么？知识转移的动力来自哪里？虚拟企业知识转移过程是如何发生的？成员企业知识吸收能力和知识溢出机制是什么？怎样测评虚拟企业知识转移能力？虚拟企业知识转移过程中将产生哪些风险，如何控制和预防这些风险？虚拟企业知识转移要高效进行，离不开信息技术的支持，那么如何构建支持虚拟企业知识转移的信息化平台呢？尚需作进一步探索和研究。

本书正是从上述问题出发，将自组织、模块化以及知识交易理论引入，首先，从制度层面上论证虚拟企业知识转移的有效性，据此来奠定虚拟企业知识转移的理论基础。其次，整合现有知识管理和信息管理领域的研究成果，对虚拟企业知识转移的理论与实践操作进行深入的探索。最后，结合实际情况，本书提出我国构筑虚拟企业知识转移机制的策略。笔者力图通过本书的研究，为增强虚拟企业知识转移能力和核心竞争力提供一个科学的指导依据。

1.2　国内外知识转移研究现状

目前，国内外对知识转移的研究大部分还处于理论探讨水平，仍有待于实证分析来对现有理论进行考证。现有有关知识转移的文献常常与信息粘性（information stickiness）、知识粘性或知识模糊（knowledge ambiguity）等概念联系在一起。知识的粘滞模糊、难以转移，使得对其进行研究具有很大的价值。对知识转移的关注与探索首先发生在技术创新过程中，同时根据转移发生的地点，可以分为组织内的知识转移与组织间的知识转移。通过对文献的归纳梳理可知，现有学者主要从技术创新过程中、组织内、组织间三个维度对知识转移进行探索和研究。

1.2.1　技术创新过程中的知识转移

技术创新过程中的知识转移研究关注信息对技术创新过程的影响，探讨如何适当处理粘滞信息以达到高效创新的目的，并提出一系列的创新管理工具。技术创新过程中所需要的信息既可能包括用户所拥有的需求信息，也可能包括制造商所拥有的技术信息，或者二者皆有。这两类信息的粘性和分布对创新过程和创新效率产生影响。例如，由于粘滞知识的存在，企业无法有效通过整合机制来实现知识共享，导致产品开发出现"小失误"（glitch），从而对企业绩效产生负面影响。因此，适当处理粘滞知识对提高产品开发效率、进而提升企业竞争力非常关键。

信息本身的性质、信息需求者和信息提供者的特性等多种原因会导致信息粘滞（von Hipple，1994）。von Hipple 和 Katz 提出了"用户创新工具"，制造商通过提供用户创新工具，可以更快捷地以更低成本开发出用户需要的产品。技术创新过程中知识转移的研究既涉及技术知识，也涉及有关市场的粘滞知识。

　　从该角度对知识转移进行研究，优点是更好地实现技术创新过程这一明确目标，对粘滞知识的剖析和处理措施都可以为该目标服务；缺陷是对粘滞知识的成因和转移过程关注不足，而从组织内和组织间视角对知识转移进行研究却可以弥补这一缺陷。

1.2.2　组织内的知识转移

　　组织内的知识转移研究主要关注组织内部粘滞知识的成因与影响因素、转移过程以及促进其转移的措施。企业在内部转移自己已经拥有的知识时，并没有想象得那么顺利，会遇到一些制约因素，使得企业需要付出一定的成本和代价。

　　Szulanski（1996）在研究公司内部最佳实践经验的转移时，发现了内部知识转移的粘性，并从最佳实践经验的转移过程出发，识别出影响内部知识粘性的四类因素：知识特征〔因果模糊（caual ambiguity）、非证性（unprovenness）〕，知识源特征〔缺乏动机（lack of motivation）、不可靠（not perceived as reliable）〕，知识接收方特征〔缺乏动机、缺少吸收能力（absorptive capacity）与保持能力（retentive capacity）〕，转移背景特征〔环境匮乏（barren organizational context）、关系脆弱（arduous relationship）〕。

　　后来，Szulanski 发现模板（template）——现行范例对克服知识粘性、促进知识内部转移非常有效，并与 Winter 一起提出复制战略，指出复制不是简单模仿，而是要在复制过程中克服知识粘性。成功实现复制的要求有，大范围的知识转移、公司总部发挥积极作用、公司运用模板并抓住要转移的知识内核等。

　　此外，Schutz 证明，组织内知识转移不仅与已有的知识存量相关，也与组织内个人或部门的知识创造相关，知识创造与知识转移的方式关系密切；Lenox 在基于知识粘性和激励的结合点上，证明了另一个影响因素——管理者的异质期望对知识转移影响显著。

　　组织内知识转移的研究涉及知识类别比较多，有技术的、营销的，还有管理的，其优点在于系统剖析了粘滞知识的成因和转移过程，并提出促进知识转移的措施；其不足是对知识转移和企业竞争优势之间的逻辑联系不像技术创新过程学派关注的那样直接。

1.2.3　组织间的知识转移

　　组织间的知识转移重点关注的是组织之间转移知识时形成粘滞知识的原因、知识转移效率影响因素以及促进粘滞知识转移的对策。

Hamel 研究了学习意图、透明性、吸收能力、保持能力对战略联盟企业之间知识转移的影响作用。结果表明，并非所有伙伴在学习的熟练程度上相等；学习不对称改变了伙伴间相对讨价还价能力（bargaining power）；合作稳定性（stability）与合作期限（longevity）并非合作成功的充分条件；合作伙伴之间除了合作目标之外，还可能存在竞争性目标；在决定学习结果方面，过程比结果更重要。该文堪称组织学习实证研究的经典之作，当时设定的评价指标一直为后来者所借鉴。

Joseph 和 Badaracco 认为联盟可以促进知识转移，但是管理者必须做到：①对企业目前能力与未来需要的能力有一个清晰的战略理解；②广泛地考虑联盟可能；③联盟之前，明察潜在合作伙伴的价值、承诺与能力；④警惕机会主义、知识渗漏和退化（obsolescence）的风险；⑤避免不当的联盟依赖；⑥像独立公司一样地管理结构化的联盟；⑦赢得合作伙伴相互信任；⑧交流核心业务（core operations）；等等。

2003 年，Masaaki Kotable 等人对美国和日本汽车工业垂直合作中的知识转移和合作者的绩效提升进行了实证研究。研究者首先将所转移的知识分为狭窄、简单的技巧（technique）和宽泛、复杂的技术（technology）两种类型，结果表明，合作时间对技巧转移的调节效果不明显，对技术交流的影响增加。这一研究可以解释日本企业为什么不愿意更换合作伙伴，而美国企业宁愿寻找新的合作伙伴，原因在于日本企业在合作中交流的主要是技术性知识，而美国企业交流的则主要是技巧性知识。

目前，组织间知识转移的研究已经深入到某些特定的因素。Makhija 等人研究了关系在合资企业知识转移的作用；Eric 等人研究了伙伴相似性对知识转移的促进作用，指出战略相似是比顾客相似和位置相似对知识转移更具影响力的维度；Wenpin Tsai 发现网络位置（network position）与吸收能力的互动（interaction）对网络组织间的知识转移具有重要影响，进而影响部门的创新与绩效。El 深入地讨论了文化因素，提出组织间文化差异影响知识转移的分析框架；Cummings 和 Teng 探讨了伙伴之间进行知识转移的关键影响因素，发现知识特性、伙伴之间的关系、知识差距和转移活动都会影响知识转移的成功率等。

相比于组织内的知识转移，组织间知识转移的情况更为复杂，因此，组织间知识转移的研究对知识粘滞的成因和影响因素分析得更为透彻。尤其是信息网络技术的高速发展，对目前组织间的知识转移产生了巨大的冲击和影响。因此，探析信息网络环境下组织之间知识转移机理迫在眉睫。

1.3 研究范围与概念界定

1.3.1 研究范围界定

虚拟企业知识转移的研究内容很多，涉及方方面面，然而，其研究的关键仍然聚焦于虚拟企业的知识转移机制。纵观国内外有关虚拟企业知识转移机制的研究文献，可以发现，学者们对虚拟企业知识转移机制研究主要从四个层次进行：

1. 个体学习

为完成特定的任务，虚拟企业一般需要雇用一定数量的专家，这些专家可能来自虚拟企业的成员企业，也可能来自虚拟企业外部的其他组织或是社会劳动力市场。这些专家有可能都愿意单独工作，但是，为了完成虚拟企业的目标，他们必须在一定程度上进行合作。在合作过程中，他们可以学习到许许多多的知识，如虚拟企业中的工作方法、自身领域的理论知识或是应用知识，甚至是自身领域之外的知识。

2. 虚拟企业中成员企业内部的知识转移

它与一般的实体企业内部的知识传播是相同的，主要是解决虚拟企业中成员企业内部或某部分合作任务中的知识转移问题。

3. 虚拟企业中成员企业之间的知识转移

一方面，虚拟企业是基于合作的，没有了合作与协调的虚拟企业将成为一盘散沙。通过沟通交流，各成员企业就可以相互传递合作中所必需的知识。另一方面，虚拟企业是基于市场机遇的，一旦市场机遇存在的条件消失，虚拟企业便解散，虚拟企业的员工也随着虚拟企业的解散而离开，并将在合作中获得的经验和专业技能，带回到他们原来所属的公司或组织。在这种方式中，知识转移主要在不同的成员企业组织之间进行。

4. 虚拟企业之间的知识转移

该层次的知识转移可以以两种形式来实现。第一种形式是，顺序的虚拟企业间知识转移。这种方式是将前一个虚拟企业中的经验和知识应用到后续的虚拟企业中，这是不同时期的不同虚拟企业的知识转移问题。第二种形式是，平行的虚拟企业间的知识传递。在这种方式中，虚拟企业之间可以共享知识和经验。

本书主要研究的是虚拟企业内各成员企业之间的知识转移问题，其他层次的知识转移已经有大量的文献做过研究，本书不再做重点阐述。

1.3.2 研究概念界定

1.3.2.1 关于虚拟企业

1. 虚拟企业的定义

到目前为止，人们对于什么是虚拟企业的理解还是千差万别，从笔者涉猎的各类文献看，主要有如下几种代表性的观点：

观点1：虚拟企业是指组织结构无形化，基于信息网络（如 Internet）加以联结的企业组织。网上商店、网上银行、网上旅游公司等都是虚拟企业的典型形态。

观点2：有能力提供虚拟产品和服务的企业就是虚拟企业。虚拟产品最好的例子是自动柜员机，它可以提供快速的提款及转账服务，能瞬间定制并满足顾客的需要。

观点3：杰辉恩（Jehuen，1997）认为虚拟企业是无固定工作地点，使用电子通讯方式（例如网络、电子邮件、电话等）进行相互联系的企业。在这样的企业中，除了硬件维护以外，所有业务都不需要在公司内进行。

观点4：波恩（Byrne，1993）将虚拟企业描述成企业伙伴间的联盟关系，且虚拟企业并没有明确的组织架构，而是由各独立公司所构成的暂时性网络，通过信息技术连接起来，共享技术、成本以及对方的市场。他同时指出虚拟企业的一项重要特征：暂时性，一旦原始机会（目标）达成，联盟即行解散。另外，波恩针对虚拟企业的合作关系指出，虚拟企业的一个主要缺点是丧失了对某些作业活动的直接控制，因此合作伙伴间互信的建立是一个重要的问题。

观点5：霍奇、安索尼和吉尔斯（Hodge，Anthony，Gales，1996）从核心能力的观点出发，提出虚拟企业是由一核心组织为中心，执行关键的功能，其余功能则由暂时或签约的员工，以及由核心组织与其他组织联盟来完成。另外，他们也指出核心组织这些关系的维持只限于具有生产力或有利可图时。

观点6：阿波格特、麦克法兰和麦坎尼（Applegate，McFarlan，McKenney，1996）认为，虚拟企业是指企业保留了协调、控制以及资源管理的活动，而将所有或大部分的其他活动外包。虚拟组织将大部分生产活动外包的结果是减少了销售渠道的中介者（intermediaries），且本身只保留了少数的核心能力（core competences），以及为了协调控制其关系网络的管理系统。他们还指出，虚拟企业将外包模式发挥到了极致。

观点7：普瑞斯（1995）等人认为："虚拟企业是为了迎合明确的时间机遇或预期的时间机遇而产生的各种企业单位形成的一种集团，其中人员和工作过程都来自于这些企业单位，他们彼此紧密联系、相互影响、相互作用，为共同的利益而奋斗。"

观点 8：陈剑、冯蔚东的定义是："虚拟企业是以信息、通信技术为主要技术手段，主要针对企业核心能力资源的一种外部整合，其目的在于迎合快速变化的市场机遇。"

观点 9：大卫德和马龙（William Davidow, Michael S. Malone, 1992）的定义是："虚拟企业是由一些独立的厂商、顾客甚至同行的竞争对手，通过信息技术联成的临时网络组织，以达到共享技术、分摊费用以及满足市场需求的目的。它既没有中央办公室，也没有正式的组织图，更不像传统企业那样具有多层次的组织结构。"

可以看出，观点 1 实际上是从技术的角度定义虚拟企业，计算机专家及网络技术的爱好者喜欢从这一角度去定义和理解虚拟企业；观点 2 是从虚拟产品和虚拟服务角度确定虚拟企业的内涵；而观点 3 则是从地理分布特征以及工作手段两个方面定义虚拟企业。这三个定义的共同点是定义过窄。观点 4 和观点 5 的概念有相似之处，二者与观点 6 的侧重点是不同的，前两者重在虚拟企业的"联盟"特性，而后者重在虚拟企业的"外包"特性。观点 7 是从运行方式的角度理解虚拟企业，观点 8 和观点 9 的外延相对较宽。笔者相对较为赞同观点 8 和观点 9 对虚拟企业的定义。

作为经济全球化和信息技术快速发展的产物，本书认为，"虚拟企业是指一些相互独立的企业为把握快速变化的市场机遇，以 Internet 网络技术为基础，将不同企业拥有的知识优势联合在一起，组成的知识共享、知识转移和成本分担的临时性联盟。"这是因为：首先，"以 Internet 网络技术为基础"说明了虚拟企业运作的支撑点。尽管虚拟企业的萌芽早已出现，然而只有在信息、网络高度发达的条件下，企业之间的合作才能够充分利用现代信息、网络技术来降低交易成本，从而使得虚拟企业成为主流企业组织形态。其次，"知识优势联合"表明组成虚拟企业的各合作伙伴应具有单个企业所不能比拟的优势，而这种优势通常构成了企业组织的核心竞争力。最后，"知识共享与转移"说明虚拟企业是一个联盟体，伙伴之间存在着大量的知识流动，而这些流动的知识在形态上表现为不同的类型，如数据、信息、技能等。

2. 虚拟企业的类型

虚拟企业是一个不断演进的概念，其组织形式多种多样，如虚拟办公、虚拟商店、虚拟销售、虚拟制造、虚拟团队等。从不同的角度，可将虚拟企业划分为不同的类型：

（1）按照虚拟企业的组织和运作模式进行分类。根据虚拟企业的组织和运作模式，虚拟企业可分为供应链式、合资经营式、转包加工式以及虚拟合作式等。

①供应链式。企业间的材料和产品供应为链状形式，企业可以基于 EDI（电子数据交换），通过虚拟供应链和双向供应链等方式加强彼此间的联系。

②合资经营式。多个企业共同对一种产品进行投资、开发、生产和销售的合作形式，它们利用各自的优势，组成联合经营体。

③转包加工式。以一个企业为盟主，将拟生产产品的部分工作完全转包给另一个企业进行设计生产。

④虚拟合作式。企业之间针对某一商业机遇，通过计算机网络等信息基础设施共同参与经营活动。

（2）按照虚拟企业联盟的集成度进行分类。根据虚拟企业联盟的集成度，可将虚拟企业分为三种：系统级、产品级和过程级，如表1－1所示。

表1－1 虚拟企业的主要形式与比较

	集成度	技术要求	维持时间	集 成
系统级	中	低	中长期	统一标准、信息集成
产品级	中	中	中期	信息集成、过程集成（ERP）
过程级	高	高	短期	过程内完全集成（ERP、PDM）

①系统级。构成产品的某些系统或辅助性系统由专业公司完成设计及生产，公司与这些专业公司之间的联盟管理是系统级的（如供应链联盟）。

②产品级。产品的某些生产过程完整的外包给伙伴企业，并提供数据级技术规范。盟主不考虑联盟企业的管理与资源分配情况，只对其过程的开始或终止时间进行规定，联盟是以合同和信誉为基础的（如产品的OEM）。

③过程级。基于某一项目所涉及的各类资源及生产计划，联盟内企业统一进行生产调度与分配，共同进行某些过程的活动。企业相互了解项目的进展情况，参与对方的过程，共享联盟的资源，并根据项目的进展情况动态地调整自己的工作进展（如项目外包）。

（3）按照虚拟主体的不同进行分类。按照虚拟主体的不同，有些文献将虚拟企业分为下面两种类型：

①组织机构虚拟的企业或空间意义上的虚拟企业。这类企业没有有形的结构，没有集中式的办公大楼，而是通过信息网络将分布于不同地方的资源（包括人力资源）联结起来，实现协同工作。

②功能与资源能力虚拟的企业。这类企业尽管外观看起来具有完整的企业功能，如研发、设计、生产、销售等，但在企业内部却没有执行上述功能的对应组织。该类企业仅保留了自己最擅长的一部分核心组织，而自己暂时不具备或不突出的能力转由外部伙伴进行配置。与机构虚拟型企业相比，这类虚拟企业才是真正意义上的"虚拟企业"，也是本书的重点研究对象。

3. 虚拟企业的结构

基于宏观和微观两个层面的视角，可以发现，虚拟企业的结构明显区别于传统实体企业。

（1）虚拟企业的宏观结构。宏观结构是通过从虚拟企业的外部来观察，据此形成对虚拟企业整体结构的认识。按照对虚拟企业价值的大小，组成虚拟企业的各方可以分成两种基本类型：一种是核心成员；另一种是外围成员。虚拟企业是一种典型的扁平化组织形式，一般情况下，虚拟企业采取两级组织结构，即整个虚拟企业由核心层和松散层组成。核心层由对虚拟企业价值大的成员构成，一般不宜经常变动，为了便于管理，核心层的成员不宜太多；核心层主要完成难以外包或市场化的业务。松散层由对虚拟企业价值相对较低的成员组成，这些成员也被称作外围伙伴，它们与核心层的关系一般是业务外包或标准件供应关系。

在虚拟企业的生命周期内，外围伙伴在不同阶段可以发生变化。由于外围伙伴不负责关键技术，且替代伙伴较多，所以外围伙伴的流动性不会对虚拟企业带来很大的影响。与此相对应，核心层的联系比较紧密，流动性较小。这样可以使虚拟企业既有很高的柔性，又能很好地解决流动性问题。两层组织结构也减少了虚拟企业管理上的复杂性，虚拟企业的管理主要体现在对核心层进行管理，外围伙伴通常直接与某一核心成员发生关系，其协调与管理工作可以由该核心成员来完成，这样可以实现虚拟企业组织结构的扁平化。

虚拟企业的两层结构具有众多优势，使之成为虚拟企业实践中最为典型的组织结构形式，虚拟企业两层结构如图1-1所示。

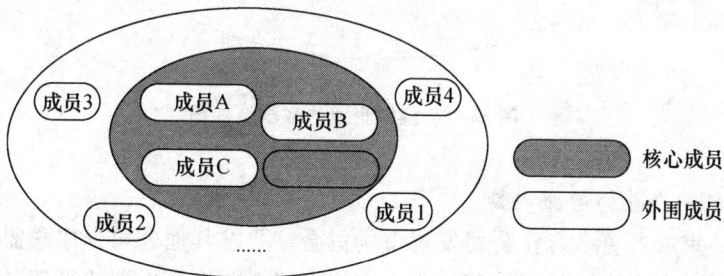

图1-1 虚拟企业的宏观结构图

（2）虚拟企业的微观结构。从虚拟企业内部的视角进行观察，可以更深入了解虚拟企业的微观结构。参与虚拟企业的各合作伙伴，在虚拟企业的价值链上贡献各自的核心能力，但并非是合作伙伴的全部资源都配置到虚拟企业中，而只是其中的一部分。虚拟企业运作过程的各个环节，是由来自不同合作伙伴的人员组成的集成工作团队来承担；不同的工作团队承担着不同的工作分工。

一般来说，虚拟企业的微观结构表现为不同的集成工作团队的集合，集成工作团队的人员来自不同的合作伙伴，以共同的目的、共同的行为目标和工作方法开展工作，成员之间相互负责。集成工作团队是虚拟企业最基本的工作单元，完成有限的工作任务，且具有可定义、可度量的输出，团队内不存在竞争。

集成工作团队追求的目标是更有效地满足用户的需要，用户包括虚拟企业外部的服务对象、产品使用者、虚拟企业内部产品、半成品以及数据的使用者；各合作伙伴并行作业，打破按阶段划分的工作程序，将后续阶段的作业提前，比如说市场营销人员提前介入，工作的提前开展等。集成工作团队改变了部门和传统的封闭作业模式，形成各专业和部门的协同模式，这是虚拟企业的本质特征。

在虚拟企业模式下，无论是集成工作团队内部，还是集成工作团队之间，都应遵循 7C 原则，即合作（collaboration）、承诺（commitment）、交流（communication）、妥协（compromise）、一致（consensus）、协调（coordination）、持续改进（continuous improvement）。虚拟企业的微观结构如图 1 - 2 所示。

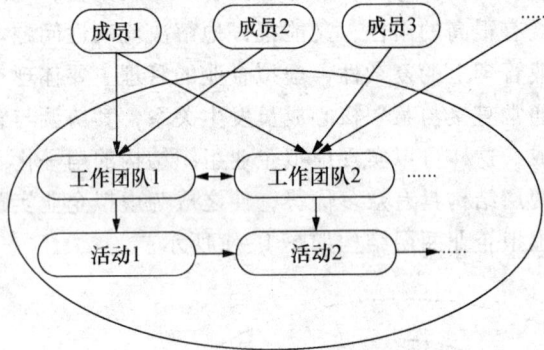

图 1 - 2　虚拟企业的微观结构图

4. 虚拟企业的生命周期

当一家或者更多合作公司发现市场机会，要求其他公司合作联盟时，一个虚拟企业的生命周期就开始了。为了支持虚拟企业生命周期的管理，不仅要求参与合作的公司提供资源和设备，而且还要提供适用于该虚拟企业的知识和技术。具体而言，一个虚拟企业的生命周期包括盟主企业的目标定位、成员企业的选择、任务分解和过程控制。

（1）盟主企业的目标定位。寻找和发现机遇对于当前竞争环境下的企业来说，是求得生存与发展的基本要求之一。盟主企业根据自身的特点和发展目标，对市场机遇进行详细的分析，并结合自身核心资源能力，明确组建虚拟企业的基本需求和主要经营目标，选择合适的市场机遇。由于很多时候企业单靠自己的资源能力无法承担，要抓住转瞬即逝的机遇，必须和其他单位联合才能共同完成。因此，只有当盟主企业发现市场机遇时，虚拟企业才可能组建。

（2）成员企业的选择。虚拟企业的伙伴选择过程也是一个综合评价过程。为了把握市场机遇，任何一家企业在构建虚拟企业时，首先要确定本企业在市场中的位置，明确外部环境的需求和本企业能力之间的差距。然后根据对候选企业伙伴核心竞争力的评价，决定该企业是否作为企业联盟的一员。

（3）任务分解。当虚拟企业的运作具体实施时，就涉及具体的任务分解，一般根据各合作伙伴的优势进行虚拟企业的任务分配。盟主企业在运作过程中，对各合作成员企业进行品质监督，对虚拟企业整体运行总体协调，解除各成员企业间的冲突。当产品生产出来以后，盟主企业提供自己的品牌。与此同时，各成员企业在这一过程中也可以反馈给盟主企业一些有价值的建议。

（4）过程控制。各成员企业在组织结构、企业文化、信息基础设施及资源状况等方面有着很大差异。在各成员企业联盟组织成一个虚拟企业后，相互之间的物流和信息流的畅通与否直接影响着供应链中决策的难易程度。这需要对运营模式、组织模式进行控制，对风险、成本、进度、品质和信息反馈等也要进行控制，确保联盟企业的成功合作，并及时满足客户的需求。

1.3.2.2　关于知识

1. 知识的定义

由于知识内涵的复杂性和外延的开放性，要想对知识做出一个较为明确的定义是困难的。正如著名哲学家罗素在《人类的知识》一书中经过仔细分析后得出的结论："知识是一个意义模糊的概念。"的确，由于侧重点不同、学科不同、研究目的不同都可能对知识作出不同的定义。《辞海》对知识的定义为："知识是人们通过实践对客观事物及其运动过程和规律的认识。"这是哲学认识论的观点。20世纪70年代以来，由于认知心理学的发展，才使知识本质的研究产生了实质性进展。现代认知心理学把知识定义为："个体通过与其环境相互作用后获得的信息及其组织形式。"

20世纪80年代以来，随着知识经济的到来，经济学和管理学的众多学者也在研究知识的定义问题。很多学者从不同角度提出了知识的定义：Webster' New World Dictionary 认为知识是经过组织的信息，能够用来解决问题。Beckman（1977）认为知识是比数据和信息更高的层次，能够提高性能、解决问题、支持决策、学习和传授。Sowa（1984）认为知识是对所涉及客观对象（实体）、操作、关系的隐式或显式描述（限定或规定）。Turban（1992）认为知识是经过组织和分析的信息，能够用来解决问题和支持决策。Wiig（1993）认为知识包括真理信念、观点概念、判断期望、方法和知道如何做。Furnsten

（1995）认为知识是不可否认的事实和客观真理，以及社会团体的各种制度。Nonaka 和 Takeucjhi（1995）在《创新求胜》一书中，将知识定义为："有充分根据的信仰，强调个人以追求真理为目标并不断自我调整个人信仰的产物。"Van der Spek 和 Spijkervert（1997）认为知识是所有正确的能够指导思想交流的过程。Svelby（1997）将知识定义为"行动的能力"。Davenport, De Long 和 Beer（1998）认为"知识是可以辅助我们做出决策或者采取行动的、有很高价值的一种信息形态"。Davenport 和 Prusak（1998）认为："知识是一种流动性的综合体，其中包括结构化的经验、价值，以及经过文字化的信息，此外，也包含专家独特见解，为新经验的评估、整合与信息提供架构。知识是起源于智者的思想。在组织中，知识不仅存在于文件与存储系统中，也蕴藏于日常例行工作、过程、执行与规范当中。因此，知识绝对不是简单概念的事实，它具有流动性也具有正式结构；知识是自觉性的，难以用文字形容其精神，或完全透过逻辑思考来了解。"

本书在对组织知识的研究中，对知识的内涵和外延有如下理解：

中文中，"知识"可以拆为知道和认识。类似的，英语中，Knowledge 的词源是 known，意思是 to know，也是知道、了解的意思。所以，知识首先是人类知道的东西，是人类对客观世界、主观世界、自然和社会的认识。这样，知识首先可以归结为认识。

在管理学中，Polanyi（1967）首先提出隐性知识（tacit knowledge）的概念。Polanyi 认为隐性知识是与个人相关的，与特别的情景相关，难以表达和沟通的知识。这意味着人类具有的某些能力即使不能被语言表达出来，因为能够帮助人类实践，也属于知识。这样，我们可以认为：知识＝认识＋能力。

2. 知识的性质

知识的定义仅仅能够说明很少的性质，这也是为什么知识会出现各种各样定义的原因。通过定义远远不能满足人类认识的需要。我们想要了解知识，除了研究不同学者对知识的不同定义之外，还应该了解知识的性质，以下部分是对知识性质的一些阐述。

（1）知识惯性。在物理学牛顿三定律中，有一条惯性定律：一切物体总保持匀速直线运动状态或静止状态，直到有外力迫使它改变这种状态为止。那么，在人类学习过程中，是否也会有类似的定律存在呢？

心理学研究证明，现存知识被当做"纲要"、"摘要"、"程式"等存在于记忆中。如果一些信息能够归入人熟悉的纲要中去，人对于新信息的分析就会停止，学习过程也就相应停止。从个体学习的原理进行分析，现存的知识结构是个人学习过程的一个关键方面，这些结构在解释新信息中扮演重要角色。如果已有的知识结构不能解释新知识，或者与新知识矛盾，新知识又没有足够的刺激打破原有的知识结构，那么，学习过程就不会进行。因此，如果人类已经具备某些知识后，人类会自然而然地延续这些知识的使用，如果新知识的刺激不足以打破原有知识体系，则人类的知识体系会保持原有的状态。这就是"知识惯性"现象。

（2）可转移性。企业的资源基础论认为企业的资源和能力的可转移性是企业能力的一个关键的决定因素，为企业提供持续的竞争优势（Barney，1986）。对于知识来说，可转移性的论点是重要的，不仅是在企业之间，更关键的应该是在企业内部。管理学家已经清晰认识到关于 knowing how 和 knowing about 的认识论区别，并通过区分隐性知识和显性知识，个人知识和介质知识，以及过程性知识和结果性（可公布的）知识而加以确认。

knowing how 是隐性知识，knowing about 是显性知识。这两种知识的关键区别是可转移性以及在人与人之间、在时间和空间上转移的机制。显性知识通过信息展现出来，容易交流是显性知识的一个根本特征。事实上，传统上信息被经济学家认为是公共物品，一旦产生就能够被其他人利用而不需要边际成本。隐性知识在应用中才被展现出来，如果隐性知识不能被编码化，只能通过应用才能观测到，只能通过实践才能获得，隐性知识在个人之间的传播就会缓慢、成本高并有不确定性。（Kogut 和 Zander，1992）

（3）聚合性。知识可以被转移的效率在某种程度上依赖于知识能够被聚合的潜力。知识转移包括传送和接收。知识的接收通过接纳者的吸收能力来研究（Cohen 和 Levinthal，1990）。知识的吸收依赖于接纳者把新知识增加到现存知识上的能力。这需要不同知识要素之间的添加性。如果知识能够被通俗语言表述，知识的聚合效率就会极大提高。统计表格是一种尤其有用的语言，可以整合和转移某些种类的显性知识——信息技术极大地提高了在这个方面的效率。

（4）公共性。知识虽然不是公共物品，但是具有公共物品的特性。一般而言，公共物品具有以下两个特征：第一，消费的非竞争性（non‑rivalness），即增加消费者对该产品的消费，不会引起产品成本的增加，消费者人数的增加所引起的产品边际成本几乎为零；第二，受益的非排他性（non‑excludability），指某个人消费某种公共物品，并不能排除他人同时也能消费这种物品。知识显著地表现出这两个特征，因而经济学家一般认为知识具有公共物品的公共性。

另外，需要指出的是，知识的公共性具有相对性，即知识的公共性是相对于组织内部而言的。任何组织都有内部和外部之分，因此知识同时具有两个方面的特性：一方面在组织内部兼具消费的非竞争性和非排他性；另一方面在组织与组织之间则具有消费的竞争性和排他性。

（5）知识获取的专业性。Simon 的有限理性理论的基础是认识到人脑获取、存储、处理知识的能力是有限的。这个理论的结论是知识产品（创新知识、获取知识、存贮知识）的效率要求每个人只在某个领域成为专家。这就说明行家都是专家，什么都会的人往往无一精通。

（6）知识的语境依赖性。"语境"一词来自于拉丁文词根 Texere，有"编织"的意思。"语境"一词最早的引申意义是指人们在口头和书面交流过程中赋予语言以意义的上下文关系，我们通常所说的"断章取义"就是指由于脱离上下文关系所可能造成的误解或者曲解。但现在"语境"一词的引申意义已经超越了上下文关系的含义，专门被用于特指"人们共同创造的、可以给语言、思想和行为提供解释并赋予意义的一系列共同的模式或架构，在这个架构中，既可以包括形象、姿态甚至物理背景，也可以包括历史信息等。任何影响或者解释一个特定语言、思想或者行为的观念、事件或者行动的更大范围的领域都能包括在这个共同模式或架构之中，即语境之内"（Cohen D, 1998）。

知识的语境依赖性同时也意味着知识具有实践的局域嵌入性，即知识总是与某个具体情境下的具体认知实践活动联系在一起，因而知识是具体的、局域的。知识的语境依赖性是造成知识转移过程中极度"粘性"的重要原因，不进入语境，就无法理解和把握知识的意义，这就从根本上制约了知识的跨语境传输和转译。

（7）意会性。知识的意会性是指知识的不可完全表达性，它来自于意会认知。意会认知是一种通过实践来学习的认知活动。根据波兰尼的解释，在这样的认知过程中，认知者是将整个过程作为一个整体集中把握的，但是同时又必须通过把特定的部分整合在一起才能达到这一整体性认知，而这些特定部分是被认知者意会地（或者下意识地）将这些特定部分整合在一起。意会认知有三个构成要素，即特定的支援部分、集中目标以及将二者联系起来的认知者，特定的支援部分在认知过程中被意会地蕴涵在认知者所赖以达到的集中目标上。波兰尼主要分析了个体水平的意会认知，而纳尔逊和温特则进一步在组织层面上分析了集体意会认知过程，并提出了一个"组织惯例"（organizational routines）的概念。组织惯例类似于生物基因，是集体意会认知过程的结果，具有较高的意会性，它决定了企业组织的性质和行为方式。无论是个人知识还是集体知识，其意会性的持续存在主要是因为，一方面，个人或者集体没有得到激励将其意会性高的知识编码后表达出来；另一方面，更普遍的现象是人们没有认识到其知识的意会性质。

（8）离散分布性。由于知识的语境依赖性和意会性，也由于人的有限理性，社会或组织中的知识不可能以集中的形式存在于单一头脑中，只能由那些处于特定语境中的个人或者团队分散化地掌握。知识在社会或者组织中是离散分布的。

知识的离散分布性对传统的等级制组织提出了挑战。知识总是与决策权联系在一起的，任何成功的决策都意味着知识的有效运用。既然知识具有离散分布的特性，为了实现优化决策，组织内决策权的配置也应该是分散化的，特别是在那些知识的意会性高的组织中更应如此。

（9）收益递增性。知识作为一种资源，与其他物质资源相比有一个显著差别，即知识资源具有收益递增性。根据萨谬尔森的定义，当人们连续把同单位的可变投入量（如劳动）增加到一定数量的某种其他投入量（如土地）的时候，所得到的产量是递减的。新古典主义经济学认为，收益递减规律适用于对以稀缺资源为基础的经济活动进行解释，如农业、采矿业和传统的资源依赖型工业等。从这个角度看，市场份额是衡量企业成功的标志。进入知识经济时代，知识取代资本、土地和劳动力等传统资源而成为占主导地位的资源要素。知识是无形的，它不会因为使用太多而导致每个人分到的越少，不会产生任何损耗，相反，它产生作用的范围越大，知识的价值就越显著，收益递增规律成为知识经济时代的首要经济规律。

3. 知识的分类

（1）显性知识和隐性知识。依据知识的形态，知识可分为显性知识（explicit knowledge）和隐性知识（tacit knowledge）。显性知识是指客观的知识形态，即可以编码，用系统、正式的语言传递的知识，如以专利、文件、规章制度、设计图、报告等形式存在的知识；隐性知识主要是指主观的知识形态，即存储在头脑中、个人的、与特定语境相关的知识。隐性知识的组成要素包括直觉、经验、真理、判断、假设和价值体系等。二者的区别如表 1-2 所示。

表 1-2　隐性知识和显性知识比较

特征	隐性知识	显性知识
本质	属于个人、或特定语境	可以编码化、显性化
存储地点	存储在个人大脑中	存储在文件、数据库、网页、电子邮件、图表等介质中
形成过程	产生于实践中不断试错的过程	产生对隐性认识的说明和对信息的解释
转化过程	常常通过隐喻和类推等外化方法转化为显性	学习、吸收
IT 支持	很难用 IT 来管理、共享或支持	现有的 IT 能很好地支持
需要的媒介	需要丰富的沟通媒介	可以通过常规电子渠道传递

总之，显性知识是指以文字、图像、符号表述，以印刷或电子方式记载，可供人们交流的有形的、结构化的知识，显性知识比较容易获得、理解和交流，它还具有公共性，可以存储在图书馆、局域网或数据库中，传播和复制的成本相对低廉。隐性知识是相对主观的，依附在人的大脑或手工技能中，通过行动表现出来。隐性知识一般很难用语言文字表述，由于它的非结构化和专有属性，其传播成本很高，范围也较小。

（2）个人知识和组织知识。根据知识的"所有权"不同，可将知识划分为个人知识和组织知识。个人一般都拥有大量的、极其复杂的知识，这些知识不仅包括专业知识、工作技能、诀窍、个人体验，还包括更高层次的思想和价值观。个人不仅是知识的积累者，也是知识的应用和创造者。由于个人知识丰富复杂，我们自己无法将自己的知识全部理清，也无法编成目录，只有在需要时才搜索、思考并创新我们自己的个人知识。在复杂的个人知识中，有的是独有的，有的是共享的。组织知识依赖于组织的存在并且总是变化的，它围绕着产品、服务、技术、结构、地位和相互关系而变化，即围绕组织的生产经营目标而产生改变和创新。组织知识的产生与创新，取决于对分散在员工头脑中的个人知识的整合力度。一个组织中，即使没有人熟悉产品或服务的整个环节及技术，但只要将员工安排到企业业务流程中的合适岗位，发挥员工的专有技能，就能保证为顾客提供良好的产品或服务。

（3）简单知识和复杂知识。简单知识是指显性的、编码化程度高的、独立的知识；复杂知识是指隐性的、编码化程度低的、系统嵌套的知识。复杂知识在表达、接收理解和知识整合方面都是很困难的，复杂知识对背景知识和其他相关知识的依赖性较高，从而使知识在传递过程中涉及较多的人员参与，强联系在跨部门的复杂知识共享中具有重要作用。

4. 数据、信息、知识

数据、信息、知识的关系问题是知识管理研究者经常阐述的问题之一。毋庸置疑，每个学者在进行知识管理研究时，都会面临知识管理的"标的"的问题。而且，不同的管理者都从不同的研究角度对知识、信息、数据的关系进行了阐述。

Michael H. Zack 在总结多位学者的结论后认为，数据代表对环境的观察或者事实，不具有直接的意义；而信息产生于由数据形成的有一定内涵的语言片断，且信息常以消息的形式出现；而知识却较为复杂，它是人们利用经验、学习交流和推断，对信息进行有意义的分析判断而形成的信念和价值观。Pat Clarke 认为，知识被定义为对事物为什么和如何运动的解释，比如客户为什么和如何消费，一种良好的财务结构为什么和如何能使各方收益等。Verna Allee 将数据、信息、知识等概念间的关系用知识原型图进行了形象的说明（如图1-3所示）。

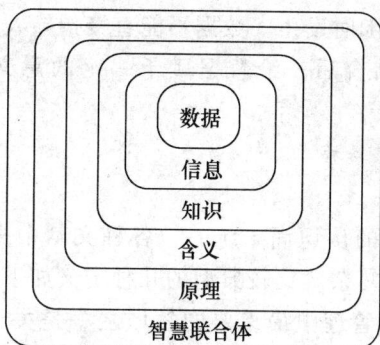

图1-3 知识原型图

数据：数据好像许多漂浮在知识海洋中的白色帽子，它通过和其他数据联系起来而变成信息。

信息：当信息被分析、与其他的信息相联系或同已知信息相比较时，它变成知识。

知识：知识在更大的社会意念背景中运转，这个领域包括原型的模式和力量，还有我们社会文化中的偏见和解释。

含义：含义嵌入更抽象的原理王国中，后者是假设、信仰和关于事物如何运转这些理论的宽广领地。

原理：原理作为这个水平典型的系统思想，处在更包容的关于价值的智慧看法中。

智慧联合体：智慧包容了我们的价值观和目的，它包含我们世界的总体；联合是开放的、包容一切的、易扩张的对同一性的感觉状态，允许我们理解和改变与最终利益相关价值观的智力与这种同一性成为可能。

从 Verna Allee 的阐述中我们看出，数据、信息、知识等都不是截然分开的概念。它们之间有着联系，也有着交叠。由此也可以看出知识这个概念的复杂性和综合性。对于数据、信息和知识的问题，笔者提出了广义知识的概念。即知识包括数据和信息。无论是未经组织的数字、词语、声音、图像，还是加以排列和处理的数据，又或是经过加工处理、应用于生产的信息，都可以统称为知识。

另外，知识的存在价值在于知识能够指导客观实践。从这个意义上讲，知识、信息和数据都可以指导人类实践。其中，知识、信息可以直接指导人类实践，数据在被人脑认识后也能指导人类实践。比如在商贸领域，商品的供求信息、价格信息正是指导商家进行采购、销售活动的最主要依据；天气信息会影响人们的出行；城市交通中路况信息会影响司机的行车线路。总之，生活中信息指导人们实践的情况随时发生。数据不能直接指导人类实践。但是，数据如果和大脑中某些信息结合后，给数据赋予一定的意义，同样可以指导人类实践。

1.3.2.3　关于知识转移

1. 知识转移的定义

关于知识转移概念的认识尚未统一，各种文献中提到的"知识转移"一词所指的含义更是纷纭复杂。比较典型的几种定义如下：

Nonaka 认为，知识管理中最重要的领域之一是关于不同单元之间的知识转移研究，并认为知识转移是不同单元之间知识的传递过程。

Szulanski 将知识转移定义为一个过程，这个过程中，复杂的、模糊的规则在新的环境中被不断创新并被维持。

Argote 和 Ingram 将知识转移看做是一个单元（团体、部门或个人）被另一个单元的知识经验影响的途径。

Krogh 和 Kohne 将知识转移的过程分为初始化（initiation），转移（actual transfer），整合（integration）三个阶段。

Garavellia 和 Gorgoglione 认为知识转移是一个认知过程，由编码化与通译两部分组成。

Cooper 认为知识转移由知识共享与知识重用两个过程组成。

上述关于知识转移的认识与定义，反映了人们从各个侧面对知识转移不倦的探索，而纵观各个侧面的研究不难看出，这些论述都有一个共同点，那就是强调知识转移过程的复杂性与过程阶段性。

2. 知识转移的内涵

现有文献对知识转移内涵的阐述，主要包括以下几个代表性观点：

Davenport 和 Prusak（1998）将知识转移表达为如下的公式：知识转移＝知识传达＋知识接收。知识转移需要首先由拥有者传递给潜在的接受者，然后由接受者加以吸收。完整的知识转移过程必须同时实现知识的传达与吸收。

Hendriks（1999）从沟通的观点对知识转移的内涵进行了界定，他认为，知识转移是一种知识传递者与知识接受者之间的沟通过程，一方面，知识传递者应当有意愿以演讲、教授、著作等方式与他人进行沟通，并将自身知识外部化；另一方面，知识接受者能够通过倾听、模仿、阅读等方式与他人进行沟通，并将接受的知识内部化。

Dixon（2000）认为，组织的知识转移是指将存在于组织内某一部分的知识，应用在组织内另一部分，而组织成员需要通过各种工具和程序来进行知识分享。这些工具包括知识资料库、研讨会、电子邮件、跨功能团队、视讯会议等等。

以上从三个不同的侧面对知识转移内涵进行的描述，其共同点是，都表明了知识转移不可或缺的三个方面的因素，知识转移主体（知识的发送者、知识的接受者）、知识转移的客体（知识）、知识转移途径。

3. 知识转移的类型

Brooks（1996）根据知识转移的方向将其分为两类：①水平转移，是指知识在相同等级层次单位之间的流动；②垂直转移，是指知识在不同等级单位之间的流动。

Hayami 和 Ruttan（1971）根据知识转移的内容，将知识转移划分为三种类型：①实体转移，即无须修改的产品或材料的转移；②设计转移，即产品的生产制造能力的转移；③能力转移，即研究开发能力的转移。

Solo 和 Roger（1972）根据知识接受者对所转移知识的处理方式的不同，将知识转移划分为三种类型：①单轨转移，指知识与技术未经修改，一成不变地引入；②新轨转移，指知识与技术根据环境的不同适当地做出调整，但仍应用于原先的领域；③跨轨转移，指知识与技术经过修改后，应用于新的领域之中。

Smith（1995）依据知识转移的媒介进行分类：①依附于人员的转移；②依附于商品之上，通过交易的转移；③通过公司之间的互动进行的转移。

Howen（1996）依据知识转移的层次将知识转移划分为：①厂商内的转移，指知识在同一企业内部的不同地点或不同国家之间的转移；②厂商间的垂直转移，指知识在隶属不同行业且有合作关系的厂商之间的转移；③厂商间的水平转移，指知识在隶属同一行业且有合作关系的厂商之间的转移；④机构间的转移，指知识在厂商与其他研究机构之间的转移。

Dixon（2000）依据所转移知识的类型与转移任务的性质将知识转移分为五种类型：①连续转移（serial transfer），适用于一个团队做完某项工作后在新背景下重复完成相同的任务；②近转移（near transfer），指在相似的环境中执行相似的任务，但处于不同地点的供方团队和受方团队之间的知识转移；③远转移（far transfer），指转移的知识在非常规任务的情况下，将隐含知识从供方团队转移到受方团队的过程；④战略转移（strategic transfer），指供方团队将非常规的、但十分重要的战略任务所需知识转移给另一个团队；⑤专家转移（expert transfer），指一个遇到超出其知识范围问题的团队，在组织中寻求其他专家的帮助。

综上所述，由于研究视角与分类依据的不同，诸位学者对于知识转移的类型划分也不尽相同，而这对于我们从多种角度分析和理解知识转移将不无裨益。

1.4　研究方法与研究路线

1.4.1　研究方法

1. 文献归纳法

研究文献的来源主要包括三个方面。首先，中文文献主要来源于国内的"中国期刊网"、"万方数据资源系统"（学位论文）、"维普数据库"、"中国优秀博士硕士学位论文全文数据库"（博士学位论文数据库）四大公认的检索系统；外文文献主要来源于世界各大权威数据库，包括 Elsevier、ABI、PWKK、EBSCOhost、Blackwell、John Wiley、Springer 以及 Kluwer 等，从中可以获取相关的国外理论与实证类文献。其次，通过 NBER、SSNR 等网站可跟踪本领域的前沿工作论文（包括尚未公开发表的 Working Paper、Research Paper、Discussion Paper、Mimeo）。再者，大量的知名知识管理网站（如本书的附录）也是获取最新研究动态的一个重要途径。最后，企业实地调查资料等也是本书研究过程中重要的文献来源。

通过收集和分析大量的上述文献资料，对已有的研究成果进行综合归纳、整理，使得本研究"站在巨人的肩膀上"，即通过树立参照系来开始本书的理论与实践探索。

2. 综合、对比分析方法

本书对国内外知识管理的研究现状进行对比分析，在此基础上进行综合、对比分析，由此进行更深层次的理论探索。

3. 逻辑推理和理论推演方法

运用势差理论、知识发酵理论等，对虚拟企业知识转移机制提出假设，建立模型，并进行一系列逻辑推理；此外，通过对数据挖掘、六度关系空间理论、信息学等进行理论推演，据此来研究虚拟企业知识转移的实现平台与方法。

4. 多学科综合方法以及理论与实践相结合的方法

本书除利用管理学、现代物理学、仿生学、人类学等多学科综合方法外，还参考了大量知识管理、信息管理等方面的案例。同时，在研究过程中，本书将遇到的实践问题上升到理论层面进行解决；反过来，通过实践结果对理论重新进行印证。

1.4.2　研究路线

本书的研究路线如图 1-4 所示。

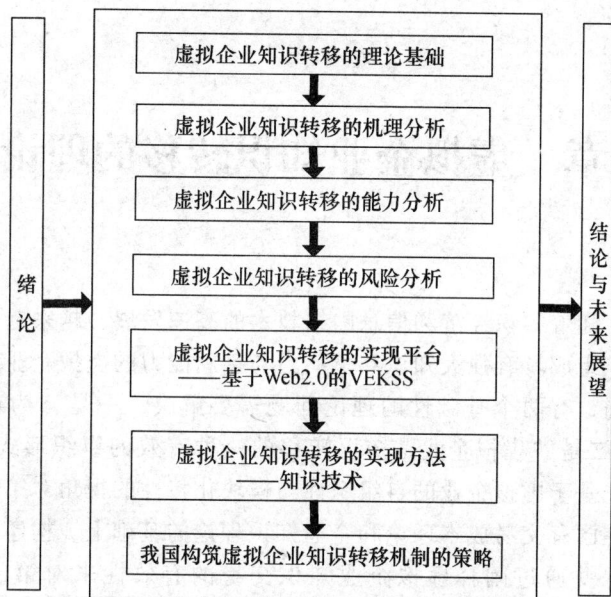

图 1 – 4　研究路线图

1.5　拟解决关键问题与创新之处

（1）本书创造性地结合物理学理论，提出虚拟企业中知识转移的动力——知识势差的概念，并据此系统地阐释了虚拟企业知识转移的动力机制。

（2）由于"知识发酵"模型是知识管理领域一个新的理论，这个理论具有很强的解释性和实践可操作性。所以，本书结合知识发酵模型对虚拟企业的知识转移机制进行了详细诠释，从而为研究虚拟企业的知识转移提供了一个全新的视角。

（3）分别构建出知识吸收能力以及知识溢出信号的理论模型框架，据此明确虚拟企业知识转移的能力——知识吸收能力与知识溢出能力的内在机制。

（4）将虚拟企业知识转移理论与现代信息技术相互结合——提出了一个基于 Web2.0 的虚拟企业知识共享系统（VEKSS），并对虚拟企业知识转移的实现方法（知识技术）进行了深入的探索，从而进一步突破和扩展了现有的虚拟企业知识转移理论研究领域。

（5）针对我国实践中虚拟企业知识转移面临的各种制约因素，分别从政府和企业两个层面提出了构建虚拟企业知识转移机制的策略，为增强虚拟企业知识转移与知识创新能力提供指导依据。

第二章 虚拟企业知识转移的理论基础

近年来，随着知识经济和信息网络技术的高速发展，越来越多的企业不断地联合起来，组成具有强大知识共享能力与创新能力的虚拟企业组织。在展开详细研究之前，有两个基础性的理论问题需要解决，一是"为什么虚拟企业如此盛行？"二是"虚拟企业是知识转移的一种有效的组织形式吗？"有鉴于此，本章首先基于虚拟企业的自组织性与模块化特性的视角对第一个问题进行解释；其次在已有交易成本理论和企业知识理论的基础上，构建知识交易成本的理论架构，并通过阐释虚拟企业知识交易的有效性来对第二个问题进行回答。

2.1 虚拟企业的自组织性

2.1.1 自组织理论

1. 自组织与被组织的概念

在自然界和社会，按照事物本身如何组织起来的划分方式，存在着性质不同的两类组织系统：自组织系统和被组织系统。自组织系统是指无须外界特定指令而能自行组织、自行创生、自行演化，能够自主地从无序走向有序，形成有序结构的系统；被组织系统则是指不能自行组织、自行创生、自行演化，不能够自主地从无序走向有序，而只能依靠外界的特定指令来推动组织向有序演化，从而被动地从无序走向有序的系统。

近代德国哲学家康德首先在哲学上提出了"自组织"的概念，他认为，自组织的自然事物的各部分既是由其他部分的作用而存在，又是为了其他部分、为了整体而存在的；各部分交互作用，彼此产生，并由于它们间的因果联结而产生整体，"只有在这些条件下而且按照这些规定，一个产物才能既是有组织的又是自组织的，才称为一个自然目的"。维纳 1948 年创立控制论时，自动控制就是控制中最重要的问题，大约在 20 世纪 50 年代自组织控制成为研究的重点与热点。在计算机科学领域特别是智能研究领域的"自适应"、"自学习"等概念与"自组织"概念有较大的关联。在当代,"耗散结构"创始人普里高津和"协同学"创始人哈肯也分别提出了"自组织"的概念。哈肯认为,如果一个体系在获得空间的、时间的或功能的结构过程中,没有外界的特定干涉,我们便说该体系是自组织的。这里的"特定"一词是指,那种结构或功能并非外界强加给体系的,而且外界是以非特定的方式作用于体系的。

组织(organizing)是指事物朝向空间、时间上或功能上的有序结构的演化过程。按照事物本身如何组织起来的方式,组织可划分为两种类型:一种是"自组织"(self-organizing),另一种则是"被组织"(organized)。作为两种不同的系统、思想和方法,它们之间存在着诸多差别:在自组织的演化过程中不存在组织者,组织力来自事物内部的组织过程,而被组织的演化过程中存在组织者,组织力来自事物外部的组织过程;一个自组织的系统必然形成一种特定的演化方式,其各个子系统都受该演化方式的制约,即受整个系统运动模式的支配,因此,在整个系统中存在局部被组织情况,但其子系统被支配是一种规律的支配,各子系统运动都受序参量的役使,而被组织中子系统的被支配则是硬性的、非规律性的支配。不过,一些被组织事物在其起点通过被组织方式组织起来后,通过一定的调节改造则能改变为以自组织方式运行的组织。

2. 自组织理论体系

自组织理论源于一般系统论,贝塔朗菲1945年发表了《关于一般系统论》的论文,宣告了这门新学科的诞生。20世纪60年代后,系统理论转向研究非线性的复杂性科学(science of complexity)。1969年,普里高律(I. Prigogine)提出耗散结构理论;1970年,艾根(M. Eigen)提出超循环论;1972年,笛内·托姆(R. Thom)提出突变理论;曼德布罗特(B. B. Mandelbrot)1973年提出分形论;1976年,赫尔曼·哈肯(H. Haken)提出协同学理论。钱学森等在20世纪90年代初提出"开放的复杂巨系统"的概念和"从定性到定量的综合集成方法"。复杂性科学是研究系统从无序到有序转变规律的自组织理论。其中,耗散结构理论解决自组织出现的条件环境问题,协同学解决自组织的动力学问题,突变论则从数学抽象的角度研究自组织的途径问题,超循环论解决自组织的结合形势问题,分形与混沌是从时序与空间序的角度研究自组织的复杂性和图景问题。

自组织理论是一个由众多数学分支和理论物理分支组成的开放的理论群,而不是各分支理论的简单加和,因为各分支理论不为自组织理论所专有,但是它们都在探索复杂性现象和系统这个方向上齐头并进,分别解决了关于自组织机制的若干问题。这些新兴学科,虽然它们各自研究的对象不同,但是它们都有一个共同的特征——它们都是非线性的复杂系统或非线性复杂的自组织形成过程。

3. 耗散结构理论

1969 年，普里高津正式提出了耗散结构理论。该理论作为自组织方法论中的一个分支——自组织条件方法论，对自组织的产生的条件、环境作出了重要断言，研究了体系如何开放、开放的尺度，以及如何创造条件走向自组织等诸多问题。耗散结构理论认为：一个远离平衡态的开放系统，通过与外界环境不断地进行物质、能量与信息的交换，当这一外界条件达到一定的阈值时，系统将从原有的混乱无序状态转变为在时间、空间和功能上的有序状态，这种远离平衡状态所形成的新的有序结构称为耗散结构。这种有序结构是一种"活"的结构，它只有在非平衡条件下通过和外界环境不断交换物质和能量才能维持。对于这一类开放系统，普里高津给出了熵变化公式为：

$$dS = d_e S + d_i S \qquad\qquad (2.1)$$

式中，$d_e S$ 是系统与环境进行物质、能量交换引起的负熵流或称交换熵；$d_i S$ 是系统内部不可逆过程产生的熵增量。对于封闭系统，交换熵 $d_e S = 0$，即得经典热力学的熵表达式：

$$0 \leqslant d_e S = d_i S \qquad (d_e S = 0 \text{ 对应平衡状态}) \qquad\qquad (2.2)$$

对于开放系统，$d_e S \neq 0$，负的交换熵能够使系统熵减少，因为：

$$dS = d_e S + d_i S < 0 \qquad\qquad (2.3)$$

式（2.3）表明，系统与环境进行物质、能量交换引起的负的交换熵，不仅全部抵消了系统内部不可逆过程产生的熵增量，而且使系统的总熵有所减少，保证系统走向低熵有序的结构。所以普里高津认为，非平衡是有序之源。

耗散结构理论认为，一个系统要能够自组织起来，形成耗散结构，必须满足以下条件：

（1）开放系统。所谓开放系统，即系统内外环境之间要有物质、能量和信息的交换，并且必须使系统从外部输入的负熵流绝对大于系统内部的熵的产生，从而使系统的熵逐步减少。只有开放系统才能发生自组织演化，自发地从无序走向有序。开放是系统自组织演化的一般前提。

（2）远离平衡态。当系统远离平衡时，它借助于与环境交换物质和能量，保持着它内在的不平衡，而不平衡反过来又维持着交换过程。在这种情况下，新的结构和新型的组织才能够自发形成。因此，远离平衡态是新系统形成的必要条件。

（3）非线性体系。判断一个体系是否非线性，就是要研究体系的组成部分构成是要素还是元素，即组成部分不仅在数量上而且在性质上要相互独立且有相当的差异。非线性相互作用下，各种要素之间密不可分，相互之间既有竞争又有合作，你中有我、我中有你，成为有机的整体系统，相互联系、相互牵制，表现出强烈的整体行为。此时，作为个别的涨落才可能被放大为整体的行为状态，导致旧系统的失稳、新系统的出现，从而引起系统的自组织，此时，系统合乎规律的运动通过随机性表现出来。因此，非线性相互作用是系统自组织演化的内在动力。

（4）不可预测的涨落。涨落是指系统内部的具体要素并不严格精确地处于平衡状态，而是有或多或少、或大或小的偏离。涨落是耗散结构出现的触发器，但是何时出现涨落却是不可预测的。

4. 协同学理论

耗散结构理论只是解决和论证了系统向有序方向自组织演化或进化的可能性问题，但是，如何实现有序，则将涉及动力学机制问题。哈肯指出：一个系统从无序到有序转化的关键，不在于热力学平衡不平衡，也不在于离平衡态的远近，而在于由一个大量子系统构成的开放系统内部发生的协同作用。

协同学（synergetics）为系统自组织演化提供了内在动力机制，即系统内各个子系统之间的相互竞争与合作对整个系统的贡献，使系统有目的地自组织起来，并且使系统从无序向有序，从低序向高序方向自主演化。

何谓协同学，哈肯的解释是"协同学是一门横断科学，它研究系统中子系统之间是怎样合作以产生宏观的空间结构、时间结构或功能结构的。这里所说的空间结构、时间结构或功能结构就是'自组织'。协同学把一切对象看成由组元、部分或子系统构成的系统，不同系统的子系统可以是性质十分不同的，这些子系统彼此间通过物质、能量、信息交换等方式相互作用，整个系统形成一种整体效应及新型结构。其目的是建立一种用统一观点处理复杂系统的理念和方法"。

协同学使用的概念主要有：竞争、协同以及序参量：

（1）竞争。竞争是协同的基本前提和条件，也是系统演化的最活跃的动力。

（2）协同。所谓协同，按照哈肯的观点，就是当远离平衡态的开放系统中的物质或能量的聚集达到某种临界值时，系统中诸多子系统的相互协调的、合作的或同步的联合作用。协同是系统整体性、相关性的内在体现。"协同"反映了开放系统在形成自组织结构时，由于子系统之间的协同合作产生了序参量，序参量之间的协同合作又形成自组织结构。因此，协同是形成自组织的内在根据。

（3）序参量。在远离平衡态的开放系统由无序向有序转化的过程中，系统不同的参量在临界点处的行为大不相同。有的参数阻尼大，衰减快，对转变的整个进程没有明显的影响；有的参数出现临界无阻尼现象，衰减缓慢，在演化过程中起着主要作用。哈肯根据参数在临界点附近变化的快慢将参量分为两类：一类是阻尼大衰减快的快参量；另一类是临界无阻尼的慢参量。这两类变量同时包含在决定系统演化的微分方程组中，相互联系，相互作用，相互制约，相互竞争。虽然慢参量只有一个或几个，但它却控制着系统演化的整个过程，决定着演化结果所具有的结构和功能，代表系统的"序"或状态，它就是表征系统有序程度的序参量。序参量支配子系统，子系统伺服于序参量。

协同学是产生自组织的动力学方法，其基本原理如下：

（1）涨落原理。在系统自组织过程中，由于控制变量的不断变化，将系统逐渐由平衡向非平衡推进，当超过阈值时，系统处于不稳定的状态，某种随机的微小的涨落可能通过相关协同效应而迅速放大，形成客观整体上的"巨涨落"，使系统由一种不稳定的状态跃迁到一种新的稳定的有序状态，形成新的有序结构。"涨落导致有序"成为协同学的基本原理之一。

（2）支配原理。支配原理是指在系统自组织过程中，一方的属性支配着另一方的属性，使另一方丧失自己原有的某一属性，而以一方的属性为自己的新属性，或一方的属性同化了另一方的属性，使对方的属性与自己的属性相同。支配原理认为，有序结构是由少数序参量决定的，所有子系统都受序参量的支配，通过这几个序参量即可对系统的演化作出描述。

（3）协同原理。在支配原理定向和定性运动的基础上，原先与此属性不同的各个子系统，将沿着同化一方和提供的运动方式，作为总的模式，协同一致运动。

2.1.2 虚拟企业的自组织性分析

拉尔夫·斯泰西完成了从复杂系统到组织领域的映射，他认为，人类系统本身是一个复杂的自适应系统，个人是人类系统中最基本的单元，由个人形成的组织及其他更大规模的社会系统都是复杂的自适应系统，这类系统的演化过程是一个自组织过程。米歇尔·迈克马斯特认为，企业系统是一个复杂的自适应系统，它的环境只是一个更大的自组织复杂系统。企业作为自组织系统的根源在于其本身的智能特征，一个企业也只有通过其智能特征才能生存、适应和成长。在市场中，虚拟企业的演化恰恰表现了这种自组织演化的特征。虚拟企业随着市场机遇的来临而组建，随着机遇的结束而解散，它的重要特征就是随着市场环境的变化而变化，是在市场利益驱动下自组建的，它满足耗散结构的自组织结构的基本条件。

（1）开放系统。虚拟企业直接面对市场这一开放的竞争环境，通过开放的市场机制源源不断获得自身存在和发展所需的物质、能量和信息。各成员企业之间通过虚拟经营实现企业关系的动态整合，它们之间彼此没有资产、人力资源等条件的约束，为了某个具体项目的需要以及各自的利益结成合作关系，相互独立地工作而又保持实时联系。一旦项目完成，联盟即告解体，当有新项目时，新的联盟又马上产生。因此，虚拟企业是一个开放的系统。

（2）远离平衡态。虚拟企业强调市场环境和竞争环境的动态可变性，它不断从外界引进优势资源——人才、技术、设备等，这些新资源的加入必然给虚拟企业带来新的不确定性因素，同时，为了应对变幻莫测的市场环境而作出一系列不同程度的反应也会不断打破它的内部平衡。因此，虚拟企业是远离平衡态的。

（3）非线性体系。虚拟企业各子系统功能和结构各异，是靠信息技术手段将它们集成为一个临时经营实体，且它们的状态随目标与时间不断发生变化。所以，虚拟企业不是要素的简单堆积，而是各种资源要素相互作用的结果，它的管理能力、员工能力、财力、物力、技术、文化等方面的关系，无法用线性关系来表述，它们之间的相互作用是非线性的。因此，虚拟企业是一个非线性体系。

（4）涨落。虚拟企业时刻受到内部和外部环境因素的影响，如政策法规、市场波动、产品开发的成败、生产管理的成效、新成员的加入等。为了适应新的环境，虚拟企业必定会进行一系列的创新活动，最大限度地共享企业间信息资源，充分利用社会资源，使内外部环境走向"交融"，于是，系统各要素在规模上都发生了巨大的变化，当这种变化达到一定临界点时，系统就会发生突变，自发形成新的有序结构。因此，虚拟企业是具有涨落性的。

虚拟企业能够得以有效运行的关键就是其具有开放性，即与外界进行物质、能量、信息、技术的交流，它是由多个非线性相互作用的成员企业自愿组成的开放系统，成员企业具有自主、自治、自利能力，整个系统时刻受到内外部环境因素的影响。因此，可以判断虚拟企业是一个自组织的耗散结构系统。

自组织的基本原理，就是分形层次结构与自组织模式的统一。根据自组织的基本原理，在不断改变、难以预测的环境下，经过长期进化而生存的生物的基本特征是：具有无限精细的分形层次结构，通过自组织重构自己，形成多样的形态与功能适应不断变化的环境，达到与外部环境协同生存的目的。自组织的主要建设模块就是通过自组织形成自身的秩序以适应环境，并将环境变化反馈到系统内部，通过改善基本模块和重新自组织达到学习与适应环境的能力，从而达到自身的进化。

虚拟企业具有层次性、开放性和集成性，在激烈的竞争环境中，显示出强大的适应力和生命力。虚拟企业具有自组织结构的一切特性，为了适应市场的变化，与外界环境协同生存，其自组织形成过程如图 2-1 所示。

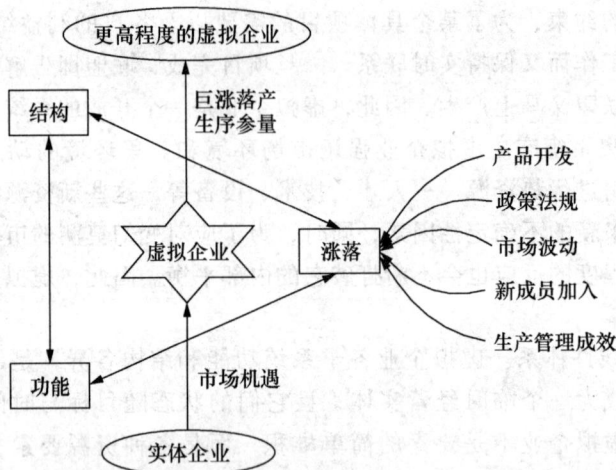

图 2 - 1   虚拟企业的自组织形成过程

2.2 虚拟企业的模块化特性

2.2.1 模块化理论

模块化（modularity）在诸多高科技领域文献中已成为出现频率最高的词汇之一。从 PC 到普通家电，从汽车到飞机、军舰，从金融行业到其他服务行业，模块化都已成为一种不可忽视的研究议题。模块化是一种技术与管理的方式，是一种信息时代的创新思维模式。

1. 模块化的概念

按照日本产业经济学者青木昌彦先生的观点，最早有关模块化的论述可以上溯到亚当·斯密，模块化最原始的形式就是分工，将这种企业层面的分工构想扩展到产业组织的领域，这是产业组织模块化的最简单的理解。西蒙（Simon，1962）认为模块化是促进复杂系统向新的均衡动态演进的特定结构；Alexander 认为模块化是结构设计的规则，可以促使组成模块之间的协调，能够克服设计者认知的不足。鲍德温与克拉克（Baldwin & Clark）则认为模块化是指每个可以独立设计的，并且能够发挥整体作用的更小的子系统来构筑复杂产品或业务的过程，他们进一步借鉴金融学的期权理论证明了模块研发价值创造的有效性。国内学者将模块和模块化理论提升到了方法论的高度，把模块和模块化看做是一种解决复杂问题的新型研究工具，并认为它对现代经济学，尤其是信息时代的经济理论产生强烈的冲击。

模块化设计是模块化的起点与难点。根据鲍德温与克拉克的理论，可将模块化设计归结为"模块化一二三"，即一个可模块化的系统是在两套规则作用下，通过三个核心要素而形成。一个可模块化的系统是指系统本身是可拆分的。两套规则：一是明确规定的设计规则，又称"看得见的设计规则"，是界定模块之间关系的规则；二是隐形的设计规则，也称"看不见的设计规则"，是一种仅限于一个模块之内而对其他模块的设计没有影响的规则，它允许和鼓励模块设计人员在遵循第一类设计规则的前提下自由发挥对模块内的设计。三个核心要素：一是结构，确定哪些模块是系统的构成要素，它们是怎样发挥作用的；二是接口，详细规定模块如何相互作用，模块之间的相互位置如何安排联系，如何交换信息；三是标准，检验模块是否符合设计规则，衡量模块的性能。三个核心要素构成了"看得见的设计规则"的主要内容。

2. 模块的概念

模块是指半自律性的子系统，通过和其他同样的子系统按照一定规则相互联系而构成的更加复杂的系统或过程[114,115]。模块是模块化设计的功能单元，具有以下一些特征：

（1）模块是具有相对独立功能的单元。相对独立功能是区别模块与零部件和系统的关键。同样作为系统的一个组成部分，模块具有独立功能，可以对模块单独进行设计、制造、调试、修改和存储，这和零部件是不同的。零部件是组成大一点实体的一个可以组装可以拆卸的部分，本身可以没有功能，是模块的下级组成部分。系统是具有完整功能的实体，所有的各种功能共同作用组成一个完整复杂的体系。

（2）模块是具有通用性的单元。模块的通用性是建立在独立性的基础上的。由于模块具有分解整合的功能，自身的独立性和其他模块的弱联系使模块可通用于某些相似的系统中，模块的通用性是通过接口的标准化实现的，例如某一发动机模块通过标准化的接口可用于各类型的汽车中。模块的通用性有利于实现横系列、纵系列产品间的模块的通用，若被列为某种标准，则该模块具备了标准化的特征，可以实现跨企业跨产品的更大范围内的通用。在组织层面，模块化的组织可以更加方便地和其他组织实现快速的企业间的重组，具有灵活、动态的组织特征。

（3）模块是具有兼容性的单元。模块的兼容性是指模块应具有传递功能、能组成系统的包括输入、输出在内的接口结构。通常模块间的接口是松散的、通用化的、标准化的。兼容性保证了模块具有即插即用的特性。

3. 模块化的工作原理

模块化理论解决管理对象及管理过程中诸要素的合理组织、计划和控制问题上具有显见的优势，用模块化理论来指导管理工作使问题比较简明扼要，更易于一般管理。模块化的特征主要体现在"黑箱"原理、"分解协调"原理以及"木桶"原理上。

（1）"黑箱"原理。在模块化理论中，"黑箱"是模块的基本特征。模块是可组成系统的、具有某种确定功能和接口结构的、典型的独立单元。系统是由模块构成的，系统设计师不必要、也不可能详细了解每个模块的内部结构，而只需要知道模块的功能和输入、输出端的接口要求，即可用来构成系统。

（2）"分解协调"原理。管理的组织结构设置问题，实质上就是一个系统分解的问题。将系统目标分解成若干专门化或专业化部门的目标，使各部门有明确的职责分工，并确立相互协作关系。在模块化理论中，就是将系统分解为若干模块来进行分析，建立模块的输入、输出接口。在系统分解中如何分解适当是关键问题。

（3）"木桶"原理。从模块化理论出发，如将"木桶"视为系统，组成木桶的每块木片就是构成系统的模块，系统的效能取决于最薄弱的模块。系统管理者欲使系统运行良好，就需将木桶原理应用到管理的计划、组织、控制各阶段及人、财、物各个方面，找出最薄弱的模块和最薄弱的接口，并解决之。系统管理者应善于运用木桶原理实现系统的动态平衡，使系统始终处于一种动态优化的过程中。

2.2.2　虚拟企业的模块化特性分析

虚拟企业是一个开放性的自组织系统，亦是一种松散的组织模式，成员加入或退出的手续简单，松散的组织形态可以根据各组织成员柔性、灵活地重组成各种组织结构。这就像模块化产品一样，可以用不同的零件组合成多种多样的最终产品。因此，虚拟企业和模块化产品的组合有很大的相似之处，具有很强的模块化特性。

在对系统进行模块化时，并非所有的产品或服务都可以进行模块化。一个系统是否可以模块化取决于系统的可分解性，系统的可分解性意味着该系统既能被分解成若干部件又可以进行重新组合，并且在这一过程中不会失去原有的功能。系统的可分解性越强则该系统的模块化程度越高；相反，系统的相互依赖性越高则系统的模块化程度越低。虚拟企业组织本身已具备了独立性、自治性、组合性、通用性四个方面的模块化特征（如图2－2所示）。

（1）独立性。虚拟企业的独立性包括功能独立性和结构独立性。功能独立性是指联盟内各成员企业之间在功能上是相互独立并且是完整的。成员企业是基于任务的分配来筛选的，任务功能的相对独立性使得这些企业具备独立完

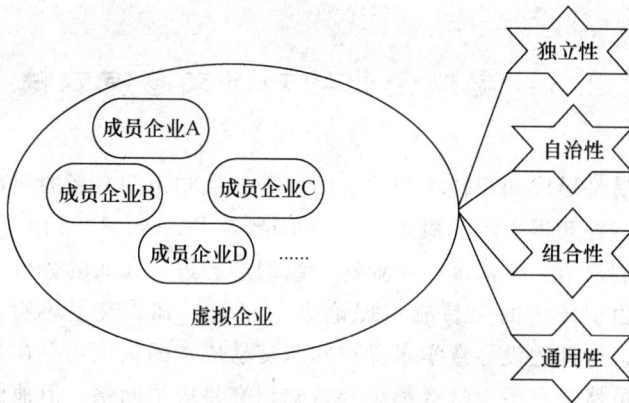

图 2 - 2　虚拟企业的模块化特征

成业务单元的功能。另外，成员企业作为虚拟企业组织结构中的一部分，具有结构的独立性和完整性，这使它们可以很方便地退出或加入而不影响联盟的正常运行。结构的独立性也方便了它们能够参与多个虚拟企业联盟，有利于发挥企业的范围经济。

（2）自治性。虚拟企业的成员企业同样具有模块的自治性。企业的自治性（也称封装性）是指企业的自主管理和决策。企业在具体的决策和管理上不需要过问其他企业，只注重自身能力的发展和完善；其内部情况的变化也不会影响其他企业的管理和决策上的变化。

（3）组合性。组合性是模块化的基本特征之一。虚拟企业的出现是基于集成的思想，即将分散在各个不同实体内的资源集成起来，各成员企业为了共同的利益只做自己特长的工作，以使联盟以最短的反应时间和最少的投资组合成企业结构，来最大限度地满足市场需求。虚拟企业的顺利实施对其成员企业提出了一定的要求：成员企业的技术、产品、组织、人员等要素必须具备 RRS 等特性[118]。RRS 特性是指 Reconfigurable（可重构）、Reusable（可重用）、Scalable（可扩展）。没有成员企业的组合，虚拟企业就不可能存在。

（4）通用性。通用性是模块化的又一主要特征。虚拟企业的各成员企业也具有通用性的特征。由于虚拟企业随着市场机遇的产生而产生，随着市场机遇的消失而解体。因此，各成员企业必须要对企业的内部结构做调整以适应动态组合，否则会被淘汰。这样，它们可以在一个虚拟企业解体以后，迅速地加入到另一个虚拟企业中，并且能够在很短的时间内适应整个虚拟企业的运转。通用性越高的企业越容易参与虚拟企业。

2.3　虚拟企业的知识交易有效性

　　知识交易是形成知识转移与共享的基础，从知识拥有者的观点来衡量，知识转移就是一种知识市场的概念（Davenport & Prusak, 1998）。我们可以从知识交易成本的视角，来对虚拟企业这一组织形态进行深入的分析。

　　然而，由于传统的交易成本理论中存在着"知识交易不存在交易成本"的前提假设，这种假设导致学术界对知识交易成本的认识还存在着许多不尽人意的地方。虽然曾有不少学者都论及过知识交易成本问题，但他们都未对知识交易成本进行系统的阐释。

　　因此，笔者在已有研究的基础之上，构建知识交易成本理论框架，并运用静态比较法，从交易效率角度出发，分析论证虚拟企业相对于传统市场和企业来说，具有知识交易的有效性，从而从制度层面上回答"为什么虚拟企业能够更有效地进行知识交易"。

2.3.1　知识交易成本的理论基础

2.3.1.1　交易成本理论

　　1937年，科斯在《经济学》杂志上发表了在近60年后才被瑞典皇家科学院奖励的赫赫有名之作《企业的性质》一文。该文的发表开创了交易成本经济学（TCE），即交易成本理论的先河，后经阿尔钦、威廉姆森、詹森和麦克林、罗斯、格罗斯曼等人的继承和发展，交易成本经济学已经成为研究经济组织及其治理的新制度经济学的核心理论。交易成本经济学以"交易"为分析单位，强调契约是不完全的；它探究交易存在的各种特征或维度及其对交易成本的影响，主要研究纵向一体化和事后交易的调整与适应问题；它采用比较制度分析方法，结合经济学、组织理论和契约法，强调交易成本的节约和事后治理的重要性，是一种跨学科、交叉研究的理论和方法。笔者认为交易成本理论是一个有力的分析工具，但由于其静态特征，难以分析企业组织的动态演进。这里我们无意介绍交易成本理论的完整内容，只想给出其理论精髓，及其在对企业经济性质解释的贡献。

　　1. 交易

　　交易成本理论是一种以"交易"为基本分析单位，研究经济组织的比较制度理论。首先将"交易"引入经济学分析的当推制度经济学的早期代表康芒斯。康芒斯在1934年出版的代表作《制度经济学》中就首次宣称用"交易"作为经济研究的基本单位。康芒斯指出，交易不是实际"交货"那种意义的"物品的交换",而是个人与个人之间对物质东西的未来所有权的出让予和取得,是所有权的转移。康芒斯进而将"交易"分为三种基本类型:买卖的交易,即平等人之间的交换关系;管理的交易,即上下级之间的命令和服从关系;限额的交易,主要指政府对个人的关系。这三种交易类型覆盖了所有人与人之间的经济活动,过去人们认为毫不相干的事务,如买卖活动、经理对人的指挥,以及国家对居民征税等,都通过康芒斯所界定的"交易"概念联系和归纳在一起(Commons, 1934)。

可见,在康芒斯那里,"交易"已经成为一个非常严格的经济学范畴,有着明确的界定和分类。可惜的是,康芒斯未能对交易进行成本收益的比较分析,因而未能融入以稀缺资源配置为中心的传统经济学中去,康芒斯的这一闪光思想也就长期受到理论界的冷落。直到20世纪70年代,随着交易成本理论的兴起,"交易"才真正成为经济分析的基本单位。不过,作为交易成本经济学的集大成者威廉姆森赋予了"交易"新的含义:"当一项物品或劳务在技术上可分结合部发生转移时,交易就发生。"(Williamson, 1985)技术上可分结合部是指技术上不可分的实体之间发生联系的区域。这一说法并不好理解,威廉姆森似乎自己也意识到这一点,于是他紧接着写了下列颇似脚注之言:"活动的一个阶段终止后,另一个阶段就开始了。一个良好的结合部就如同一部性能良好的机器,使转移能够顺利进行。"由此我们可以这样去理解威廉姆森所界定的交易:为了完成一项工作,比如生产一种产品或执行一项服务等,该工作从技术上可分为一系列独立的活动,一个活动完成后就可以进行另一个活动;活动是通过一定的技术来完成的,技术上不能分开的就是一个独立的活动;每个活动都可看作完成该项工作的一个阶段;该工作在这一活动完成后就要向下一活动转移,也就是由上一阶段向下一阶段移交,这一过程就是一项交易的发生。

威廉姆森的这一新定义大大拓展了"交易"的范围,交易不再仅限于所有权的转移,使组织内部或组织间发生的很多活动都可以纳入交易的分析范围,另外,它使得交易活动更为具体化,因而更具可分析性。威廉姆森不仅对"交易"重新界定,而且用资产专用性、不确定性和交易频率的三重维度来描述交易的性质,以便把交易分为不同的类型,从而使交易分析方法真正成为研究组织现象的一种分析工具。

2. 交易成本

交易成本(transaction cost)又译作交易费用,最早由罗纳德·科斯(Coase R, 1937)引入经济学。在沉默近三十年之后,交易成本概念及其分析范式在经济分析中得到了广泛的应用,已经成为新制度经济学理论体系中最为活跃的一个分支,以致"在当代西方经济学尤其是近30年的经济学文献里,出现频率最高，引用次数最多的概念，大概莫过于交易费用了"。但是，对于交易成本究竟为何物？经济学家可谓见仁见智。

长期以来，西方传统经济学关于市场能够在"一只看不见的手"的自发作用下进行有效资源配置的观点一直占据着主导地位。按照这种观点，企业和个人只需在均衡价格这个万能杠杆的作用下就可以获得最大利润和最大效用，整个社会资源也就能实现帕累托最优配置状态。也就是说，在传统的微观经济中价格机制能够自动保证各种资源优化配置，市场机制运转是无成本、无摩擦的，市场交易费用为零。对于传统理论这种简单的均衡命题，科斯有着完全不同的看法，他指出传统理论忽视利用市场机制也需要付出代价这一客观事实，现实世界中市场交易是有成本的，这种成本就是交易成本。科斯对新古典经济学的最大贡献就在于他首次将"交易成本"引入经济分析中，并认为，交易成本就是"利用价格机制的成本"。并在《社会成本问题》一文中以列举的方式指出这一概念的外延（Coase，1960），即交易成本是：①发现相对价格的成本；②市场上发生的每一笔交易的谈判和签约的费用；③利用价格机制存在的其他方面的成本。科斯十分强调交易成本的重要性，认为它会影响到经济活动的各个环节，如果不把交易成本纳入到经济理论分析之中，经济系统的运转、资源的配置及企业的出现等许多问题就得不到令人信服的解释。交易成本理论的提出为现代制度经济学的建立提供了理论基础，它同时也是现代企业理论和产权理论的理论基础。尽管科斯开创性地提出了交易成本概念，但他本人并没有对此进行更深入的研究，完整的交易成本理论是由威廉姆森等人在他的理论基础上建立和发展起来的。

威廉姆森在科斯的基础之上扩展了对交易成本的分析，他除了大大拓展了"交易"的范围之外，还对交易成本的产生和具体内容进行了深入分析。威廉姆森认为，交易成本相当于物理学中的"摩擦力"，交易成本不同于生产成本，它不是生产活动中由技术因素决定的各种耗费，而是一种"经济系统运行的成本"。威廉姆森进一步指出，经济系统的运行是通过各种"交易活动"来得以维系的，而为了使"交易活动"能够有效地进行，交易双方就要建立各种契约关系，如市场交易合同、企业组织生产经营活动的各种内部合同及其他一些契约关系；为了确保契约关系的建立和实施，就必然要发生一系列活动、产生一系列费用。首先是交易双方为签署合同而进行的大量的起草、谈判等各项往来活动中发生的费用；其次是合同签订过程中双方还可能根据不同的情况对合同条款进行修改、补充，以便使契约更加完备，这也需要交易成本的付出；最后是对协议的维护和执行过程中发生的交易成本，其中最典型的是为确保合同的执行而进行的承诺和保证费用（Schmaensee and Robert Willig，1959）。这三个方面的费用构成了交易成本的主要内容。

关于交易成本的产生，威廉姆森的分析是从人这个经济运行中最重要的角色入手的。他认为人的因素和环境的因素相互作用，而不是它们之中的任何一个单独决定了交易的发生。对于人的因素，威廉姆森秉承了西蒙的"有限理性"学说，认为人的认识是"意欲合理，但只能有限地做到。"（Simon，1961）但对于人的行为动机，威廉姆森修正了传统的经济人假设，认为人不仅是自私的，而且只要利己，就不惜去损人。在关于人的行为的假定上，他设立了两个关键性的假设：一是有限理性；二是机会主义。威廉姆森认为，商品或劳务的交易是人的行为的结果，参与交易的经济主体（个人或组织）其行为都具有有限理性和机会主义特征。在这样的认识基础上，威廉姆森认为，交易成本取决于三个因素：①受制的理性思考（参数的不确定性）。这主要因为一方面是信息的复杂性，个人和团体可获得的信息的能力是有限的；另一方面是信息的不确定性，经济活动的主体必须和不完全信息打交道。②机会主义。机会主义意指人不是简单地追逐自利，而是在追逐自利的过程中会使用策略性行为（Williamson，1985）。他还把机会主义分为事前的机会主义，即逆向选择（adverse selection）问题和事后的机会主义，即道德风险（moral hazard）问题。③资产专用性。资产专用性是指在不牺牲生产价值的条件下，资产可用于不同用途和由不同使用者利用的程度（Williamson，1979）。威廉姆森还认为，只有上述三个因素同时存在，交易成本才会发生。在完全理性的情况下，交易双方在一开始就有可能无须耗费地签订极其详尽的契约，签订长期契约也是可能的。如果不存在机会主义，交易双方都不想从对方捞取便宜，所以尽管由于有限理性使得签订的契约存在不妥之处，但签订短期而连续的契约也是可能的。当资产专用性不存在，将没有必要具有持续不断的经济关系，因为市场将是充分竞争性的。其中，机会主义是交易成本产生的核心因素。

除了科斯和威廉姆森对交易成本的分析之外，还有很多学者分别从不同角度给出交易成本概念。比较有代表性的有：

阿罗（Arrow K，1969）肯定了科斯的定义，同时将"利用经济制度的成本"泛称交易成本。

诺斯（North D，1990）从社会分工角度入手，把社会经济活动分成执行交易功能和物质转换功能两种类型。

马修斯（Matthews R，1986）认为所谓"交易成本是人与人之间打交道的成本，生产成本是人与物之间打交道的成本"这一提法，与其说给出了交易成本的定义，不如说描述了交易成本的属性。他认为，交易成本包括事前为达成一项合同而发生的费用和事后为监督（supervises）、贯彻（enforce）该合同而发生的费用，与之相对应的生产成本则是指为执行（execute）合同本身而发生的费用。

　　通过上面不同学者对交易成本概念的解释，我们可以得出以下几个方面的结论：①交易成本从本质上说相当于物理学中的"摩擦力"，它不仅存在于价格机制运行中，而且还存在于更广泛的经济制度运行之中。②虽然上述学者对交易成本的内容有不同的认识，但我们可以将其分为狭义和广义的交易成本。前者指的是由于有限理性和机会主义引起的交易成本，后者还包括运输成本和信息传播成本。关于这一点，我们可在科斯的《社会成本问题》一文中找到依据。科斯指出："缩短生产要素间距离的发明活动，通过减少空间分布，会增加企业规模。诸如电报和电话的发明降低了空间上组织交易的成本。"在文中的注释中，他又指出："大多数发明既改变组织成本，又改变利用价格机制的成本。在这种情况中，发明是使企业变大还是变小，取决于发明对这两种成本的相对影响。例如，若电话造成的利用价格机制成本的减少大于组织成本的减少，那么，它就有减少企业规模的效应。"③在交易成本理论中，有限理性和机会主义是交易成本产生或加强的重要原因。

　　但是，在以科斯为代表的早期的交易成本理论中，在对知识的认识上，存在着这样的一种倾向：即知识的获取、维持和使用是无成本的（张晔，2003）。尽管交易成本被认为在很大程度上是某种信息成本，但知识本身并未纳入到经济学的分析视野中。知识被等同于信息，并作为交易成本的诱发因素出现，即由于人们对现实世界的不完全知识（信息）而产生了交易成本。在这里，人们所分析的交易对象是实体生产要素而非知识本身。之所以会有这样的认识，其主要的原因就在于理论产生的时代因素，因为在工业经济时代，知识的重要性，相对于物质生产要素而言，对社会或组织的作用并不显现，从而使得人们忽视了对知识交易本身的认识。

　　3. 交易成本与企业性质

　　交易成本理论从一开始就与现代企业组织理论紧密联系，它不仅构成了现代企业组织理论的重要分支，同时交易成本也是现代企业组织理论的核心概念。交易成本理论用于企业组织形态的分析，起源于科斯，后经威廉姆森等人的发展，其内容十分丰富。在这里主要介绍与本书有关的主要理论内容及其重要结论。

　　（1）企业的存在与企业的边界。科斯是第一个运用交易成本的方法研究企业的人。科斯的企业理论主要回答了两个问题：企业为什么会出现？企业的边界在哪里？科斯认为，企业是作为市场的替代物而存在的，也就是说，企业和市场是资源配置的两种可以相互替代的手段。市场和企业的不同在于在市场上资源的配置由非人格化的价格来调节；而在企业内，资源的配置则通过权威（authortiy）来完成。企业之所以出现，是由于权威关系能大量减少需分散市场定价的交易数目，即按合约对投入物行使有限使用权的企业家或者代理人可以不依靠市场价格机制而指挥生产。简单地说，企业之所以出现，就在于它能节约市场交易费用。但是，为什么市场没有完全被企业所替代？科斯同时认为，企业内部也存在成本，这种成本就是企业的组织成本，而且企业的规模越大，企业的组织成本越高。因此，如果市场的交易成本大于企业的组织成本，那么企业的规模会扩大；如果企业内部的组织成本大于市场的交易费用，企业的规模将缩小。企业的合理边界是企业内部再进行一次交易的费用等于同样交易在市场上的交易成本。即企业的规模可能会因为两种原因而扩大，一是市场的交易成本变大，二是企业的组织成本变小。

科斯对企业性质的研究，事实上隐含着这样的一个假定：即对于某种经济活动，究竟属于企业行为还是市场行为是可分的。然而现实世界中，同样的经济行为往往具有"交易"和"管理"两种特点，因此，严格区分经济行为的性质是困难的。关于这一点，德姆塞茨在《所有权、控制与企业》一书中有详细论述，这里不再重复。同时，科斯在强调交易成本的重要性时忽视了组织变动对于直接生产成本的影响。科斯把交易成本的节约看成是企业存在的唯一原因，却完全忽视了企业组织在发挥协作劳动的社会生产力方面不可替代的作用。

（2）交易与规制结构匹配。威廉姆森利用交易成本对企业组织形态进行了详细分析，他认为，在经济活动中存在着三类和各种交易活动相匹配的制度安排（规制结构）——"企业、市场和中间组织形式"（Williamson，1979）。所谓中间组织形式，指的是他所提出的"双边规制"和"三边规制"（Oliver E. Williamson，1985）。本书研究的虚拟企业就属于这样的中间组织形式。

威廉姆森对企业组织形态（规制结构）的如何形成进行了详细分析，对后来的企业组织研究影响深远。但是，威廉姆森的规制理论在解释企业组织形态时，亦存在两个方面的缺陷：①威廉姆森认为，如果资产专用性程度较低时，用市场来组织交易比较有效；资产专用性程度中等时，用企业网络来治理比较有效；随着资产专用性程度进一步提高，科层组织便成为一种有效的组织形式。但这种观点忽略了这样的一个重要的问题：当资产专用性很高时，如果一个企业自身不具有生产该产品的能力，难道它只能放弃生产？很显然这并不符合现实情况。出现这种不一致的根本原因在于忽略了知识、经验和技能的影响（杨瑞龙，2003）。②在讨论不确定性对组织选择的影响时，威廉姆森（1989）认为，尽管在面对更大的不确定性时，各种组织形式的治理效率都会受损，其中由各成员企业组成的虚拟企业联盟体所受到的影响最大。这是因为，在由各成员企业组成的联盟体中，适应性调整既不能像市场一样由单方进行，也不能像科层组织一样按指令来进行，而是必须相互一致同意才能进行。因此，不确定性的提高将会导致市场和科层的增加以及虚拟企业联盟体的减少。但是，在当今世界竞争日趋激烈、不确定程度越来越高的情况下，虚拟企业却日益盛行。交易成本经济学的不确定性理论显然不能解释这一现象。

通过以上对交易费用理论的简要介绍，我们可以看到，该理论在引入"交易费用"这个概念后，改变了新古典企业理论中将企业视为要素投入产出转换器的做法，从而打开了企业这只"黑箱"（black box），使人们认识到利用市场是有成本的，企业正是为了节约"市场交易成本"而存在，并对企业的边界、企业的所有权和控制权、企业的规制结构等企业性质进行了强有力的解释和说明。但是它的缺陷同样也是明显的：①它采用了比较静态方法，忽视了企业成员间学习活动，因而不能很好地解释企业组织形态的动态演进过程（Dietrich，1996）；②由于它假定知识是不存在交易成本的，因而任何企业的知识都可以通过市场交易而扩散，从而丧失其异质性。因此，从交易费用理论来看，任何企业的知识都是同质无差异的，而这是完全不符合现实的。

2.3.1.2　企业知识理论

1. 企业知识理论的产生

企业知识理论是在探寻企业竞争优势根源及对主流企业理论批判的过程中产生并逐渐发展起来的一种全新的企业理论。从企业理论的形成和发展的过程来看，大致经历了交易契约观→资源基础论→能力观理论→企业知识观的演化过程。

交易契约观理论是20世纪30年代以后的主流经济学对企业"生产函数"性质的批驳中而形成的，它是一种以交易为分析单位，并赋予"企业之契约之本质"的企业理论。其主要观点在上面的交易成本理论中已经介绍，这里不再赘述。

以资源为基础的企业观（resource - base view of firm），是在对主流战略理论的批判中成长起来的。传统的观点将企业竞争优势归结于企业所处的市场结构与市场机会，即所谓的企业竞争优势外生论。这突出表现在 S—C—P、梅森—贝恩范式以及以此为基础的波特竞争战略理论之中。然而，20世纪80年代早期的实证研究引起了人们对企业竞争优势外生理论的质疑。鲁梅尔特（R. P. Rumelt）的研究表明，"产业内长期利润率的分散程度比产业间的分散程度要大得多"。由此可以推论，企业表现为超额利润率的竞争优势并非来自外部市场力量，而来自企业自身的某种因素。也就是说，如果将企业以外的相同因素剥离，那么所剩下的只能是企业自身了，竞争优势便内生于企业。企业的资源基础论正是在这一背景下产生并成长起来的。该理论的核心在于，企业是由一系列资源组成的集合，每种资源都有多种不同的用途，企业的竞争优势源自企业拥有的资源。

然而，并非所有的资源都可以成为企业竞争优势的源泉，因为在竞争较充分的市场上，资源是可以通过市场交易获得的。因此，企业的竞争优势与企业都具有普遍意义的资源间不可能存在因果关系。于是，在探寻企业竞争优势来源的过程中，企业资源这一层又被剥离了，人们的认识又向前迈进了一步，即认为企业竞争优势来源于隐藏在资源背后的企业配置、开发和保护资源的能力。由此产生了以能力为基础的企业观（capability - base view of firm）。能力观的企业理论认为，企业是一个一体化的组织，是资源和能力的整体集合，企业之所以存在，在于同市场这一制度相比，企业的内聚性以及存在的长期性有利于信息的传播和实践知识的产生。

随着人类进入知识经济时代，知识已经成为企业最重要的生产要素，是企业竞争优势的源泉。知识是企业竞争优势的根源，不仅是因为企业内的知识，尤其是一些隐性知识难以被竞争对手所模仿，而且还在于当前的知识存量所形成的知识结构决定了企业发现未来机会、配置资源的方法，企业内各种资源效能发挥程度的差别都是由企业现有的知识所决定的。同时，与企业知识密切相关的认知能力决定了企业的知识积累，从而决定了企业的竞争优势。同其他生产要素相比，知识具有许多独特的性质。因此，企业理论的核心概念应当是知识。于是，从分析知识的性质开始，并进一步解释和揭示知识经济条件下企业存在的原因、企业的边界以及企业内部结构等经济现象的企业知识理论便应运而生。

2. 企业知识理论对企业核心问题的阐释

企业理论一直是现代经济学和管理学关注的一个重要方面。企业理论所关注的一般性问题是如何解释和预期实现企业的基本特征和行为。作为一种全新的企业理论，企业知识理论从知识的角度重新对企业核心问题进行阐释。

（1）企业的存在。如何解释企业的存在，是企业理论所关注的最核心问题。企业知识理论认为企业是知识的集合体，是知识一体化的制度安排。企业的存在是因为企业能比市场更好地传递、组合和创造新知识（Kogut and Zander, 1996），企业的性质在于企业具有创造、储存和应用知识的能力（Kogut and Zander, 1996; Conner and Prahlad, 1996; Grant, 1996），而不仅是对市场交易成本的节约（Coase, 1937; Williamson, 1985）。企业的存在是因为企业能够创造出独特的生产性知识、制度性知识和管理性知识，企业进行知识创造和知识转换的能力是企业存在的原因，企业专业化生产与协作过程中积累的共有知识和私人知识决定着企业的效率边界（慕继丰，2002）。

（2）企业的异质性。企业的异质性在于企业在生产过程中形成和积聚的知识的差异性。由于各企业所吸纳的人员的知识专业化方向和程度是不相同的，并且各类人员之间相互作用的过程和作用的持续时间也各不相同，从而导致各个企业最终所积聚的知识和能力具有差异性。所以当企业在从事同类生产活动时，也就不可能具有相同的生产成本，不可能获得相同的利润，不可能具有相同的竞争优势。因此，正是企业知识、知识结构和认知能力的异质性决定了企业的异质性。企业的异质性来源于企业在生产过程中不同的知识积累和知识水平，来源于因为知识的不对称并由此导致的企业能力的差异（慕继丰，2002）。

（3）企业的边界。企业所拥有和创造的知识及相应的企业能力决定着企业的经营范围和企业规模。在某一时空上，知识是既定的，企业所面临的机会集合，是其所创造和拥有的知识的函数，企业的生产可能性边界由其所拥有的知识决定，企业如果能不断获得新知识并能成功地进行知识转化，则企业的生产可能性边界可能会外移。企业的规模取决于企业管理者拥有的知识和管理能力。企业组织的知识以及相应的能力是企业经营范围的一个重要的决定因素。企业拥有的专有知识是决定企业生产可能性曲线的关键变量。

姚小涛（2002）在《企业契约理论的局限性与企业边界重新界定》一文中，指出了企业契约理论在分析企业边界与规模时存在的局限性，并针对当前企业边界与规模变化的特征与趋势、企业经营策略与重心的调整，从企业生产性知识积累的角度对企业的边界与规模进行了重新的界定（如图 2-3 所示）。

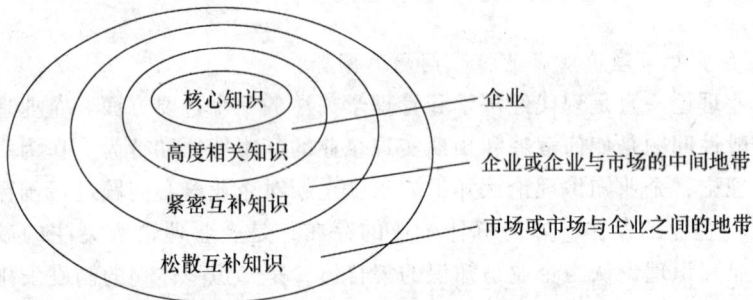

图 2-3　企业生产过程中的知识结构与企业边界

由图 2-3 可以看出，企业的边界决定于核心知识的利用、开发与组合特征。从而对应于不同的生产类型，企业可以采用不同的组织发展模式。

3. 企业知识活动的微观机理

企业知识理论同交易费用理论相比，所强调的重点已从机会主义转移到有限理性，由成本转移到价值，从而从根本上改变了分析企业行为的方法。这种思维和研究方法的转变对本书的研究很是重要，成为本书立论的重要依据之一。同样，这种转变也促使企业理论研究逐渐伸向对企业知识活动的微观机理的探讨。因为只有清楚地把握知识在企业中发挥作用的微观机理，才能更好地开发和利用知识，从而使企业获得持续的竞争优势。纵观国内外对企业知识理论的研究成果，其对企业知识活动微观机理的探索主要表现如下：

（1）企业的知识缺口。在适应环境不断变化的过程中，企业始终面临着知识缺口问题。Michael H. Zaek（1999）认为，企业已具备的知识与企业实现其战略所必须具备的知识之间的缺口，称为知识缺口。企业自身的知识资源与自身的战略目标间的知识缺口可称为企业内部知识缺口，企业自身的知识资源与外部竞争者间的知识缺口可称为企业外部知识缺口。一般认为，企业知识缺口反映的是企业适应外部环境的知识需求与企业自身条件所形成的知识供给的不吻合程度。相对于适应外部环境不断变化的知识需求而言，企业已有的知识总是供给不足。企业知识缺口的存在，就意味着企业在其成长过程中，始终存在着知识需求。

（2）企业的知识链。企业作为知识的集合体，其实质是知识一体化的制度安排。企业的知识活动表现为在知识链上的连续过程。所谓知识链是这样的一种知识链条（网络），在这个链条形的网络中，企业对内外知识进行选择、吸收、整理、转化、创新，形成一个无限循环的流动过程。在这个过程中，企业与外部环境之间、企业内各组织之间、人与人之间、人与组织之间被一种无形的知识链条所连接（Holsapple & Singh，1998；刘冀生和吴金希，2002）。

（3）企业的知识转移。从企业的知识链相关研究看，企业几乎所有的知识活动中都包含着知识转移，因而知识转移（共享）是企业知识活动的关键。在对企业知识转移的认识上有一种偏见，即认为企业的知识转移比较容易。其实不然，因为知识转移往往受多种复杂的因素影响，主要的影响因素是所转移知识的特征、知识源的特征、接受者的特征和知识转移发生的环境特征等。所转移知识的"因果关系不明确"和"知识作用的未证实性"，知识源的"缺乏激励"与"知识源的可靠性没有确证"，接受者的"缺乏激励"、"缺乏吸收能力"和"缺乏保持能力"，知识转移发生环境的"组织环境障碍"与"知识源和接受者之间交流的困难"等，都将加重知识转移的难度。因此，企业要进行高效的知识转移，必须建立系统的、完善的知识转移（共享）机制。

2.3.2 知识交易成本的理论架构

在上面的交易成本理论和企业知识理论基础上，笔者以下将进一步系统地给出知识交易成本理论架构。

2.3.2.1 知识交易成本的内涵与构成

知识交易成本就是指知识在知识可分结合部的转移过程中所发生的成本。依据上面介绍的交易成本理论，我们认为知识交易成本的构成主要包括：

（1）有限理性导致的知识交易成本。知识交易的有限理性是指知识的传送者与知识的接受者受其本身的语言能力、认知能力及客观环境的复杂性、不确定性的限制，使其在进行知识交易时没有足够的能力去完全表达、接受、储存和处理所有的信息，也没有办法去预测和认知将来可能发生的情况，进而阻碍了知识交易的行为。一般认为，由于有限理性的存在，将导致两类知识交易成本：信息费用、表达费用和理解费用。信息费用是在知识搜寻过程中产生的，在一个不确定性的世界中，有限理性使得人们不可能完全知道自己所需要的知识，从而不得不进行知识搜寻。知识的隐性程度越高，所发生的信息费用就越大。知识交易总是离不开知识的传递者和知识的接受者。由于有限理性的因素，知识的传递者不可能完整地表达出自己的知识，使得知识的表达损失是不可避免的，这正是知识交易表达费用的主要部分。当然，知识表达本身也要花费成本的。同样道理，知识接受也需要花费时间和精力的，更为主要的是由于知识接受者不能正确理解而导致知识误解和损失。这些就是知识交易的表达费用和理解费用。知识的隐性程度越高，其表达费用和理解费用越高。

（2）机会主义引起的知识交易成本。因机会主义行为而导致的交易成本主要是签约成本。由于交易双方在交易过程中，并不能确信对方的机会主义行为，因而始终面临着机会主义风险。卖者可能会夸大其知识的效用水平，买者可能会在对方不知情下滥用其知识。这将使得知识交易面临着高昂的谈判、签约、执行和监督成本。有时因为这类成本太高而使知识交易无法通过市场进行。

（3）技术因素产生的知识交易成本。知识的转移总是需要一定的载体才能进行。语言的发明使得个体之间的知识交流成为可能；文字的产生使得知识可以在不同时空中传播；现代资讯工具的发明使得知识传播更加迅捷。因此，知识传播载体的使用成本和使用效率对知识交易成本有着重要的作用，落后而且费用高的知识传播载体有时使得知识交易无法进行。这一类成本我们称之为因技术因素产生的知识交易成本，即知识传播成本。知识传播成本属于广义的知识交易成本范畴。

2.3.2.2　知识的多维属性与交易成本

知识是个"多维"的概念，即一个知识往往表现出多重属性。从知识交易成本来看，知识的交易成本同知识的属性有着非常密切的关系，不同属性具有不同的交易成本。

知识的隐性。知识的隐性程度是知识最为重要的属性之一。一般而言，在其他条件相同的情况下，知识的隐性程度越高，其交易成本越大。

知识的嵌入性。这是同知识的公共物品属性相对而言的。知识的嵌入性是指知识嵌入于个人的意识或组织的惯例之中的程度。在企业中，纯粹属于公共物品的知识是相当少的，而大多数知识属于具有一定程度的嵌入性的知识。同样，在其他条件相同的情况下，知识的"嵌入"性程度越高，其交易成本越大。

知识的可观察性。知识的可观察性我们可以简单地描述为被知识主体以外的人或组织所能观察的难易性（Farok J. C. & Wonchan R.，2002）。知识的可观察性同知识的可模仿性是有区别的，能够观察却不一定容易模仿。一般来说，知识的"可观察"性程度越高，其交易成本越小。

知识的"被盗用"性。这是指企业知识无意中被竞争对手盗用的可能性大小。这里需要区分知识的"被盗用"性与知识"被盗用"的能力。比如，对于显性知识来说，一般很容易被盗用，但我们只能说它"被盗用"的能力较强，而不能说它的"被盗用"性很高。一般而言，知识的价值越大，知识的嵌入性越高，则"被盗用"的可能性越大。因此，知识的"被盗用"的可能性同其交易成本呈正相关关系。

2.3.2.3 新经济条件下知识交易成本的变化

20世纪80年代以来，知识经济和网络社会产生并迅猛发展。知识经济时代使得知识日益成为企业的核心和关键资源。网络技术正成为一种最为重要的、最为迅捷的、最为廉价的知识传播手段。也正因为如此，和传统经济相比，在新经济下知识交易成本发生了显著的变化。那么，这种变化趋势又体现在哪些方面呢？（张哗，2003）

首先，新经济条件下知识交易成本大大降低了。一方面，信息、通讯技术的发展，使得知识的编码技术得到很大发展，同时使得知识的传播手段变得更加迅捷和便利，从而较大地降低了因有限理性局限引起的信息费用、表达费用和理解费用，也大大地降低了因技术因素产生的知识交易成本。另一方面，信息、通讯技术的发展，大大地增加了知识个体（个人或组织）之间的社会关系（Desanctis 和 Fulk，1999），而社会关系的发展（比如，信任关系）将会在一定程度上降低因机会主义而引起的知识交易成本。

其次，隐性知识和显性知识的交易成本呈现出不同的下降幅度。对于显性知识而言，因为可以在计算机上进行编码，而且可以利用网络技术迅速传播，因此其表达费用和理解费用，尤其是传播成本大幅度降低了。可是，对于隐性知识来说，仍然不太可能进行有效编码，当然就不能在网络上迅速有效传播，因而其知识交易成本降低幅度很小。

由此可知，在传统经济中，由于在巨大的传播成本的掩盖下，不同种类知识的交易成本的差别很小。无论对于处于连续体的一极的显性知识，还是对于另一极的隐性知识来说，均表现为较高的交易成本转移。显性知识同隐性知识相比，并不具有明显的交易成本优势。但在新经济下，信息、通讯技术的发展打破这样的均衡，使得显性知识与隐性知识的交易成本有了显著的差别。知识的隐性程度越高，其交易成本越大。结合企业知识理论，知识作为企业形态的主要决定变量，知识交易成本的这一显著变化趋势，必将对企业的组织形态的变化产生重要影响。

2.3.3　虚拟企业的知识交易有效性

在构建了知识交易成本理论框架之后，下面我们将运用知识交易成本理论，并沿用"比较制度分析"方法，分析论证"虚拟企业的知识交易有效性"，据此回答"为什么虚拟企业能够更有效地进行知识交易"这一命题。

2.3.3.1　知识交易的市场不完全性

这里我们说知识交易的市场不完全性，其意思是指知识不是一个完全可以在公开交易市场进行自由交易的生产要素。不可否认的是，很多显性知识是可以在市场上交易的，比如专利的交易。同时，个人知识的交易每天都会发生的，如有知识的人的雇佣。不可以在公开市场上交易的知识主要是那些隐性知识或组织的共有知识。为什么这些知识不可以在市场上交易呢？其原因在于这些知识本身具有的特殊性和复杂性，从而导致在市场上的高交易成本。

首先，市场通常采用的是古典契约。古典契约的一般特征是完备契约，即具有完备的交易合同、准确的交易价格、交易双方不存在重复交易。由于知识在交易双方的信息不对称，一般难以通过一次或者数次的交易就能够确定隐性知识或组织的共有知识的交易价格。

其次，隐性知识或组织的共有知识的交易具有很强的互动性，一般需要交易双方进行专有性投资才能完成交易。这样，机会主义行为就可以使得占据主导地位的交易者很容易利用自己的控制地位剥削其他投资者的准租金，而占据从属地位的投资者则面临套牢的风险。因此，对于隐性知识或组织的共有知识，通过市场交易可能会面临着很高的机会主义的交易成本。

最后，即使市场能够对隐性知识或组织的共有知识进行有效定价，但是，这些知识的市场交易还可能面临着因有限理性而产生的较高的理解和表达费用。事实上，这些知识的市场交易并不像一般物品的交易，只要把有关知识的副本（文件、资料）交给买者就行了。因为这些知识往往具有专用性，并不能仅仅通过知识副本就能够完全表达的，大部分内涵是隐含在员工和组织流程之中（程德俊，2004）。而要将卖方的员工和流程移植到买方是非常困难的。

总之，由于知识进行市场交易所表现出的上述特性，使得这些知识通过市场交易往往具有很高的交易成本，从而使其成为不可在市场上交易的东西。概括而言，因为这些知识资产提供边际生产力定价的市场难以建立和发展起来，很难找到一种廉价的机制对这种专有性的知识进行直接定价。由于不能够通过一个有效率的市场进行合理定价，导致在市场上一般不能获得此类资产。

2.3.3.2　知识交易一体化的缺乏效率性

相对于市场而言，企业进行知识的交易，特别是对于隐性知识或组织的共有知识而言，具有更高的效率。这一观点在近年来兴起的企业知识理论那里有很好的验证。企业知识理论认为，企业是一个更能有效地转移或创新知识的社会存在（慕继丰，2002）。知识在企业内通过企业的权威机制能够较好地进行转移和共享（余光胜，2000；葛京，2002）。如果用知识交易成本理论来解释，企业在进行知识交易上比市场具有更高效率的道理就在于企业能够显著地降低知识定价的成本。企业通过向员工提供经济、心理、地位等方面的诱因，员工将自己的一部分行为自主权交给组织。巴纳德（Barnard，1997）将这部分区域称为"无关心领域"。在无关心领域中，组织可以通过权威导致更多的知识共享和传播。员工在此区域中，也放弃了对知识的共享和传播行为进行定价的权利。

由于知识是一个不可在外部市场上自由交易的生产要素，当一个企业面临着对外部其他企业存在知识需求时，依据新制度经济学，那么，一体化是另外一种选择。即建立一个内部市场以取代外部市场进行知识交易，企业由行政机制代替市场机制，将知识转移到自己可以控制的内部之中。但是即使这样做，其知识交易也是缺乏效率的，甚至是完全不可能的。其原因有以下几个方面：

（1）一体化的高成本。比如，进行某项创新活动，需要通过组合两个单独企业所提供的某种知识建立起来。不妨设 A 企业可以提供知识 X，B 企业可以提供知识 Y。这时为了该项创新活动采用一体化而将 A 和 B 合并起来产生一个非常大的企业。如果 A 和 B 中各自拥有很多不相似的知识，那么根据企业知识理论的观点，将 A 和 B 合并成一个企业是非常不合适。由于规模扩张而带来的边际成本远远大于由此而产生的边际收益，从而使得与这项创新活动相关的收益会被企业规模扩大所带来的成本所抵消。因此，这种方式常常是得不偿失的。

（2）企业对外部企业知识需求的经常性。今天，知识日益成为企业获得竞争优势的重要源泉。如果一个企业要想超越竞争对手，就必须不断地创造新知识。过去一直认为内部研发是企业创造新知识的最佳选择（Sean B. O. Hagan & Milford B. Green，2002）。但是，面对环境的快速变化，竞争的日趋加剧，越来越多的企业意识到从外部获取知识也是企业创造新知识的重要途径。内部知识和外部知识的结合已经成为企业最有力的知识创造方式，同时也能有效改善企业的运行绩效（Bierly & Chakabarti，1996）。这样就意味着企业对外部知识索求成为企业面临的经常性工作。每次都一体化是非常困难的，也是不可能的。

（3）企业内部知识共享（交易）的高监督与激励成本。即使一体化了，也还面临着企业内部知识共享低效率的困境。在上面已论述过的企业在进行知识交易上比市场具有更高的效率的道理，就在于企业能够显著地降低知识定价的成本。但这种以权威为基础的合作行为必然是以对员工激励的减弱为代价的。其原因在于：首先，因为知识的贡献难以度量（Foss & Husted，2003；Alchian & Demestz，1999），所以，以权威为主的协调机制使知识交易的双方在企业考核中得不到相应的回报，从而引致了许多败德行为。其次，企业也容易因对员工提供稳定的经济诱因，而使员工失去学习、共享新知识的动力。再次，企业中员工在对自己的控制权让渡同时，也降低了外部市场对自己的激励。最后，企业内知识交易水平呈现出极低的效率。比如，将 A 和 B 两个企业一体化，即将 A 和 B 合并成一个企业。不妨设使 B 企业成为 A 企业的一个部门，在权威机制的作用下，B 企业能够同 A 企业的垂直部门良好实现知识共享，但却很难同 A 企业的水平部门实现知识共享。Wenpin T，（2002）通过实证研究论证了在一个多单元的组织内，水平单元之间的知识共享的效率同非正式的社会协调机制呈正相关关系，从而佐证了在权威机制的作用下，企业内部的水平部门间知识交易效率低下的结论。因此说，企业在降低知识定价的成本时，也增加了组织对员工的监督和激励成本。

（4）一体化后知识利用的效益递减性。这主要是因为一体化会逐渐取消企业 A 和 B 的"认知距离"，从而使得由认知距离带来的"认知范围的外部经济性"的逐渐消失。认知范围的外部经济性（EECS）是鲁特布姆（Nooteboom，1994）在《建立基于学习的交易模型》一文中提出的。鲁特布姆认为，认知范围的外部经济性是指至少两个拥有相异且互补的认知能力的不同实体共同参与厂商活动，厂商才能获得高水平的竞争力。认知距离是指相互独立的具备相异且互补的不同主体（企业）的认知能力的差异性和互补性。一方面，企业与交易伙伴企业的认知能力具有互补性，也就是说相互之间的知识差别应该足够的小。因为只有这样，企业才能有足够的"吸收能力"吸收交易伙伴的相应知识。一个企业对外界知识的吸收以及应用能力与企业本身拥有的知识水平和知识内涵密切相关（closely related to the prior knowledge）。企业只有具有相关的知识才能消化并应用新知识。比如，合作研究是企业经常采用的一种R&D 模式，但企业能否通过合作研究获得新知与成长，将受到其能否有效吸收的影响。另一方面，企业与交易伙伴企业的认知能力具有差异性，也就是说相互之间的知识差别应该足够的大。如果企业间的知识基本相同，认知能力一样，那么企业就不可能通过与对方的互动获得任何新颖的知识，也不可能利用对方企业的认知能力来弥补自身认知能力的不足。这时，二者之间的缔约关系就无法带来任何增值。由此可见一体化方式的不可行性，因为不只是一体化的成本太高的问题，而是将严重导致企业间认知距离的彻底消失。

2.3.3.3 虚拟企业的知识交易有效性

从上面的分析可以得出，知识是一个不可在自由市场上公开交易的东西，并且知识交易一体化常常又是无效率的。那么企业如何获取外部企业的知识呢？企业与企业之间如何进行知识交易或知识转移呢？在这种情景下，一些相互独立的企业为了增强自身的竞争力，以现代通讯、网络技术为基础，组成联合开发、成本分担、知识共享的临时性的联盟体组织，这种联盟体组织就是近些年来不断兴起的一种新型组织形式——虚拟企业。可以看出，虚拟企业是为了实现企业间的知识，特别是隐性知识的转移和共享而存在的一种虚拟化组织。从制度层面上看，虚拟企业是介于市场和实体企业组织之间的一种中间性组织，具有市场和企业双重性质（欧志明，2001）。从形成的背景来看，虚拟企业主要是适应知识经济、网络经济时代的特点和要求的新的组织形态（慕继丰，2001）。从结构来看，虚拟企业是一种网络型组织，是作为计算机范式的网络、经济学范式的网络、社会学范式的网络的三网合一（李维安，2003）。我们认为，相对于传统的市场或一体化企业来说，在虚拟企业成员企业间进行的知识交易具有较高的效率性。那么为什么虚拟企业能够更有效地进行知识交易呢？

（1）虚拟企业的信息网络属性极大地降低了知识交易成本。虚拟企业的一个非常显著的特征是对信息网络的高依赖性，换句话说虚拟企业就是完全基于信息网络的一种组织。前面已经介绍过，信息网络技术是一种最为重要的、最为迅捷的、最为廉价的知识传播手段。也正因为如此，信息网络使得知识交易成本大大降低了。尤其对于显性知识（explicit knowledge）而言，因为可以在计算机上进行编码，而且可以利用信息网络技术迅速传播，因此其表达费用和理解费用，尤其是传播成本大幅度降低了。值得注意的是对于隐性知识（tacit knowledge）来说，仍然不太可能进行有效编码，当然就不能在网络上迅速有效传播，因而其知识交易成本降低幅度很小。但是，在虚拟企业中，隐性知识可以通过网络关系而有效地流动和共享。

（2）虚拟企业中各参与方的关系有利于成员企业间知识，特别是隐性知识的流动和共享。这是虚拟企业知识交易有效性的根本原因。在虚拟企业的联盟体组织中，个体成员和群体成员的关系或纽带形成社会网络（social network）。而社会关系网络又以两种嵌入的方式影响着虚拟企业的知识交易活动：一是关系嵌入。关系性嵌入观点主要强调成员企业间的社会化关系；强调成员之间可以形成相互信任关系；强调交易双方重视彼此间的需要和行动的一致性。因此，通过成员企业间的相互联系，知识特别是隐性知识可以在成员企业之间很容易地流动起来（Hagg and Johanson，1983；慕继丰，2002）。二是结构嵌入。它可以看做群体成员企业间双边相互关系的扩展，这就意味着虚拟企业中成员企业间不仅具有双边关系，而且与第三方有同样的关系，使得各成员企业通过第三方进行间接地连接，由此形成一个系统的关联结构。因此，结构嵌入使虚拟企业内的知识既可以水平的或垂直的流动，又可以斜向的传播，使得结构嵌入成为虚拟企业中众多参与者相互互动的函数。这样，在虚拟企业中知识不仅通过社会关系而流动（任志安，2004 所示），而且通过网络结构而流动（如图2-4 所示）。两种机制都可以解释虚拟企业知识转移与流动原理（Burt，1987）。

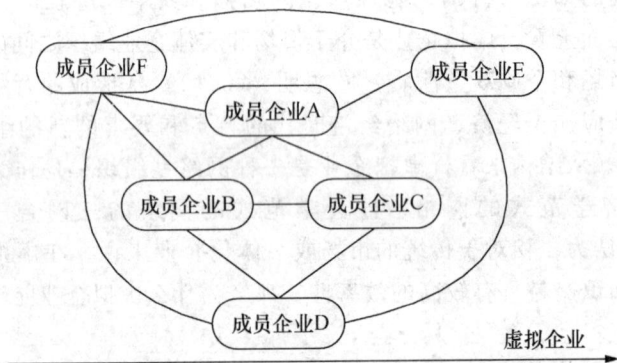

图 2-4　虚拟企业中各成员企业之间知识交互与流动框架

（3）从知识交易成本来看，虚拟企业能够解决各成员企业知识交易激励强度减弱和市场交易成本过高的两难困境。这是因为，从来自新经济社会学的观点，我们得到，无论是市场还是企业都是镶嵌在一定的社会关系网中，社会关系网络的强弱才是交易效率高低的关键（程德俊，2004）。一般地，随着社会关系网络越强，人与人之间的信任关系加强，博弈关系减少，在交易过程中的定价成本越来越低。但同时随着人与人之间的信赖关系变强，工作绩效越来越难以评价，激励成本越来越高。反之亦然。因此，一个合适的交易方式在于选择一个合适的人际关系强度。由各实体企业组成的虚拟企业组织同市场相比，市场具有较弱的社会关系，而虚拟企业组织通过长期的专用性投资，形成了稳定的互补和依赖关系，相对来说，具有关系的稠密性；同实体企业相比，虚拟企业组织更主要靠长期博弈过程中形成的信任关系而维持交易双方的关系，并不像主要依靠产权关系建立的组织内部关系那样强，相对来说，具有关系的稀薄性。从而，虚拟企业的出现解决了进行知识交易的企业制度激励强度减弱和市场交易成本过高的两难困境。

综上所述，可以得到相应的一些结论：①在虚拟企业中，知识不仅可以通过各参与成员企业之间的亲密关系而流动，而且通过成员企业的网络结构而流动，从而大大减少了知识交易的信息费用；②由于信任是虚拟企业的重要治理机制，因此，同市场相比，虚拟企业更能有效地防范机会主义行为，从而大大减少了知识交易的机会成本；③丰富的社会关系是虚拟企业组织的重要特征，由此必然产生虚拟企业范围内的共同知识和惯例，从而大大减少了知识交易的表达和理解费用；④虚拟企业组织是高度依赖信息网络技术，使得知识交易的传播成本大大降低。由此可见，虚拟企业相对于传统的市场和实体企业来说，是一种便于各参与的成员企业进行知识交易，并能够有效地节约知识交易成本的企业间的制度安排。

2.4 本章小结

虚拟企业是随着知识经济、网络社会的兴起而不断兴盛的一种新的组织形式，是一种有别于传统层级组织（企业）和市场的组织形态。然而，到目前为止，对于虚拟企业为什么存在，其知识交易（知识转移）状况如何，学术界尚无定论。

本章首先从自组织理论与模块化理论出发，对虚拟企业的存在性进行阐释；接着，结合交易成本理论和企业知识理论，构建了知识交易成本理论框架，并以此作为工具得出了"虚拟企业相对于传统的市场和企业来说，是一种便于成员企业之间进行知识交易，能够有效地节约成员企业间知识交易成本的制度安排"的结论，从而为"虚拟企业是知识转移的一种有效的组织形式"提供理论依据。

第三章 虚拟企业知识转移的机理分析

3.1 虚拟企业知识的含义与分类

虚拟企业中的知识包含了联盟体各成员企业的结构化的经验、价值观、关联信息以及专家的见解，还包括联盟体内各企业的交互。它起源于包括客户、关联企业和政府部门在内的所有认识主体的思想，通过人们改造世界的实践所获得的，并反作用于这些认识主体，能给这些认识主体带来价值和提高工作效率的专门技术、行为、过程、能力和规律性的认识和经验的综合。

虚拟企业中的知识是反映联盟运作过程中各项工作的抽象特征、发展变化规律及其发展趋势的隐性或显性表述，是联盟运作工作客观活动的状态经过传递和归纳后的再现。其实质是在运作过程中一切过程发生变化的内在联系，是物质相互联系、互相作用的组织化和结构化的形式，因而是物质普遍联系的一种本质。虚拟企业所涉及的相关部门进行正常工作运转，不断产生各种虚拟联盟相关知识和信息。虚拟企业通过对知识和信息的接受、处理和传递，反映和沟通各方面的情况变化，借以控制和管理企业的运作。

虚拟企业虽然是一个虚拟而成的企业，但对其整体而言，是不同类型企业知识的集合。它的知识构成大致可以分为以下四种存在形式：①物化在机器设备上的知识；②体现在书本、资料、说明书、报告中的编码后的知识；③存在于职员头脑里的意会知识；④固化在组织制度、管理形式、企业文化中的知识。所以从知识的构成来看，虚拟企业知识管理除了应对虚拟企业的信息资源和信息系统进行管理外，还应包括虚拟企业创新管理、虚拟联盟相关员工知识管理、企业组织和制度管理、虚拟企业固化知识管理等。

从知识形成的角度，虚拟企业中的知识分为个体知识、交叉知识与共享知识。个体知识主要是指联盟体内各成员企业所拥有的知识，大部分知识不被其他成员所分享或分享的成本比较高，虽然虚拟企业形成的必备条件之一是成员企业间知识的共享，但所共享知识的范畴只涉及单个成员企业知识集的一部分。共享知识是由不同成员企业贡献出来的知识，是个体知识的一部分，虚拟企业内各成员企业都可以共享，其目的是促进联盟各方的相互了解以促进业务水平的提高，需要说明的是，共享知识也包括合作过程中所涉及固化在人脑中的隐性知识。交叉知识是不同成员企业之间的共享知识相互作用、碰撞而形成的新知识，从发送方转移而来的知识与接收方已有知识经过一系列知识处理活动（如知识整合、知识重用和知识激活等），产生新的知识，这种新的知识往往具有非常高的价值（如合作研发中的交叉知识）。需要说明的是，不同成员的知识交互不一定都会有利于交叉知识的产生（如图 3 - 1 所示）。

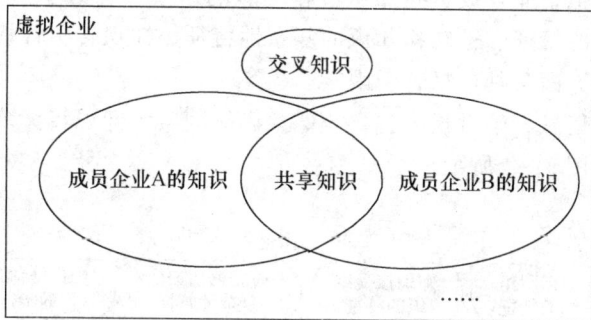

图 3 - 1 虚拟企业知识的分类

3.2 虚拟企业知识的来源

如上所述，虚拟企业中的知识由个体知识、交叉知识与共享知识构成，对于一个联盟体而言，其知识集是由各成员企业的知识子集汇总而成。以联合研制型虚拟企业为例，这种企业是世界各国为了研究开发新技术、新产品而经常采用的形式。这种联盟有利于整合各方的优势资源，节省研究经费，缩短研究周期，分担投资风险。对一些大型的技术、工程开发项目、单个企业受资金、技术、人力资源的限制，无法独立完成。通过设立开发研究联盟，可达到资源互补，能力共享，风险分摊的效果。

个体知识是指各个成员企业中所拥有的各类知识的集合。在组成联盟前，联盟体各方需要互相了解，如科研实力，人力资源、技术市场占有率等知识，联盟后各成员企业需要向联盟输送项目相关的各类技术资料、实验仪器、人员，并共同制定组织结构，这些知识构成了虚拟企业的共享知识。来自不同成员企业的专家在项目的研制过程中或者分析某些问题时，相互协同，通过知识整合、知识激发与知识重组等知识处理活动产生了大量的基于协作的知识（交叉知识），如创新知识、技术成果等。

因此，联合研制型虚拟企业的个体知识与共享知识应来源于联盟体内各个成员企业，而交叉知识应该来源于各个成员企业通过共享知识交互而产生的创新知识。由此，可以扩展到其他类型的虚拟企业。

3.3　虚拟企业知识转移的影响因素

笔者将虚拟企业各成员间知识转移的影响因素整合为知识源组织的特征、知识接受组织的特征、被转移知识的复杂性特征、知识转移背景的特征四个方面，其中每个方面又都包括若干因素。

综合这些信息，笔者提出包含该四大影响因素与知识转移结果之间关系的概念模型，如图3-2所示。

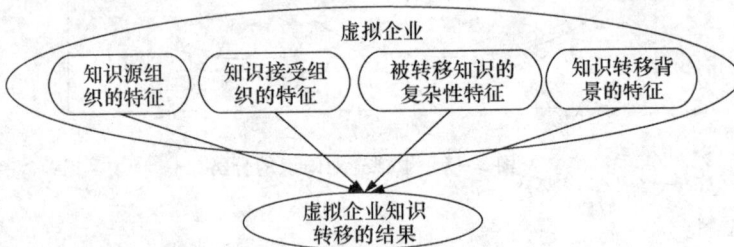

图3-2　虚拟企业知识转移的影响因素概念模型

3.3.1　知识源组织的特征

知识源组织是知识流出和传播的源泉，在虚拟企业中指要进行发送知识的成员企业。可以想象的是，知识源组织发送知识的动机与表达知识的能力影响成员企业间知识的转移。

在研究文献中，Szulanski认为，知识源对知识转移的影响主要表现在知识源发送知识的动机和知识源被信赖的程度上。前者表现在：或是害怕失去所有权，或是担心转移之后不能得到平等的回报，或者是认为不值得为此花费时间和资源，知识源组织可能会缺少转移知识的动力；后者表现在：一个富有经验且值得信赖的知识源更容易影响知识接收者的行为，从而提高知识转移效率。当知识源被认为是不可信赖的时候，它所发起的知识转移就会进展困难，它的忠告和榜样更有可能遭到挑战和阻拦（Szulanski，1996）。

知识源发送知识的动机集中表现为对自身知识和技能的开放与保守程度，类似于有些文献中所说的"透明度"（transparency），开放意味着共享自己的知识和资源，而保守则意味着保护自己的知识与能力不被对方学习和模仿。Kale 指出联盟双方的开放程度越高，联盟双方从联盟中获取的知识越多，但与此同时，随着开放程度的提高，合作伙伴的机会主义行为的可能性与危害性也就越大(Prashant Kale，2000)。经营实践中，知识源组织转移知识的动机确实存在较大差别。在不对等的联盟中（落后企业与先进企业间的联盟），有些先进企业对提高落后企业竞争力的兴趣不大，在东道国的经营逐渐由合资变成独资。即使在对等联盟中，也存在合作伙伴知识开放程度不同的现象。例如，Hamel 在对联盟组织间学习的访谈中常常听到欧洲企业管理者抱怨自己比合作的日方伙伴泄漏了更多的信息，抱怨日方企业强烈的知识保护意识（Hamel，1991）。针对这些观点，笔者认为，站在知识接收者的角度，当一个企业决定通过合作向另一个企业学习也就是将对方作为学习的"标杆"的时候，对方基本上是属于被信赖的一类，由知识源组织被信赖程度引起的知识接收组织响应程度的区别不会很明显；但知识源组织在转移知识的动机方面的差异会对知识转移的效率产生显著影响。

此外，知识源组织表达知识的能力与知识转移有密切关系，知识源编码知识的能力越强，知识转移效率就越高；类似于教育学中"因材施教"的观点，知识源组织对知识接受组织的知识把握越准确，知识转移效率就越高。

3.3.2　知识接收组织的特征

知识接收组织即知识流入的组织，在本书的研究里，知识接收组织主要指虚拟企业中要进行接收知识的成员企业。Szulanski（1996）认为，知识接收者缺乏吸收知识的动机、缺少知识吸收能力和知识保持能力会影响知识的转移。企业吸收知识动机的缺乏可能导致引进和运用新知识时步履缓慢、被动应付、虚假接受、隐蔽怠工或直接拒绝。同时，被转移的知识只有被保持，它们才是有效的。创新研究与组织研究表明，知识保持能力并非无条件地存在，知识接收者制度化运用新知识的能力反映了它的知识保持能力，这一能力的缺失，在吸收知识的整合阶段，就会出现知识运用不连贯甚至又回到原状的结果。

笔者认为，在虚拟企业中，各成员企业合作往往具有多方面的目的，具有合作动机并不意味着就一定有吸收知识的动机。因此，在吸收知识动机方面的差异肯定会影响知识转移的结果，可以想象的是，对知识无动于衷的组织是不可能很好地吸收知识的。知识接收者的吸收能力是更重要的影响因素。从组成元素看，企业知识吸收能力实际上已经包括了知识保持能力，企业知识吸收能力的高低与企业先验知识（prior knowledge）、研发投入（investment in R&D）、知识在组织中的扩散与整合有关。本书在后续章节对企业知识吸收能力做了详细的分析，此处不再累述。

3.3.3 被转移的知识复杂性特征

不同的知识转移的可能性不同，有些知识容易转移，有些知识则不然，因此知识特征成为影响组织学习的一个重要因素，引起众多学者的注意。一般来说，被转移知识的复杂性影响成员企业组织间的知识转移，而这种复杂性又来源于知识的隐性、背景依赖性与分散性。

Szulanski（1996）将被转移知识特征区分为因果模糊（casual ambiguity）和非证性（unprovenness）。他引用 Lippman 与 Rulmelt 的观点，认为模仿一种能力与生产过程紧密相关，其中的困难最有可能来自生产因素是什么以及它们在生产中相互作用的模糊性，当生产成败原因不能确定，也就是因果模糊的时候，在新的情景中模仿该种能力的困难程度加深。知识的非证性是指知识缺少证实它有用的记录，比如说，刚从实验室里得出的、没有经过商业化的知识就是这种非证性知识。后来，Simonin 把知识的因果模糊作为一种结果对它的形成原因进行了深入分析，认为知识的模糊性起源于它的隐性（tacitness）、专用性（specificity）和复杂性（complexity）（Simonin，1999）。隐性知识根植于特殊情境中的个人行为与参与过程之中，不能轻易共享和交流。研究表明，转移隐性知识是战略合作的动因，但是，转移隐性知识的合约较之转移形式化技术（formalizable technology）的合约更容易倾向瓦解（Borys & Jemison，1987）。虽然如此，但必须承认，诸如合资之类的亲密合作是向先进企业直接学习高隐性知识的唯一途径。专用性指交易成本的资产专用性（transaction Cost's asset specificity），用 Williamson 的话说就是：一种资产被重新配置于其他用途以及被其他使用者不丧失其价值地使用的困难程度。知识的专用性指知识作为资产方面的特性，例如，为了支持某种合作的持久投资产生的专门知识、为特殊顾客提供产品或服务的特殊技能，等等。专用资产是受到保护的，它为竞争者制造了模糊性，同时也制造了模仿壁垒。复杂性指与给定知识或资产相互依赖的技术、惯例、个人及资源十分庞杂。如果一种竞争力的完整信息谱系穿越大量的个人和部门，那它就很可能不易被个人整合或理解，此时，组织合作成为转移复杂知识的重要手段。

复杂性是一个更抽象的概念，还可以细分到更具体的来源，Reed 等人（1990）认为知识的复杂性起源于数量众多的技术、组织惯例和基于个人或团队的经验，顺着这一思路，在这里我们明确地将知识复杂性的来源区分为它对背景的依赖和对人的依赖，前者指某一知识对其他辅助知识的依赖，高度依赖背景的知识叫做系统知识，系统知识与其他知识之间存在广泛而较强的联系，涉及较多的背景知识与辅助知识；后者指知识的分散程度，即知识是被分散于不同个体身上还是存在于单一个体身上。分散和共存于不同个体之间的知识叫做集体知识，集体知识象征着组织的"记忆"与"集体意识"。在这里，我们称前者为知识的背景依赖性（context specificity），后者为知识的分散性（dispersivity），加之上文分析的知识隐性，统称为知识的复杂性。可见，被转移知识特征与知识转移效率之间具有紧密的关系，被转移知识的复杂性越高，知识转移的效率越低，反之，效率越高。

3.3.4　知识转移背景的特征

知识是一定背景的产物，组织间的知识交流嵌入组织合作的背景之中，转移背景影响知识转移与创新的效率。在 Szulanski（1996）的研究里，"荒芜"的组织背景（barren organizational context）和"艰难"的关系（arduous relationship）是信息粘性的来源之二。他说，正如一棵植物，在一种环境中能蓬勃生长，而在另一种环境中则可能生长艰难；能够促进知识转移的组织环境是"肥沃富饶"的，相反，阻碍酝酿和创新的背景则是"荒芜贫瘠"的，其中，正式的结构和系统（formal structure and systems）、协调的资源和专长（sources of coordination and expertise）、结构化的行为特征（behavior – framing attributes）影响人们知识转移的努力程度与结果。同时，他认为，知识转移尤其是隐性知识的转移，需要大量的个人间交流，这种交流的成功很大程度地依赖联系的容易程度以及知识源与接收者之间的亲昵程度，而"艰难"的关系很可能对知识转移产生额外的困难。

徐金发等人将企业知识转移的情景区分为文化、战略、组织结构和过程、环境、技术和运营五个维度，它们的相似性决定了企业可以运用的知识范围，称为企业知识的情景范围。如果合作伙伴具有某些相似程度的情景维度，那么它们的情景范围就会出现一定的重叠，情景维度的相似程度越高，它们的情景范围重叠程度也就越高，当被转移知识处于源组织和接受组织情景范围的重叠区域时，知识转移成功的可能性大得多；而当转移的知识处于接收组织的情境范围之外时，则需要做很大程度的调整，包括接收组织的情境范围和转移知识的本身都需要作出改变，使转移的知识能纳入接收组织的情境范围中，从而提高知识转移的成功可能性。他们将双方情境范围的重叠区内进行的知识转移，称为"相似性转移"，将双方情境范围重叠区外进行的知识转移，称为"适应性转移"，该模型假设相似性转移模式比适应性转移模式所付出的代价低，成功的可能性大（徐金发，2003）。

虽然徐金发等人对组织知识转移情境的专项研究全面深入，由于过于复杂，在实证研究中只适宜于用案例做定性分析。但可以借鉴其从两个组织的背景相似性上去考察的思路与方法，也就是说，我们可从知识转移背景的相似性上去考察情景对知识转移的影响，而这种相似性又体现在文化、组织之间的距离与合作关系三个方面，可见，知识转移背景特征与知识转移效率之间具有紧密的关系，合作伙伴间的知识背景越相似，知识转移的效率越高，反之，效率越低。

3.4　虚拟企业知识转移的动力机制

3.4.1　知识转移的动力——知识势差

虚拟企业中各成员企业的知识存量是不同的。有一些知识存量较多，处于优势地位；而另一些则知识存量较低，处于劣势地位。在物理学上，这种差异可以用势差来标度。物理学上的势差是指物质的能量与所处的状态。而能量总是自发地从高位势向低位势转移。

在这里，我们将成员企业因为拥有知识存量而具有的势定义为知识势。知识势的概念是：成员企业的某类知识在某一时刻的存量，表现为知识的先进性、有效性、转移能力和时间的函数。在虚拟企业内部，不同的成员企业在某一时刻，在同一类知识上，所拥有的知识势是不同的，由此而产生了知识势差。知识势差存在两种基本类型：一种是横向势差，它存在于同一行业中的不同企业之间，例如，A 服装企业和 B 服装企业之间的知识存量势差就属于这种横向势差，它会导致这两个企业生产出来的服装在加工或样式上产生差异。另一种是纵向势差，它存在于不同行业中，意味着处于同一供应链的上下游企业之间存在着势差。续前例，A 服装企业与其上游企业 C 纺织企业之间就可能存在着势差，如果 C 企业知识存量较高，尽管它能够为 A 企业提供优良的布匹，但由于 A 企业知识存量低，A 企业也很难生产出来质量很好的服装。

在虚拟企业中，高位势企业和低位势企业之间并没有明确的区别，只是在具体的分析中才有意义，因为一个在横向上处于高位势的企业很有可能在纵向上却是处于低位势，反之也成立，同样在横向上，一个高位势企业也会在一个更高位势的企业的比较下成为低位势企业。

知识势差现象对虚拟企业整体水平会产生较大的影响。这种影响可以从静态和动态两个方面来理解。从静态方面来理解，从纵向上来讲，由于某一类企业的知识不足而造成整个系统的产出效益显著降低，造成"木桶效应"，即一个木桶的盛水量不是以它的体积决定的，而是以它最短的一块木板的高度决定的。特别是当该生产单元承担重要生产功能的情况下就更是如此。这一点在国产手机产业中得到印证，由于在芯片这个主要生产单元上知识存量不够（主要依赖于进口），缺乏自主创新能力，所以尽管总装企业稳步提高了其在产品设计和装配工艺上的能力，中国手机产业的整体知识存量依然不高，因而无法生产出完全国产化的高性能手机。从横向上来讲，由于成员企业知识存量不同，造成生产同一产品的企业生产出来的产品不同，有档次之分。如果市场是有效的，则知识存量高的企业将获得高的报酬。从动态方面来理解，这种势差是虚拟企业整体知识存量增加过程中的一种状态，很难避免。因此，真正重要的问题不是有没有势差，而是这种势差在时间维度上如何演变的，如果演变是积极的，那么用发展的眼光来看，对虚拟企业整体知识存量的增加事实上是有利的；而如果演变是消极的，则虚拟企业可能走向消退。

3.4.2 知识转移的动力机制

一般来说，虚拟企业中各成员企业之间的知识转移类型包括：上下游企业之间、同行业企业之间、企业与中介机构之间的知识转移，相对应的知识转移的途径包括：技术合作、知识交流、人才引进等，具体内容如表3-1所示。

表3-1 虚拟企业知识转移方式、途径和内容

成员企业间知识转移方式	转移途径	主要内容
与上下游企业之间	技术合作、非正式交流、知识扩散	以生产资料、半成品和产品形式引进技术，是物化的知识转移
与同行业企业之间	技术合作、非正式交流、模仿、学习、企业衍生、知识扩散、人员流动	分享技术或市场。通过考察、学习、模仿，借鉴对方的管理经验，寻求互补技术和市场
与中介机构之间	知识引进、学习	了解相关知识、政策

问题是，虚拟企业中的知识转移是如何进行的呢？由前述我们知道，虚拟企业中知识转移动力是由于知识势差的存在。因此，我们可以将虚拟企业中成员企业之间的知识转移抽象为下面一个模型，如图3-3所示。

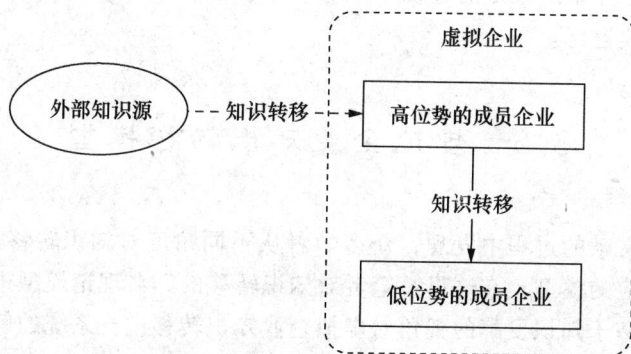

图3-3 虚拟企业知识转移的抽象模型

图 3-3 抽象模型所示的知识转移不是绝对的，高位势企业未必不能从横向或纵向低位势企业那里获得知识，而低位势企业也未必不能直接地从虚拟企业外部引进知识，因而这里所指的转移是从主流意义上而言的。

从知识的转移过程来看，这是一个虚拟企业从外部引进知识再到内部扩散的过程。如果这个过程能够不间断地进行下去，那么可以预见在虚拟企业中，将会出现高位势成员企业展翅于前，而低位势成员企业跟进于后的雁行发展态势，形成了一种"拉动（高位势成员企业对低位势成员企业）—挤压（低位势成员企业对高位势成员企业）"效应，而导致"产生势差—弥合势差—产生更高势上的势差—弥合更高势上的势差"的动态良性循环，整个虚拟企业的知识转移以健康的方式持续快速地进行着。

在成员企业间知识转移的过程中，高位势成员企业扮演的角色非常重要。它们是知识转移的先驱，它们不断地引入新的知识资源并消化、融合，产生新的知识，在提高自身知识存量的同时丰富着虚拟企业内部的知识，从而为低位势成员企业提供便利的学习环境，使后者的知识转移得以顺利进行。

对于高位势成员企业来说，仅仅在虚拟企业内部吸收知识是不够的，因为虚拟企业内存在大量的老化知识和雷同知识，这使得高位势成员企业更倾向于从外部引入知识。从经济学角度来看，知识转移能否发生，还取决于知识需求主体对知识的预期收益。知识的引入往往伴随着人、财、物的消耗，也就是说知识转移需要支付一定的代价。当成员企业采用某项知识所获得的预期收益大于其在知识转移过程中所支付的学习成本时，成员企业才可能选择该知识，知识引入才可能发生。

总之，由于知识势差的存在，虚拟企业中各成员企业间的知识转移过程主要表现为高位势成员企业从虚拟企业外部引进知识，在虚拟企业内引起扩散，低位势成员企业跟进学习的过程，形成一种动态循环，从而促进知识转移在虚拟企业内持续进行。

3.5 虚拟企业知识转移模型

在查阅文献的过程中发现，众多学者从不同角度对知识转移进行过研究，并提出了相应的模型，在这里，笔者对知识转移的经典理论模型进行系统归纳和总结，并基于知识发酵的视角对虚拟企业知识转移进行系统的解读。

3.5.1 已往的知识转移模型述评

3.5.1.1 Nonaka & Takeuchi (1995) 的 SECI 模型

Nonaka & Takeuchi (1995) 最早提出组织层次的知识转化理论，该理论包含三个构面和一个准构面，分别为认识论、本体论、时间与活动以及有利的组织情境。其中认识论论述了基于隐性知识与显性知识，以及随之结合而成的四种知识转换过程：社会化 (socialization)、外部化 (externalization)、组合化 (combination)、内部化 (internalization)；本体论则区分为个人、团队、组织和组织间四个层次；时间与活动维度分为五个阶段：分享隐性知识、创造观念、确认观念、建立原型、跨层次的知识扩展；有利的组织情境维度包含：意图、自主权、波动、创造性混沌、重复、多样才能。这四个构面共同组成"知识创造过程模型"，其核心在于"知识螺旋" (knowledge spiral) (Nonaka & Takeuchi, 1995)。"知识螺旋"模式认为，知识创造是通过隐性知识与显性知识持续不断的转换过程实现的，内部化、外部化、组合化、社会化四种模式的交互运作（如图 3-4 所示），使隐性知识与显性知识不断地转换与重组，进而实现知识创造的良性循环。此螺旋过程可遍及个人、团队、组织与组织间四个本体论层次。

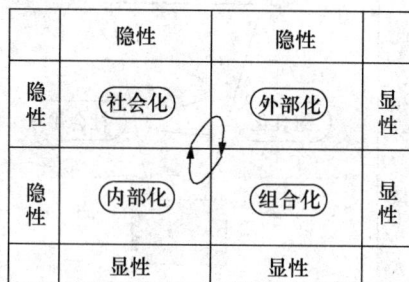

图 3-4 Nonaka & Takeuchi 的 SECI 模型

个人隐性知识是组织知识创造的基础，组织必须激励个人层次所创造和累积的隐性知识，经由四种知识转换模式在组织内部加以扩大，成为较高的本体论层次，称之为知识螺旋。在知识螺旋当中，隐性和显性知识互动的规模随着本体层次的上升而扩大，由个人层次开始，逐步上升并扩大互动范围，超越单位、部门和整个组织的界限。知识的社会化、外部化、组合与内部化四种知识转换方式不断互动，社会化与组织文化有关、组合与信息处理有关、内部化与组织学习有关，而外部化则需通过隐喻、类推、原型来完成。知识创造过程以知识在个人、团队、组织和组织间四个层次的知识转移和组织学习为前提。

　　Nonaka & Takeuchi（1995）提出的 SECI 知识螺旋模型，揭示了知识创造的基本过程（如图 3－5 所示）。①社会化是指组织隐性知识转换为个人隐性知识的过程。此过程通常采用师徒制和跟师学艺的方式进行，亦即面对面的沟通，形成默契与意会。如 Nonaka & Takeuchi（1995）列举了本田公司举行的温泉营（类似脑力激荡的方式），由身心经验、亲自参与来分享隐性知识。不过 Soctt（1998）认为也可利用企业计算机网络、录像带、多媒体等方式进行隐性知识的社会化，通过虚拟方式实施跨越时空和语言界限的隐性知识交流与转换。②外部化指将来自主观经验的隐性知识转换成显性知识的过程。在此过程中隐性知识通过暗喻、模拟等方式呈现。而隐性知识的外部化，是知识最能发挥效用的部分。③组合化是将思想系统化而形成知识体系的过程，这种模式涉及组合不同的显性知识体系。如个人通过文件、会议、电话交谈、计算机网络交换并组合知识，并对既有知识加以分类和重新组合而产生新的知识。④内部化是指通过实际操作与反复试错等边干边学的方式，促进知识的内部化和学习。

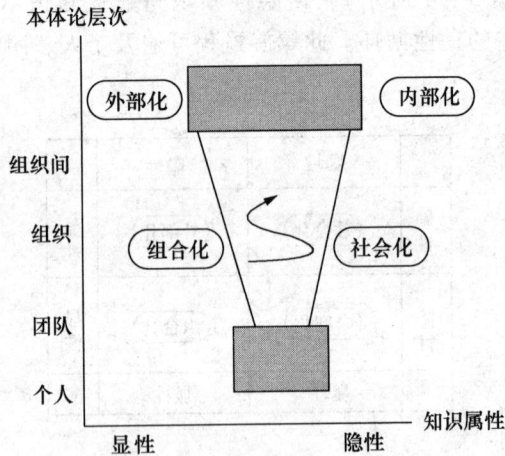

图 3－5　SECI 知识螺旋模型

　　在 Nonaka & Takeuchi（1995）提出知识创造过程中的知识螺旋之后，Nonaka & Konno（1998）提出一个"场"的概念来解释 SECI 四种知识转换过程。他们认为"场"可视为一种共享的空间或知识创造的基础，为个人或团体提供了知识创造平台。起源场、互动场、位场和训练场分别对应前述四种知识转换过程。

　　（1）起源场。在知识创造过程的开始和社会化阶段，属于一种基本的"场"。通过面对面的知识和经验交流互动在此"场"中转移隐性知识，类似于组织愿景或文化。

（2）互动场。选择具有不同特殊知识与技能的人组成一个项目团队或工作小组，从彼此的对话中，个体可将其心智模式或技巧转化成一般的形式及观念，而且经由这样的过程将心智模式转移给他人，同时也反射并分析自己。互动场对应的是知识外部化过程。

（3）位场。位场是一个虚拟世界中的"场"，通过信息技术交换并组合知识，并且对既有知识加以分类而产生新的知识。

（4）训练场。它是知识内部化过程中的"场"，通过资深顾问或同事的持续性在职培训促进知识从显性到隐性的转换，通过人为训练模式来增强知识转移。

此后，SECI 模型被广为引用，许多学者还对其进行了验证。本书以为，对于知识转移来说，SECI 模型虽然反映了知识编码传递和解码，同时也部分地解释了转移的途径与方式，但是却没有考虑知识主体的特质与主观愿望。知识的转移与学习过程是一个互动的反馈过程，所以，在考虑知识的类别特性的同时，还需考虑知识转移者的意愿与能力，并且兼顾知识接收者的接受能力及其知识学习的氛围与环境。

3.5.1.2 Gilbert & Corddy – Hayes（1996）的知识转移五阶段模型

Gilbert & Corddy – Hayes（1996）认为，当组织认识到自身缺乏某种知识时，便会产生"知识落差"，因此就产生对知识引进和知识转移行为的需求。他们早期提出了一个包含知识获取、知识沟通、知识应用和知识接受四阶段的知识转移模型，通过对劳埃德银行的实证研究后修正了原有模型，增加了知识转移过程中的"同化"阶段（如图 3 – 6 所示）。知识同化在 Gilbert & Corddy – Hayes 的知识转移五阶段模型里有深层的意义，它是一个创造性的过程，因为组织成员必须将获取的新知识与过去所累积的知识加以整合与重构，这就包含了对组织成员过去的认知、态度和行为进行修正。

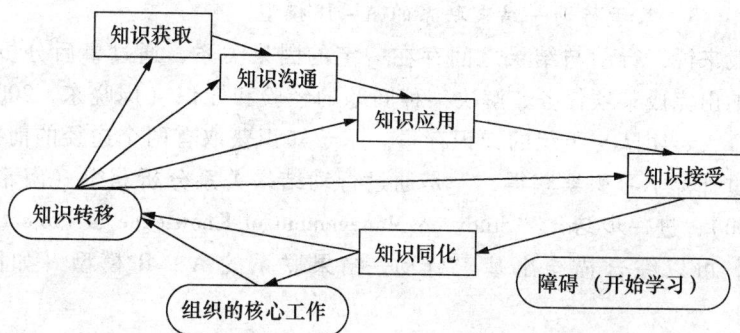

图 3 – 6　Gilbert & Corddy – Hayes 的知识转移五阶段模型

Gilbert & Corddy - Hayes 的知识转移五阶段模型含义如下：

（1）知识获取。在知识转移之前，组织经由外部获取或内部创造来寻找知识源，如过去经验、工作实践、市场交易，以及不断的搜寻学习。先前得到的知识会影响后来知识的获取与搜寻方式。

（2）知识沟通。组织此时要能够察觉到影响信息传播的阻碍和促进因素，建立沟通机制以有效转移知识。知识沟通可以是书面的或者口头的方式，但必须要拥有可供沟通的机制和渠道。

（3）知识应用。获取知识的目的是应用知识并解决问题，并且鼓励组织学习的精神，这样知识才能真正留在组织内部，达到组织学习的目标。

（4）知识接受。知识的流通与接受，不仅是在高层主管当中，要实现知识的广泛吸收与交流，就需要将其扩散到组织的中下层员工中。

（5）知识同化。将学习到的知识变成组织常规，并转换为日常工作，使其成为组织生活的一部分，让组织全体成员都有所改变。这是知识转移中最重要的环节，同时也是知识应用的结果。

在 Gilbert & Corddy - Hayes 的五阶段模式中，时间是影响知识转移的一项决定性因素，因为一项新知识在组织接受之前要经历边干边学、从历史中学习、监视、控制、反馈的一系列活动过程，最后产生"同化"行为。他们同时也指出知识转移的动态性。知识转移是一连串互动学习的过程，组织要经过不断学习才能达到预定目标。Nonaka & Takeuchi（1995）也认为知识取得的基础是基于互动，知识创造的过程是隐性知识与显性知识的循环交互螺旋上升的过程，在此过程中知识转移是最为关键的程序。从知识层面来看，知识的转移与扩散过程，是知识在个人、团队、组织、组织间的连续转移与互动过程，而此种现象是知识创造的 SECI 螺旋模式。但是 Gilbert & Corddy - Hayes 的研究对组织内部的知识转移行为却不能做出系统的说明，研究范围具有一定的局限性。

3.5.1.3　基于行动—结果联系的 A - R 模型

一般来说，行动与结果之间存在一定的因果关系，通过事后分析与总结可以归纳出完成某项任务、解决某种问题的经验和知识（周晓东，2003），从而增加个人、团队与组织的知识存量。基于知识获取有两个途径的前提假设：一是通过外部学习积累获得，一是通过行动结果关系分析获得（南希·狄克逊，2000）；进一步结合 "Study on Management of Knowledge in Project Teams" 的观点，可以综合描绘出基于行动—结果联系的 A - R 模型（如图 3 - 7 所示）。

从图 3 - 7 可以看出，基于行动—结果联系的 A - R 模型包含了三个基本过程。

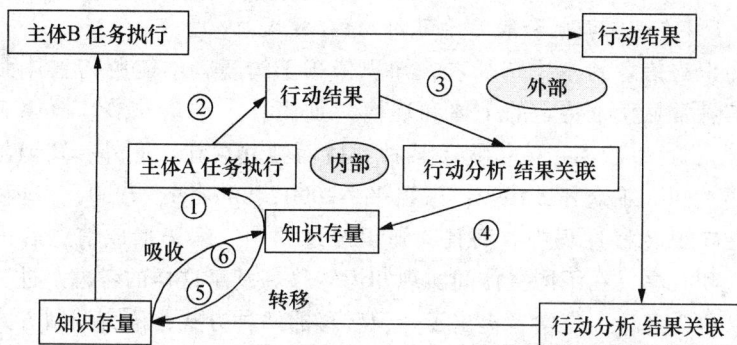

图 3-7 基于行动—结果联系的 A-R 知识转移模型

首先是知识创造过程，如模型中①、②、③、④所示。当主体 A（个人、团队或组织）采取某种行动或执行某项任务后，不论成功与否，都会产生某种结果；通过观察、分析行动与结果之间的联系，可以发现和创造隐性或显性的知识，从而增加知识存量，提高知识水平（如图中的环节④）。在未来遇到相同或类似的问题时，这些新知识将发挥作用。

其次是知识转移过程，如模型中的①、⑤所示。主体 A（个人、团队或组织）通过分析行动结果的联系获得知识后，根据预期的知识接受者和知识的特性，选择适当的方式和途径，将其传递给知识需求者，包括其所属组织的成员和组织外部的人员。接受者对知识加以吸收、整合后，应用于新的工作或任务中，从而推动知识创造和转移的新循环。也就是说，实现了知识的内部转移和外部转移。

最后是外部知识的获取和吸收过程，模型中的⑥主要体现该过程。对于主体 A 来说，除了自己所拥有的知识存量外，其他人员或组织所具有的知识都可以理解为外部知识。所以当主体 A 向 B 学习的时候，其获取和吸收知识的过程，就是主体 B 向 A 的知识转移过程。

这三个基本过程相互促进，共同构成了 A-R 知识转移模型的全部内容。本书认为，基于行动—结果联系的 A-R 模型不仅反映了实践产生知识的创造方式，更重要的是解释了不同主体，包括个人、团队、组织之间发生知识转移的两种形式。在模型中，对于某个确定主体而言，通过总结行动与结果的关系和向外部学习来获取和积累知识，既是知识转移的基础也是知识转移的途径。不足的是，A-R 模型忽视了主体之间的知识差距与文化冲突，也没有充分考虑知识转移过程中主体间的沟通以及可能存在的障碍，如知识表述、传递方式等。

3.5.1.4　语言调制和联结学习的 M&C 模式

从知识与信息的本质特征看，知识依赖于情境，不能脱离主体而孤立存在，而信息常独立于特定的个体和环境（加内什·纳塔拉詹、桑德亚·谢卡尔，2001），可以脱离主体依附于某种载体而独立存在。此外，知识与信息之间存在层次性（王众托，1999；朱祖平，2000；Spiegler，2000），这种层次性也体现在知识转移过程中。而且，知识经过调制、编码形成信息后可进行传递、输送和共享，在不同主体间实现知识转移。基于这样的考虑，进一步结合现代信息科学理论，有学者提出了知识转移的两种方式：语言调制方式和联结学习方式（汪应洛、李励，2002）。当不同主体具备某种共同语言（或语言知识）时，主体通过对被转移知识进行调制和解调，即可实现知识转移，这样的方式称为语言调制式知识转移（如图 3－8 所示）。

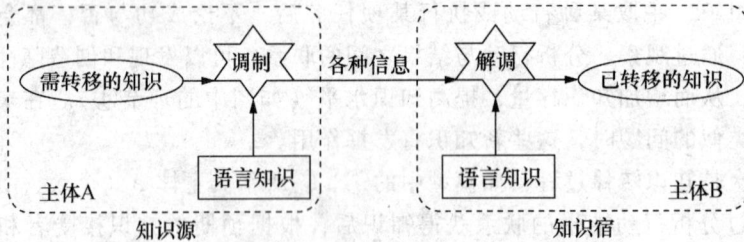

图 3－8　语言调制式的知识转移模式

语言调制式的知识转移模式可以用网络加密来解释[146]。为了安全，在开放的网络上传输重要资料时，往往需要对内容进行加密。当数据包到达目标人员时，需要解密后才能看到原始内容。双方的沟通之所以能无障碍，是因为发送者与接受者拥有共同的一种加密协议。这里的加密过程就相当于调制过程，解密过程相当于解调过程，而密钥协议就是共同的语言知识。简单地说，模型中的"语言知识"可以理解为主体拥有的一种相同的知识背景、文化或某种约定。

在上述的知识转移过程中，语言作为一种特殊的知识起着重要的作用。杨晶宇（1999）称语言、逻辑为孵化知识。马克思·舍勒也认为，每一种知识类型都有其独特的、用来系统表述自身的语言和风格。当然，任何语言对于知识的调制及解调过程都不是完备的，正如罗素（1948）所言"一旦接触到用文字表达的知识，我们似乎就不可避免地失掉一些我们想要叙述的经验的特殊性"。因此，对应于特定知识的语言有效性决定了语言调制方式的可行性，也决定了知识能否经过有效编码而被知识接收者解码和接受。以虚拟企业中为了技术创新而建立的虚拟团队知识活动为例,因为虚拟团队的各参与成员具有相似的专业背景、相同的专业语言,才使得合作技术创新项目能够顺利进行,知识成果能够有效转移。

当知识转移的双方缺乏共同语言或背景知识的时候,知识源就需以自己特有的方式对要转移的知识进行调制后,反复传递;同时,知识接受者通过反复的信息接受和联结学习,从而逐步认知和理解所传递的知识信息。此时,就演变为了联结学习式的知识转移模式(如图3-9所示)。

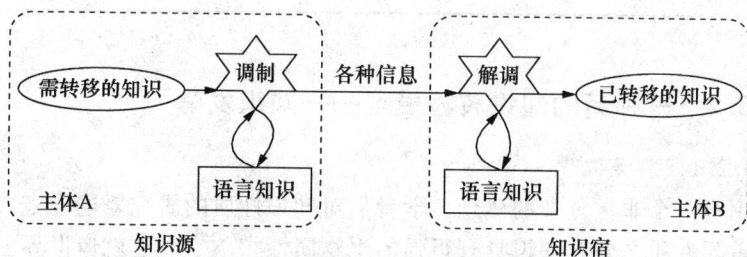

图3-9 联结学习式的知识转移模式

这种方式更适合解释隐性知识的社会化过程,常见于师传徒受的情形中。当接受者没有相应的背景知识,发送者试图将自己的知识传授给他的时候,就需要反复的编码和解释,让接受者能够逐步理解发送者的"语言"以及用该"语言"所传递的知识。在虚拟企业中各虚拟社区的培训交流和互动过程常常表现为这种转移方式。

总的来说,语言调制和联结学习模式充分考虑了主体双方的知识差距,提出了不同知识背景的主体,在知识传递与接受过程中处理知识以及认知的方式,并突出强调了"语言知识"的影响作用。这个模型所提出的两种方式能够较好地解释知识在同行转移和师徒相授的情形,但是这个模型在一定程度上忽视了主体在知识转移过程中的主观特性与能力因素。

概而言之,尽管上述模型的切入点和侧重面不同,但是都能够在某个层面或某个特定的角度较好地解释知识转移,对我们理解知识转移的机理有一定的启发作用。以上四个模型的分析角度、基本内容以及相应贡献可用表3-2简要概述。

表3-2 知识转移模型的主要观点及其贡献

名称	角度	构成	贡献	缺陷
SECI模型	知识转化	社会化、外部化、组合化、内部化	解释知识形态的转化过程	没深入讨论知识在不同主体之间的转移方式

名称	角度	构成	贡献	缺陷
五阶段模型	认知行为	知识获取、沟通、应用、接受、同化	解释知识不同时序的转移过程	忽略组织内部的知识行为
A–R模型	因果关系	外部转移内部转移	描述了主体之间知识转移的方式	忽视主体间知识差距，过程描述简单
M&C模型	调制解调	语言调制联结学习	解释了如何表达、传递知识	没讨论主体的主观特性与能力的影响

3.5.2　一种新的知识转移模型——知识发酵

3.5.2.1　前提假设

知识是一个非常复杂的概念，学者们对知识性质的研究著述丰富。除了其他许多重要性质之外，知识具有很强的生物属性[147~153]。它就像世界上的各种生物一样，代代相传，生生不息，为此我们提出如下五点假设：

（1）知识的原生性。知识不是凭空产生的，新的知识必然是在现有知识的基础上发展起来的。知识的创新绝非无中生有，新的知识必须在原有的知识的基础上而产生。对任何新知识，你总能发现这些知识起因的线索。例如，Nonaka在SECI模型中指出，新的知识是通过具有不同类型的知识（显性或隐性）和具有不同知识内容的个人的相互作用而产生的。

（2）知识的遗传变异性。知识、观念（这里不加分析地把观念也作为知识的一种）是在个人和组织中长期存在的，这些知识在相当长的一段时间内保持着稳定不变的特征，知识反映着人们对某种客观规律的认识，通过反复的观察或推演形成了某种思想、理论、信仰体系——称为广义的知识体系。该体系经受了与实践的磨合、验证和时间的考验，具有相对的稳定性。就像生物一样，知识因为有了稳定性才形成了独立的个体。

知识的发展是一个积极、活跃的过程，有时包含着激烈的争论和痛苦的思辨，和生物一样，通过不断的遗传和变异而获得发展。而客观事实和规律是知识的边界条件，就像物种受大自然的选择一样。

由于新的知识产生于原有的知识，新的知识的产生在本质上是对原有知识的继承和发展。因此，知识的稳定性不是一成不变的，随着人们认知水平的发展，知识的某些内容也会发生改变，新的知识继承了原有知识的合理的、具有可行性的部分，并对原有知识的某些不适合的地方做出了改进。

（3）知识的群合性。人类社会的发展是由于群体合作而获得的。知识也是群体合作发展的结果。知识的共享、交流，不同学科知识的交融是现代知识发展的基础和主要形式。成千上万人的合作，跨越各种界限的组织一体化是创造效率和人民福祉的真正源泉。人的群体、知识的群体聚合已经成为知识发展、转化的必要条件（转化需要群合）。同时不同知识的对接就像基因对接创造新生物一样潜藏着无尽的知识创新机会（创新需要群合）。

组织的知识往往涉及多个领域，多个层次，这些知识有可能存在于组织的制度、程序、日常工作等方面，也可能存在于组织成员或组织的利益相关者中。组织要利用这些知识创造价值，就必须对这些知识加以整合，形成系统化的可操作的知识。因此，这些不同类型的知识共同构成了组织知识创新的基础。

（4）知识的媒（酶）合性。由于存在上述"群合"的重要性质，演化出一个重要的知识增长机理——媒合机理。就像在生化反应中，没有生物酶的参与，生化反应基本上是不能发生的一样，知识的转化与增长也离不开一些中介性知识——知识酶的参与。然而，与纯粹的生物发酵不同的是，知识发酵的结果虽然导致产生了新知识，但它并不消耗原有的知识。只是在知识酶发生作用以后，其消耗的财力、物力和人力资源是一种实实在在的消耗。

（5）知识的环境依赖性。生物的繁衍离不开特定环境，如空气、土壤等，离开特定的环境，生物将不能生存；同样，知识的发展也需要适宜的环境，如政治、文化、社会环境等。

3.5.2.2　知识发酵模型的构建

组织的知识获取、转移与共享过程实际上是组织的学习过程，需要学习者在具备一定知识的基础上，把原有知识与新知识进行有机的对接，通过联想、推理、模仿等积极的创造性的思维逻辑活动，消化、吸收新的知识，达到一种新知识状态。组织的知识创新则是在参与者的原有知识的基础上，由某种动议或创意引导，通过群体成员大量的个人思维活动，伴随着成员之间的知识交流，相互反复激发、评价、修正，逐渐形成新的知识，达到新的知识状态。

初步考察我们发现，尽管这些知识活动的表象和过程不完全相同，但是它们都具有很多相同或相近的内在特征，主要表现为：

（1）先有创意或动议。任何知识活动的开始都基于一个创意或者动议，这一点在知识创新活动中表现得最为明显。而实际上，知识获取和知识传播也同样是在某种动议的引导下进行的。

（2）需要一定的知识基础。不仅知识创新要求参与者必须具备相应的知识基础，知识获取和知识传播也同样要求参与者必须具备一定的背景知识。

（3）需要人的积极的思维创造活动。所有知识活动都需要人的积极参与，都需通过激发人的一系列积极的思维创造活动才可能达到预期目的，需要有学习或创新的意愿。

（4）都具有组织、领导、协调的特征。

（5）环境和规则。所有知识活动都是在某种特定环境条件下，按照一定的规则进行的。

（6）一定的设施和工具。组织的几乎所有知识活动都需要依赖一定的设施、工具和手段才能顺利进行。

（7）结果为知识增长。不管是知识获取、知识创新，还是知识传播，最终都表现为某些局部的知识增长。

进一步考察上述结果我们发现，知识活动核心环节的基本特征及其运行机理与生化理论中的发酵过程具有惊人的相似性。生物发酵过程需要具备菌株、营养物质（即底物）、生物酶、一定的环境条件、设施与工具等，通过生化反应即发酵，产生一种新的物质。知识活动核心环节所包括的创意或动议、知识母体、组织协同、环境和规则、设施与工具等要素，通过学习或创新过程，最终导致组织的知识增加，整个知识活动过程本书称之为知识发酵。有鉴于此，我们类比生物发酵的构成要素：菌株、底物、生物酶、生物发酵环境、发酵技术、发酵设施、发酵产物等，提出知识增长的构成要素：知识菌株、知识母体、知识酶、知识增长环境、知识技术、知识发酵吧、新知识（见图3－10，表3－3）（和金生，2002）。

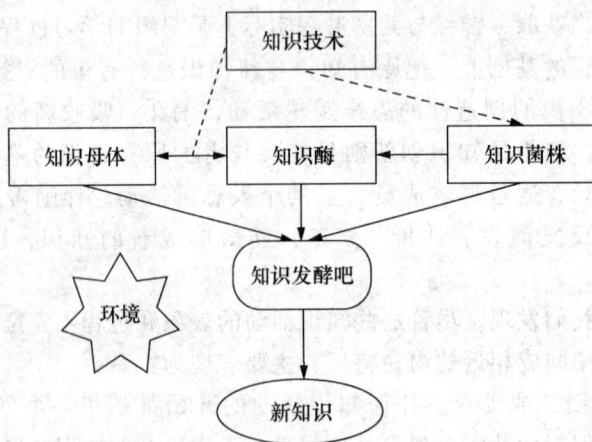

图3－10　知识发酵模型

（1）知识菌株（战略）。是引起组织学习的思想。它包含着知识基因，是一种知识，具有系统性和可继承性。具有基因性质的知识在知识发酵中进行了复制，是一种系统性的知识，是人的观念和理性知识。

（2）知识母体。包括知识拥有者品格和价值观在内的智能和可得的其他形式的知识和信息，是知识增长的营养来源，即知识源（通常已有的、收集到的、显性或隐性知识等），同时它还包括人们的合作愿望、要求、学习的态度等。它参与知识增长，决定着新知识产物是否能够产生。

（3）知识酶（组织协同）。是促进组织学习的因素，（催化作用）相当于知识管理中的组织协同作用，相当于知识管理的协调机制。知识酶是知识增长必不可缺的促进剂，可大大提高知识增长的速率，降低组织学习的成本。

（4）环境。包括企业内部文化在内的学习环境和外部的一般环境，即进行知识增长过程的适宜政策、政治、经济条件、社会文化等，起到优化反应过程的作用。

（5）知识技术。包括电子网络与信息技术工具，专家系统，知识仓库，知识地图等。

（6）知识发酵吧。把知识母体集合起来进行知识发酵的组织机制。

（7）新知识。通过组织学习产生新的知识、新的主张，更新的工作方法和处理问题的新方案，可以认为是知识获得了增长，其中包括已有知识的扩散。

在上述知识发酵模型中，所有的发酵要素都是在知识发酵吧内进行的，因此，"吧"的建设是知识发酵模型的核心和关键。

表 3 – 3　生物发酵与知识发酵构成对比

生物发酵	知识发酵
菌株：菌株中包含的基因物质决定了生物的繁衍和产物的种类。	**知识菌株（战略）**：主要包括重要的理论和观点、引发组织学习的战略目标、方针、任务和创意等。
培养基：底物（如酸奶生产中的原料奶）。	**知识母体**：参与组织学习的个人的知识、经验和组织已有的知识、经验，组织取得的外部知识，人们的合作愿望、要求、学习的态度等。
产物：菌株在培养基中繁衍生长，新的生物体，生物活动中的代谢物、副产品。	**新的知识**：通过组织学习产生新的知识、新的主张，更新的工作方法和处理问题的新方案等。
酶：催化剂，提高活化能，使生化反应得以实际进行：使反应速度提高	**知识酶**：打破成员之间的界限，实现知识的协同和共享的机制。包括文化作用、激励机制等。
发酵技术：发酵技术、先进工艺、程序、控制与检验系统等。	**知识技术**：知识仓库、知识地图、通讯，网络，计算机的硬件及软件技术等。
发酵设施：反应釜，各种发酵容器。	**知识发酵吧**：知识发酵所需的场所与氛围。
环境：发酵反应器的温度、酸碱度等。	**环境**：企业文化、政治、经济、技术、竞争等。

3.5.2.3　知识发酵吧

"吧"的概念最初是由野中郁次郎提出的（Nonaka, 1998），所有知识发酵的过程均是在"吧"内进行的，在这里我们将其作为虚拟企业知识转移与知识创新的 SECI 过程。考虑到知识发酵的知识转化过程与差异，将知识发酵吧分为模仿性发酵吧、规范化发酵吧、系统化发酵吧、演练型发酵吧四种如图 3－11 所示。

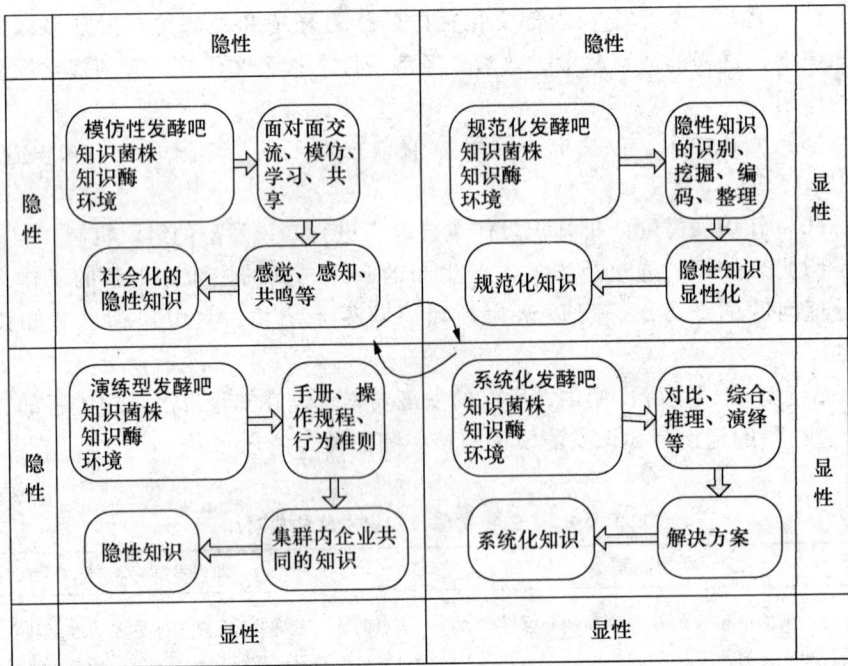

图 3－11　SECI 过程的知识发酵吧

（1）模仿性发酵吧。模仿性发酵吧是知识从隐性到隐性的转化过程，被 SECI 模型称之为知识的社会化。由于组织成员具有不同的知识背景，他们之间可以透过观察、模仿、体会、沟通等交互方式形成创意共识。

（2）规范化发酵吧。规范化发酵吧是知识从隐性到显性的转化过程，被 SECI 模型称之为知识的外部化。组织要充分发挥隐性知识效用，就必须将其规范化。通过隐喻、模拟、观念或语言的方式将创意表达出来，就形成了规范化知识。

（3）系统化发酵吧。系统化发酵吧是知识从显性到显性的转化过程，被 SECI 模型称之为知识的组合化。系统化发酵吧与规范化发酵吧形成条件相似，规范化知识在知识酶和环境的协同作用下，围绕"组合化"这一知识菌株，通过与组织已有的其他相关知识母体的对比、综合、推理和演绎等活动，形成对具体问题的解决方案，从而形成系统化的显性知识。

（4）演练型发酵吧。演练型发酵吧是知识从显性到隐性的转化过程，被SECI模型称之为知识的内部化。知识的转换、创新是一个反复循环的过程，隐性知识与显性知识通过上述四个阶段的发酵吧不断转化、提高，形成一种螺旋式的学习转化循环。每循环一次，更多的隐性知识被转化成显性知识，更多的显性知识与企业原有的知识母体融合，形成新的显性知识。一旦出现新知识，就得到组织的放大和固化。如果有好的并能促进知识共享、创新的制度和文化环境，能对已有的知识进行合适的管理并能将这些知识成功地进行转换，则可以大大提升组织知识的价值，从而创造可持续竞争优势。

知识发酵在个人、组织范围内无时无刻地在发生着，可是个人的知识发酵和组织的知识发酵之间又是如何相互关联呢？由此我们引入了"知识发酵迭代盒"的概念。

3.5.2.4　知识发酵迭代盒

在知识发酵之前，知识菌株产生以后，组织需要为知识发酵准备"材料"，对识别出的知识缺口进行弥补，该过程称之为融知。显然融知本身就是一种知识发酵。可见，知识发酵存在于所有的知识活动过程中，从知识的获取、共享，到知识的创新，发酵都是其活动过程的核心环节。图3-10所示的模型为知识发酵所不可缺少的几个要素，然而事实上知识发酵并不是在完全具备了所有这些要素以后才开始的。在知识菌株的形成过程中，在知识母体的积累过程中，在知识酶的成长过程，都存在着知识发酵。所以，知识创新过程是一个大环套小环，大发酵中包含小发酵，大发酵产生依赖于小发酵的迭代过程，该活动过程最终形成知识发酵迭代盒（如图3-12所示）。

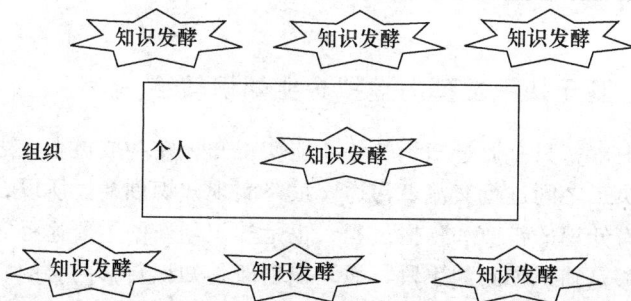

图3-12　知识发酵迭代盒

　　在组织学习与知识共享过程，知识发酵无时无刻地在进行着，那么，知识发酵主要包括哪些类型呢？

3.5.2.5　知识发酵类型

　　结合知识发酵的具体形式和目的，知识发酵就衍生出各种不同的发酵类型，其中常见的几种发酵类型为：消化型发酵，适应性发酵，演进型发酵，再造型发酵（如表3－4所示）。

表3－4　知识发酵的类型及特征

知识发酵的类型	主要特征
消化型发酵	消化型发酵是组织在使用外部知识前，对所使用的知识进行消化理解的过程。任何知识都是有适用范围的，在使用前它必须被使用者理解，纳入使用者的知识体系中。这种类型一般发生在组织成员的相互学习中，也会发生在组织成员向外部专家学习等的情况下
适应性发酵	适应性发酵是企业将其所理解的知识具体应用到工作中的过程。同样是企业在贯彻 ISO9000 系列标准时，在组织形成的适应性发酵吧中，企业根据自己的理解，将其细化成在生产经营过程中能够具体应用的质量手册、程序文件和其他支持性文件。通过适应性发酵，企业将标准转变为可操作的文件，使这种知识被进一步掌握、内化
演进型发酵	演进型发酵构造的演进型发酵吧可以使企业知识管理工作不断升级。任何事物都不是一成不变的，当环境发生变化时，企业的知识管理工作必须随之变化、升级
再造型发酵	再造型发酵产生于再造型发酵吧中，它是企业在知识管理过程中产生出新的方法和工具的过程。知识管理中的解决问题的方法可能是全新的，它是知识演绎的结果，是发酵过程的产物。例如，组织在贯彻 ISO9000 标准后，其质量管理体系较从前更加规范化，职责更加明确，这本身就是对质量管理体系的一种重新塑造

3.5.3　基于知识发酵的虚拟企业知识转移

　　虚拟企业中，只有通过知识转移才能使得知识在各成员企业之间以及成员企业内部的员工之间进行交流、沟通，最终实现知识创新。所以，知识转移过程，既是已有知识的扩散和传播过程，也是知识创新的重要途径之一。不难看出，知识转移是知识创新的手段，而知识创新是知识转移的目的，二者是很难截然分开的。在这里，笔者基于知识发酵的视角，对虚拟企业成员企业间的知识转移行为进行解读，接着，对虚拟企业知识转移过程中相应的发酵机制进行初步的探索和分析。

3.5.3.1 虚拟企业知识转移的发酵要素解读

（1）知识转移的菌株。菌株表现为要转移主体（虚拟企业中的成员企业）的稀缺知识，此类知识是转移主体通过学习、实践等多种途径获取的知识，可能表现为隐性知识，也可能表现为显性知识。转移主体确信这类知识具有解决问题、指导实践的价值。

（2）知识转移的母体。母体既包括各个转移主体（虚拟企业中的成员企业）的主动知识，又包括具有解释作用的独立于转移主体的被动知识。与被动知识相比，主动知识在转移过程中具有决定性作用，它决定了转移主体的知识基础，即使转移主体共享的愿望再强烈、转移的环境和技术再完善，如果转移主体不具备理解对方稀缺知识的基础，转移也不可能成功；与主动知识相比，被动知识对转移过程起着解释说明等辅助作用。

（3）知识转移的酶。酶指有助于知识转移过程顺利进行的各种因素，主要包括：

参与知识转移主体（虚拟企业中的成员企业）的愿望、战略目标，具体表现为知识传授者的传授愿望、知识接受者的学习愿望以及双方乐于沟通、交流的合作愿望。

合理的激励机制：主要表现为对稀缺知识价值的合理确定，对知识转移行为的经济激励等。

（4）知识转移的环境。知识转移发酵从来就不是在真空中进行的，正如生物发酵过程中温度、湿度、气压等环境条件对发酵成功与否起着重要作用一样，知识转移发酵也需要良好的环境。在虚拟企业中，这主要体现在两个方面，即适合知识转移的各成员企业的意愿、各成员企业的联盟规则。

（5）支持知识转移的知识技术。就虚拟企业的知识转移而言，知识技术对各种形式的知识转移起着至关重要的作用，可以说是知识转移的基础。尤其随着知识挖掘、知识库、知识地图等知识发现技术的出现，以及以 Internet 为代表的各种知识共享技术的发展使得大量的虚拟企业的形成变为可能，最终使得人们可以超越时间和空间界限实现自由交流、沟通。

（6）新知识。知识发酵的结果是菌株通过转移主体（虚拟企业中的成员企业）的相互沟通、交流和学习，得以孕育成长，并最终成为进阶知识，被转移主体吸收，并与转移主体原有的知识基础融为一体，在此过程中，知识的遗传性和变异性同时起作用：一方面，单个转移主体的稀缺知识得以复制成为各个转移主体的知识，知识得以遗传；另一方面，经过反复沟通、印证和碰撞，参与知识转移的各方会由于知识背景的不同产生对菌株的不同理解，知识菌株也会吸收各个转移主体的有益的养料，得以成长，知识得以变异。进阶的知识成为各转移主体的新知识，并在此后的应用中有成为新的知识菌株的可能。

（7）知识转移发酵吧。虚拟企业的知识转移发酵需要特定的场所，该场所大多数不是物理意义上的办公室等场所，发酵场所主要表现为借助互联网技术、远程通讯技术实现的视频会议、虚拟聊天室等形式。所以，虚拟企业知识转移发酵吧多数表现为虚拟形式的知识发酵吧。

3.5.3.2　虚拟企业知识发酵机制

根据虚拟企业理论和知识发酵模型理论可以得出，在虚拟企业知识转移过程中主要产生三个层面的知识发酵：个人的知识发酵、成员企业的知识发酵、虚拟企业的知识发酵。其中，虚拟企业的知识发酵包含成员企业的知识发酵，成员企业的知识发酵包含成员企业内的个人的知识发酵，如此层层嵌套形成虚拟企业知识发酵的过程。由此，从这三个层面知识发酵的角度，笔者进一步构建出虚拟企业知识发酵过程模型（如图3－13所示）。

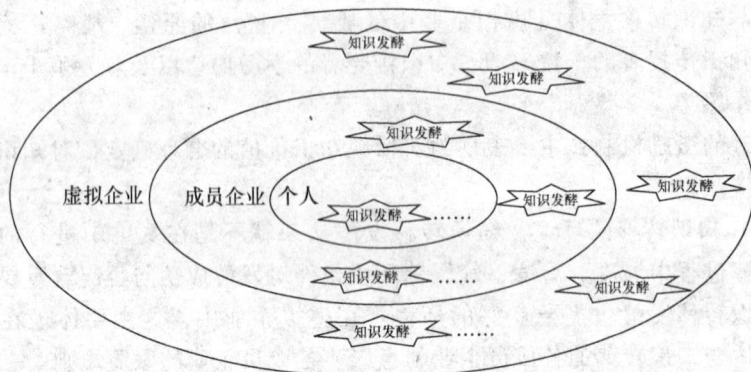

图3－13　虚拟企业知识发酵模型

在图3－13所示的虚拟企业的知识发酵模型中，所有知识发酵的过程均是在"吧"内进行的，在这里我们将其作为虚拟企业知识创新的SECI过程的基础，是虚拟企业的知识作为一种资源在其中得以开发的框架。知识创新SECI知识转化过程在四个"吧"内完成：①模仿性发酵吧，知识从隐性到隐性的转化，知识创新的过程由此开始；②规范化发酵吧，知识从隐性到显性的转化；③系统化发酵吧，知识从显性到显性的转化；④演练型发酵吧，知识从显性到隐性的转化。具体本模型中三个层面"吧"的知识发酵过程如下：

1. 个人层面"吧"的知识发酵

（1）模仿性发酵吧。主要表现为个人之间通过面对面的交流等分享知识菌株的创意。由于每个人具有不同的知识背景，在交流中可以使这些知识互相融合，从而使个人在自身的知识领域产生共鸣，加速知识菌株的扩散（如表3-5所示）。

（2）规范化发酵吧。为了查找和解决问题，个人自发地学习外部相关知识，然后再与已有知识进行融合的发酵过程。

（3）系统化发酵吧。个人通过融合自身的知识，并对这些知识进行比较、综合、推理、演绎等，找出问题所在，确定最终解决方案的过程。

（4）演练型发酵吧。系统化发酵吧产生的新知识通过知识酶的协调，成为个人内化了的隐性知识。个人可以对解决的问题进行自我评估，在评估过程中会发现新问题，为了解决这些新问题，又会进行新一轮个人的知识发酵过程。

表3-5　基于个人层面的知识发酵吧要素构成

要素	模仿性发酵吧	规范化发酵吧	系统化发酵吧	演练型发酵吧
知识菌株	个人创意、目的等	隐性知识的识别、编码和整理	需要解决的问题、创意等	新知识、新的需求等
知识母体	外部知识、已掌握知识等	个人的知识背景、外部知识、已掌握知识等	个人的知识、规范化知识等	个人的合作愿望等
知识酶	语言能力、分析能力、媒介性知识等	语言能力、各种思维能力等	语言能力、逻辑推理能力等	逻辑思维能力、语言能力等
环境	经济、技术、社会文化等	经济、技术、社会文化等	经济、技术、社会文化等	经济、技术、社会文化等
知识和信息工具	面对面的交流，网络视频会议等	网络、共同体验、面对面的交流、电话等	网络、规范化知识学习等	各种评价手段与工具、网络等
新知识	问题的答案、知识菌株的扩散等	规范化知识	系统化的新知识等	新知识应用、新的模糊概念的产生等

2. 成员企业层面"吧"的知识发酵

（1）模仿性发酵吧。成员企业的员工通过视频会议、相互交流等分享知识菌株的创意。由于员工具有不同的知识背景，在交流中可以使这些知识互相融合。随着对知识菌株共同的感觉、感知，提升了知识菌株在成员企业内的扩散速度（如表3-6所示）。

（2）规范化发酵吧。成员企业要利用隐性知识，就必须将其规范化。一方面，成员企业内部的员工在工作中通过共同体验，根据他们不同的知识背景相互学习；另一方面，为了查找和解决问题，企业可能自发地或有组织地学习外部相关知识，然后再通过共同体验和交流，使其在企业内部扩散和相互学习。在必要时，企业还可以咨询或邀请外部专家共同参与，通过共同的工作，使这些外部专家的知识在企业内部得以共享和扩散。

（3）系统化发酵吧。成员企业通过融合自身内外部的知识，并对这些知识进行比较、综合、推理等，最终找出问题所在，并从可能解决问题的方案中选择出被系统化的最终解决方案。

（4）演练型发酵吧。通过被系统化的最终解决方案的实施，成员企业对知识发酵的产物进行利用。系统化发酵吧产生的新知识通过知识酶的协调，在成员企业内进一步扩散，成为成员企业内部员工的自觉行动，成为成员企业内化了的隐性知识。成员企业可以对解决的问题进行评估，跟踪验证解决问题的效果。在跟踪验证过程中会发现新问题，为了解决这些新问题，成员企业又会进行新一轮的知识发酵过程。

表 3 - 6　基于成员企业层面的知识发酵吧要素构成

要素	模仿性发酵吧	规范化发酵吧	系统化发酵吧	演练型发酵吧
知识菌株	战略、生产经营过程中的问题等	引起编码化的原因	需要解决的问题、创意等	新知识、新的解决方案的应用要求等
知识母体	成员企业内部员工的知识背景，合作愿望，文件、资料、音像等	成员企业内部员工知识背景，外部知识，合作愿望等	成员企业内部员工的知识，规范化知识，合作愿望等	方案实施人员知识背景，成员企业内部员工合作愿望等
知识酶	领导，激励措施，协调作用等	领导，协调激励机制作用、中介等	领导，协调机制与作用等	领导，协调机制，评价体系协调等
环境	成员企业的文化、外部张力等	成员企业的文化、竞争，社会文化等	成员企业文化、竞争，社会文化等	成员企业文化、竞争，社会文化等
知识和信息工具	相互交流、视频会议等	网络，共同体验交流，相互学习，知识地图等	网络，规范化知识学习，专家与决策支持系统等	各种评价手段与工具，网络等
新知识	知识菌株（隐性知识）的扩散	规范化知识	系统化的更新知识，新解决方案等	问题的解决，新模糊概念的产生等

3. 虚拟企业层面"吧"的知识发酵

（1）模仿性发酵吧。当虚拟企业中有知识菌株出现，虚拟企业中就会产生某种将这些隐性知识形式的知识菌株社会化的意识。知识菌株出现以后，隐性知识社会化的效率、成本和收益还取决于知识酶即虚拟公共服务机构作用。另外，虚拟企业的政治、经济、技术、竞争、社会文化等因素也都是影响虚拟企业隐性知识社会化的重要变量。在这里，虚拟企业中成员企业通过模仿学习和知识转移与共享，形成共同的感知、共鸣，从而使隐性知识得以传播，使个别化的隐性知识转变为虚拟企业化和社会化的隐性知识（如表3-7所示）。

（2）规范化发酵吧。在虚拟企业内隐性知识显性化的过程中，社会化的隐性知识也需要与知识菌株、知识酶和环境有效结合，虚拟企业围绕"显性化"这一知识菌株，运用知识技术和相关基础设施，在知识酶的协同作用下，通过对隐性知识的识别、挖掘、编码和整理，使隐性知识显性化，从而得到学习和传播成本较低的规范化知识。

表3-7 基于虚拟企业层面的知识发酵吧要素构成

要素	模仿性发酵吧	规范化发酵吧	系统化发酵吧	演练型发酵吧
知识菌株	虚拟企业发展战略、方向、目标、意识等	隐性知识的识别、挖掘、编码和整理	需要解决的问题等	新知识、新的应用要求等
知识母体	虚拟企业中的成员企业等	虚拟企业中各成员企业的知识背景、成员企业间的合作愿望等	虚拟企业中成员企业的规范化知识、成员企业间的合作愿望等	虚拟企业中组织的背景、成员企业的合作愿望等
知识酶	虚拟公共服务机构、平台等	虚拟企业中的协调机制、合约规则等	虚拟企业内部的激励机制等	虚拟企业评价体系的协调作用等
环境	政治、经济、技术、外部竞争、社会文化等	政治、经济、技术、外部竞争、社会文化等	政治、经济、技术、外部竞争、社会文化等	政治、经济、技术、外部竞争、社会文化等
知识和信息工具	网络、视频会议等	知识地图、网络等	网络、规范化知识学习、KDD、DSS系统等	各种评价手段与工具、网络等
新知识	知识菌株（隐性知识）的扩散	规范化知识	系统化的新知识、新方案等	新知识的应用、问题的解决、新模糊概念的产生等

（3）系统化发酵吧。系统化发酵吧与规范化发酵吧形成条件相似，规范化知识在知识酶和环境的协同作用下，通过与虚拟企业已有的其他相关知识母体的对比、综合、推理和演绎等活动，形成对具体问题的解决方案，从而形成系统化的显性知识。系统化发酵吧内进行的知识发酵能使虚拟企业内的知识快速扩散，是虚拟企业知识转移与共享最高效、最便捷的途径。

（4）演练型发酵吧。虚拟企业知识的转移、共享、转换、创新是一个反复循环的过程，隐性知识与显性知识通过四个阶段的发酵吧不断转化、提高，形成一种螺旋式的学习转化循环。

以上论述了虚拟企业中三个层面的"吧"在集合各发酵要素后进行知识发酵的过程，然而事实上，虚拟企业中的知识发酵并不是在完全具备这些发酵要素以后才开始的，在知识菌株的形成过程中，在知识母体的积累过程中，在知识酶的成长过程，都存在着知识发酵。因此，正如图 3－13 模型所示，虚拟企业中知识转移的发酵过程是一个大发酵中包含小发酵，大发酵产生依赖于小发酵的周而复始的迭代循环过程，这种迭代循环过程完整地揭示了虚拟企业中知识发酵的全部过程。

3.6 虚拟企业知识转移的过程

3.6.1 知识转移的一般过程

在虚拟企业中，一个完整的知识转移包括知识的发送和知识的接收两个基本过程，这两个过程是由两个不同的参与者（发送者和接收者）分别完成，并通过中介媒体连接起来的。在获取某一知识之前，接收者对该项知识的了解是不全面的，因而对发送者和发送知识的要求以及获取知识后的反馈是相对模糊的，发送者的知识形态、经验、态度、情绪等都会影响发送者对接收者的要求和反馈的理解，影响发送知识的选择和整理。由于知识具有模糊性，知识的显现方式具有多样性，发送者发送出来的知识将不可避免地含有噪声，且知识通过中介媒体传向接收者时还会进一步吸收环境中的各种噪声。因此，接收者必须对含有大量噪声的知识进行选择和过滤，去除他们不需要或不愿要的知识，同时也去掉绝大部分噪声，最后根据自己的知识、经验、感受等对保留下来的知识和噪声进行理解，同时加上自己的主观见解和判断，并根据自己的主观判断接收部分知识。如果接收的知识和原有的知识有矛盾之处，接收者还将对原有的知识进行修正。从这一过程可以看出，接收者的需求并非总能清晰地传递给发送者，发送者发送出来的知识并非能够全部地、不走样地传递给接收者，双方的知识、经验、感受，尤其是共同的知识、经验、感受将影响知识转移的效率和效果（如图 3 - 14 所示）。

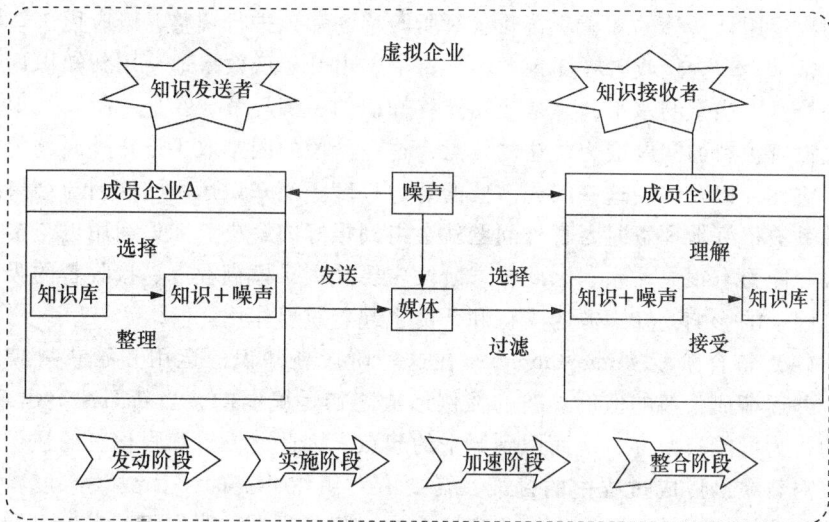

图 3 - 14 虚拟企业的知识转移过程

虚拟企业中的知识转移可划分为发动、实施、加速和整合四个阶段（Szulanski，2000）（见图 3 - 14 的下部分），不同因素在不同阶段的影响程度不同。

（1）发动阶段（initiation），这个阶段包括了引起知识转移决策的所有事件。知识的转移既可以由作为知识接收者的成员企业发动，也可以由作为知识源的成员企业发动。当转移需求和知识源或知识接收者都具备的时候，虚拟企业中合作的成员企业双方就有可能做出转移策略。转移需求的出现可能引起对潜在知识源或接收者的搜索，这种机会搜索和转移决策不可避免地带有不确定性和因果模糊性，但是，如果有证据证明所转移的知识在其他环境中非常有用以及知识源或知识接收者是值得信赖的话，这种不确定性是可以降低的。因此，此阶段的主要影响因素是知识运用的因果模糊性、知识的有用性和知识源或知识接收者的被信赖程度。

（2）实施阶段（implementation），开始于转移决策的执行。在这一阶段，资源在作为知识源的成员企业和作为接收者的成员企业之间流动（也有可能存在第三方），转移主体之间的特殊的社会关系被建立起来，转移过程被调整为切合接收者的期望、知识转移的经验。当知识接收者开始运用被转移的知识时，实施阶段结束或至少行动有所减弱。这一阶段的主要挑战是维持双方的合作关系，保证知识流动，因此这一阶段的主要影响因素是进行合作的成员企业之间的关系，而这个时候的关系又主要取决于作为知识源的成员企业的动机和信誉。

（3）加速阶段（ramp-up），开始于虚拟企业中作为知识接收者的成员企业初次运用被转移的知识。接收者对所转移的知识进行调整，以应用于新的情景。常常表现为接收者在知识源的支持下，由开始低效率地使用新知识逐步走向一个令人满意的水平，这是成功转移知识的关键环节。在这一阶段，识别和解决没有预料的问题成为关注的焦点，这一阶段的困难取决于意外问题的数量和严重性，以及解决这些问题需要的努力程度。当知识运用的原因与结果之间的关系被很好地理解时，意外问题就会得到很好的解决。知识运用也与接收者的吸收能力有很大关系，因此，本阶段主要受因果模糊程度、接收者的吸收能力等因素的影响，知识源的支持和帮助也起着重要作用。

（4）整合阶段（integration），在这一阶段新知识的运用开始获得满意结果，并逐渐成为新的惯例。新的惯例形成之初是脆弱的，当新旧冲突出现时，新的行为可能被抛弃，从而回到原来的起点。因此，维持和强化新的惯例，需要应对新惯例形成过程中的挑战，需要有对组织冲突的"休战"态度，对新兴事务的扶持之心。所以，转化环境在这一阶段具有重要作用，当然，知识接收者本身能力的影响也不可忽视。

3.6.2　知识转移过程的特征分析

1. 知识转移是一个不断循环的动态过程

对知识接收方而言，传递方的稳定是相对的，变化是绝对的。传递方的动态变化性决定了与传递方密切相关的知识的类型、内容都是动态的。当动态的知识输入到接收方，接收方的知识结构、知识存量都会发生相应变化。由于传递方与接收方的知识转移既是输入又是输出，二者不断相互作用使这个知识转移的过程成为一个不断循环的动态过程。

2. 知识转移的双向与对等性

在虚拟企业中，成员企业之间的知识转移是双向的，既有从传递方到接收方的转移，又有从接收方向传递方的转移。通过这种对等的转移，双方各获所需知识。接收方获得了产品创新、营销策略等方面的知识，知识存量增加、知识结构改变，且有利于开展创新性生产活动和营销活动。作为回报，接收方利用这些知识向传递方提供高质量的、符合传递方需要的产品或服务。传递方获得与产品、服务相关的知识，自身的知识存量增加，知识结构改变，有利于作出理性的购买和使用决策。同时，可以获得接收方提供的高质量的、个性化的产品，而且，由于体验了向其他成员企业贡献知识的益处（如可获得高质量的产品和服务），传递方以后还会继续向其提供知识（如图3-15所示）。

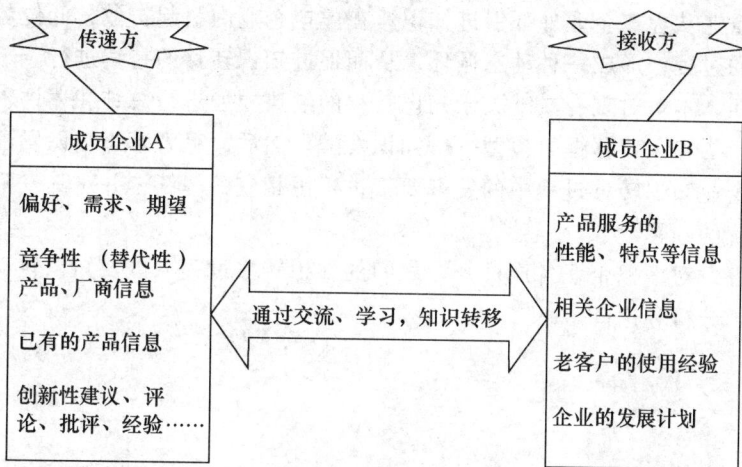

图 3 – 15 成员企业之间知识的双向和对等转移

3. 知识转移中的选择性

知识选择指知识从知识源向接收方转移的过程中，接收方并非接受转移过来的全部知识，而是选择接受部分知识，拒绝另外一部分知识。知识选择的过程受如下因素的影响：

（1）转移过来的知识在类型、内容等方面是否与接收方现有的知识基础相符？能否作为接收方现有知识基础的补充？

（2）转移过来的知识是否易于接收方的理解、吸收和利用？

（3）接收方的认知、文化、制度等是否制约其对新知识的选择？

3.7 本章小结

第一，本章对虚拟企业知识的含义、分类，以及虚拟企业知识的来源进行理论解释。

第二，对虚拟企业知识转移的四个主要的影响因素：知识源组织的特征、知识接受组织的特征、被转移的知识的复杂性特征和知识转移背景的特征进行了相应的探讨。

第三，分析了虚拟企业知识转移的动力机制——知识势差。虚拟企业中知识转移的动力在纵向上表现为高位势成员企业和低位势成员企业的势差所造成的流动，横向上表现为成员企业间竞争的驱动和市场需求的拉动导致的知识转移。由于知识势差的存在，虚拟企业内成员企业间的知识转移过程主要表现为高位势企业从虚拟企业外部引进知识，在虚拟企业内引起扩散，低位势企业跟进学习的过程，形成一种动态循环，从而促进知识转移的持续进行。

第四，本章对现有文献关于知识转移的经典模型进行总结和述评，并提出了一个新的知识转移框架模型——知识发酵。然后，笔者基于知识发酵的视角对虚拟企业知识转移过程中的发酵要素进行了相应的解读，并对其发酵机制进行了系统的阐释。

第五，对虚拟企业各成员企业之间的知识转移过程，以及知识转移特征分别进行了分析和论证。

第四章 虚拟企业知识转移的能力分析

虚拟企业中知识转移能力是指各成员企业向外部发送知识的能力和成员企业吸收知识的能力的总称。对于虚拟企业内的单个成员企业而言，知识转移表现为知识的流入和知识的流出，也称为知识吸收和知识溢出，而各成员企业的知识吸收与溢出能力的高低决定了整个虚拟企业知识转移的能力状况。因此，本章分别从知识吸收能力、知识溢出以及虚拟企业知识转移能力的测评三个角度，来对虚拟企业知识转移的能力进行详细的分析。

4.1 知识吸收能力

4.1.1 知识吸收能力的概念与内涵

Cohen 和 Levinthal（1990）在美国《管理科学季刊》上发表的一篇题为《吸收能力：一个关于学习与创新的新观点》的文章中，首次给出了知识吸收能力的定义。从此以后，很多学者开始在他们的研究中援用这个概念（如表4-1所示）。

表4-1 知识吸收能力的定义

学 者	定 义	研究视角
Cohen 和 Levinthal, 1990	知识吸收能力是指认识、消化和应用新知识的能力	1）以经验评估、理解知识的能力； 2）由知识特征、组织特征以及技术共性决定消化知识的能力 3）由外部相关知识的多少以及保护创新的能力决定应用知识的能力
Lyles 和 Salk, 1996	知识吸收能力是决定能否获得新知识的重要因素，等同于组织柔性	组织的弹性、学习的结构与过程

学　　者	定　　义	研究视角
Lane 和 Lubatkin，1998	在 Cohen 和 Levinthal 定义的基础上提出知识吸收能力不是单一企业层面的问题，而是"老师与学生"的双层面问题	双方企业在以下资源的相似性：知识基础、组织结构与报酬政策、公司逻辑
Zahra 和 George，2002	知识吸收能力是能够产生动态组织能力的一系列获取、消化、转移和开发知识的组织路径与过程	将吸收能力的四个构成要素（获取、消化、转移和开发）合并为两个因素（实际能力与潜在能力）；动态能力的观点（回应战略的变化与弹性）

资料来源：笔者收集整理。

笔者认为，成员企业的知识吸收能力是指：成员企业识别、消化和运用外部新知识于商业目的的能力，它与成员企业内部员工的知识吸收能力密切相关，但并不一定等于其内部员工知识吸收能力的总和。

知识吸收能力的内涵可以概括为：

（1）知识吸收能力是成员企业在识别、获取与消化外部知识的基础上，与其自身原有知识进行有效整合、利用的一系列组织惯例和过程。

（2）知识吸收能力是建立在成员企业原有知识和经验积累的基础上，具有领域限制和路径依赖的特点。

（3）知识吸收能力存在于成员企业个体成员和企业组织两个层次上，并且知识吸收能力的强弱最终表现在成员企业竞争优势的实现程度上。

4.1.2　知识吸收能力的类型

明晰"知识吸收能力"的概念与内涵为我们的研究范围提供界限，而识别"知识吸收能力"的类型则为讨论知识吸收能力的形成和培育提供了分析框架。虽然目前对知识吸收能力类型还没能形成统一认识，然而，目前的文献还是主要从以下两个角度来对知识吸收能力进行讨论：

1. 吸收知识的层次

知识的载体可以分为个体和群体，知识的认知、消化、转移也一般表现为个人和整个群体之间的各种知识循环过程。按照这个逻辑，企业知识吸收能力也应该包含个人的知识吸收能力和其所在组织的知识吸收能力。在 1990 年那篇经典文献中，Cohen 和 Levinthal 对个人和组织这两个层次的知识吸收能力进行了讨论。首先，组织的吸收能力依赖组织成员个人的吸收能力，尤其是一些特别"角色"的吸收能力，例如，"看门人"对外部知识的扫描、判断和筛选非常关键；而将外部的知识和信息解释为组织内可以沟通交流的语言亦至关重要。因此，个人的吸收能力是企业吸收能力的一个重要基础，个人的吸收能力往往取决于个人的知识背景、以往的从业经历等。其次，企业的知识吸收能力与组织的历史、文化、结构以及管理制度密切联系，具有组织个性的特征。根据上面的分析，企业知识能力的培育与发展需要从个人和组织两个维度考虑。

2. 知识吸收的过程

企业从外部吸收知识的过程可以分为四个阶段：获取、吸纳、转化和开发利用。本书前述对知识吸收能力的定义也是依据这个过程做出的。从这个角度看，成员企业知识吸收能力包括四种：知识获取能力、知识吸纳能力、知识转化能力和知识利用能力（Zahra & George，2002）。其中，知识获取能力是指对外部产生的对本企业有关键作用的知识加以判断和获取的能力；知识吸纳能力则强调外部知识在企业内有效地被阐释和理解，不能被理解的知识是很难被再利用开发的；知识转化能力则是要将新的外部知识与内部已有知识有效地整合；知识开发利用能力是指通过内外部知识共同运用而开发出新知识（Zahra & George，2002）。显然，不同知识能力的功能不同，所依据的关键因素也各不相同。例如，在知识获取能力中对外界各类知识的识别、判断是关键。因此，具备知识多元化的专家库就非常重要。而知识吸纳阶段，由于相互交流和理解非常关键，因此内部的组织结构、认知、文化等方面的障碍影响作用很大。在知识的转化能力和知识开发利用能力中，由于涉及对原有知识的变革，因此勇于创新的文化必然发挥重要作用。

综上所述，上面的四种能力可以归为两大类能力：潜在知识吸收能力（包括知识获取和吸纳）和实际知识吸收能力（包括知识转化和开发利用）。潜在的知识吸收能力是成员企业利用外部知识的前提。同时，实际知识吸收能力是成员企业通过利用外部知识不断创新并保持竞争优势的关键。

4.1.3 虚拟企业知识吸收能力模型

虚拟企业内成员企业吸收外部知识，实质是将成员企业外部知识内化为内部知识的过程，或者说是成员企业内外信息的交换过程，该过程涉及成员企业与外界的接触、成员企业的先验知识对外部知识的接纳以及外部知识在该成员企业中的扩散、整合等阶段。因此，虚拟企业中各成员企业知识吸收能力主要由接触界面、成员企业先验知识和扩散整合机制等要素构成（如图 4 - 1 所示）。

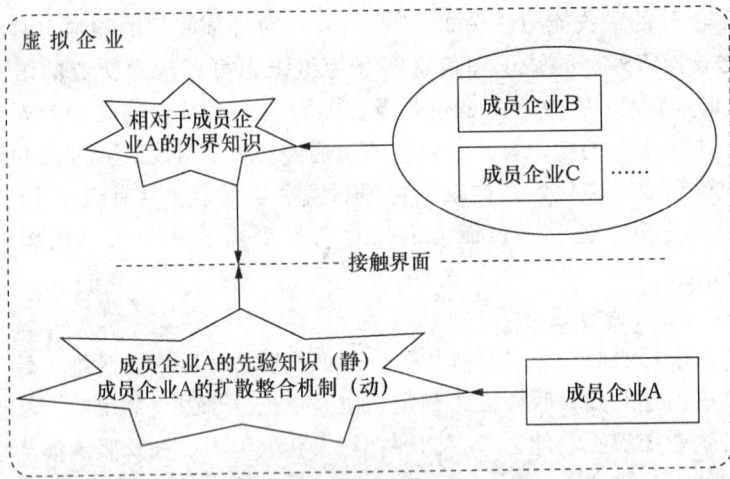

图 4 - 1　虚拟企业知识吸收能力模型

1. 接触界面

吸收知识首先得接触外界知识，成员企业在创新过程中必须有意识地主动搜寻和吸收相关领域有价值的信息，关注与外界的信息交流，设计与外界知识的接触界面。

接触界面可以集中也可以分散。当成员企业内众多专家对外部知识评价分歧很大时，成员企业内部的某个体成员就要充当集中意见的"看门人"（gate-keeping）或者是"边界穿越者"（boundary spanning）角色（Cohen，1990）；当外部知识较难获得或难以在成员企业内部扩散的时候，也需要"看门人"监控外部环境或保证外部信息以一种可以理解的形式转移到研究团队之中。可见，体现集中接触界面的"看门人"的职能主要有两个方面：一是对外监控外部环境，评价本企业可能需要的相关知识；二是对内向企业的内部成员转移所获取的知识。我国本土高科技企业，比如联想、华为等在硅谷等尖端技术的发源地设立的科研机构，就起着跟踪世界技术发展方向的接触界面作用。如果是外部知识与成员企业经营活动距离很近，接触方便，就不一定需要专设"看门人"之类特殊的活动者，或者说，这时"看门人"的作用只是为了减轻其他人监控外部环境的努力程度。

2. 先验知识

成员企业的先验知识是转移和共享的那些知识，具有广度与深度两方面特征。其中，广度决定了成员企业评价外部知识的范围；深度影响成员企业吸收能力提高的速度。成员企业先验知识的广度体现在知识的种类和分布上，成员企业对外界知识的吸收不但需要拥有丰富的 know-why 和 know-how 之类实体的、技术性的知识，还得知道 who know what 等有关什么知识从何处来的信息。成员企业之间知识互补性越强，知识的广度就越大，获取外部知识的机会也就越多。

成员企业先验知识的深度表现为成员企业知识的不同层面，以及对知识的加工深度。在成员企业与外界不断进行信息交换的过程中，不同类型的知识处于成员企业的不同深度：有关营销的知识"浮"在各成员企业表面，与外界距离最近；其次是制造方面的知识；再次是设计知识，研发知识深植各成员企业内部。成员企业的先验知识的层次越深，其吸收外界知识的能力就越强。联想的发展之所以走"贸工技"的道路，取决于其内部知识的积累深度，在积累了"贸"与"工"方面知识的基础上，才有可能吸收外界有关"技"的知识。

3. 扩散整合机制

虚拟企业中成员企业对外界知识的吸收还涉及知识从"看门人"向本企业的其他个体成员转移及开发利用的过程，成员企业的知识吸收能力水平不仅是"看门人"知识吸收能力的函数，也是成员企业内部其他个体成员知识吸收能力的函数。因此，成员企业内部知识扩散整合机制就成为该成员企业知识吸收能力必不可少的组成部分。如果说成员企业先验知识是静态呈现的话，那么成员企业内部知识扩散整合就是一个动态过程。扩散与整合密切相关，从新知识的传播来说是扩散，从新旧知识的联系来说就是整合。

成员企业内部个体成员（或部门）之间知识转移关系与知识的多样性影响成员企业内知识的扩散与整合。正如尼尔森和温特（Nelson Richard R. & Sidney Winter）所指出，"组织吸收能力并不存在于单个组织成员身上，而是依赖于不同的个体成员吸收能力的关联上"。成员企业内个体成员之间知识的一些重叠对于成员企业组织内的交流是必需的，罗杰斯（Rogers E. S.）的研究表明，不同单位之间的同一性与知识扩散快慢正相关，但是，组织内部个体成员之间完全同一且专业的知识结构会阻碍成员企业对外部异质性较强的知识整合，从而使成员企业陷于缺少创新的困境，所以成员企业组织必须在内部个体成员知识结构的互补性和相似性之间取得平衡。

成员企业组织内互补职能的紧密交织可以促进知识扩散和整合。为了达到这种目的，一些成员企业组织中看似"冗余"的"交叉职能"（cross - function）应运而生。它与上文提到的"接触界面"相似，但存在于成员企业组织内各部门或个人之间。克拉克和藤本（Clark Kim B. & Takahiro Fujimoto）认为，职能重叠的产品开发（overlapping product development）促进了部门之间的交流和合作，从而使日本企业能够迅速推出新产品。这种"交叉职能"可以是一个独立的机构，如惠普和康柏合并后成立的"Clean Room"，也可以是特殊的工作安排，如日本企业研发人员在营销部门和制造部门轮岗，还可以是非正式的生活安排，如某大公司刻意让不同级别、不同部门的职员在一起用餐，自由交流。

4.1.4　虚拟企业基于知识吸收能力的组织学习过程

虚拟企业的组织学习实际上是虚拟企业系统内的各成员企业之间的组织学习与成员企业内部的组织学习问题。当"学习竞赛"出现时，各成员企业的学习意图都非常强烈，各成员企业都在努力获取对方的知识资源，并同时强化自身知识外溢的隔离机制。因此，此时知识吸收能力的差异则成为导致各成员企业竞争优势差异的关键原因之一。

从组织学习过程来看，虚拟企业的组织学习既受制于虚拟企业的吸收能力又促进虚拟企业的吸收能力。由于吸收能力体现为认识、消化和应用新知识的能力，将吸收能力分解为认识能力、消化能力和应用能力，与虚拟企业理解、内化和应用的组织学习过程是逻辑一致的，也是吸收能力在虚拟企业组织学习的不同阶段中的作用重点，由此，可构建出虚拟企业基于知识吸收能力的组织学习过程模型（如图4-2所示）。

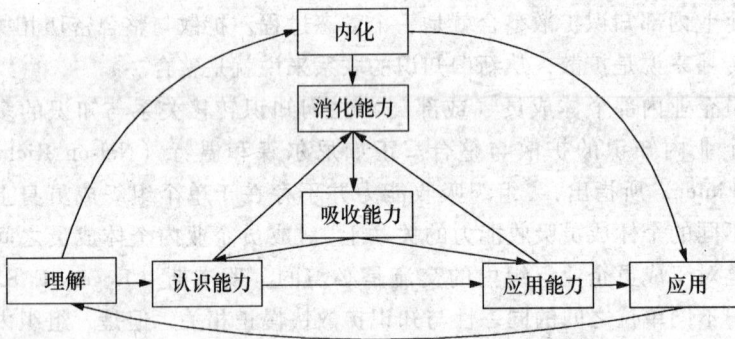

图4-2　虚拟企业基于知识吸收能力的组织学习过程

1. 组织学习的理解阶段与认识能力

企业的认识能力是组织理解新知识的基础。有两方面的因素影响虚拟企业在这个阶段认识能力的作用和组织学习的效果，一是成员企业的开放程度以及与此相关的信任程度；二是虚拟企业与成员企业的相似性程度。

（1）成员企业的开放程度。成员企业对虚拟企业的开放程度决定了其转移和共享信息的数量。而这种开放程度是各成员企业之间的信任程度的一种反映。信任是认识能力（吸收能力）的限制条件，信任程度决定了成员企业愿意在多大程度上共享什么知识，各成员企业对显性知识和隐性知识的隔离机制强度和约束范围如何，以及双方的交流机制。另外，各成员企业之间的文化差异也影响了成员企业的开放程度。Parkhe（1991，1993）的研究表明，各成员企业之间国家的和文化的差异与联盟的成功程度负相关。

（2）虚拟企业与成员企业的相似性程度。相似性衡量的因素包括虚拟企业对成员企业知识的熟悉程度以及已有认知结构的相关程度等。相似程度越高，组织学习效果就越好。这是因为影响双方相似性的这些因素正是促进认识能力提高的因素。因此，认识能力越高，虚拟企业越能充分地对传递过来的隐性知识进行挖掘，虚拟企业的知识库储存就越多。因而认知能力更多地是决定了虚拟企业组织学习的适应机制作用。

2. 组织学习的内化阶段与消化能力

消化能力是组织学习效果的决定性因素。由认知结构状况、个人吸收能力扩展到努力强度、培训能力大小以及组织文化状况等因素决定的消化能力，其主要通过虚拟企业的结构机制作用于组织学习的内化过程。Lyles & Salk（1996）的研究发现组织的柔性和创造性能够促进虚拟企业的组织学习。这是因为灵活的结构机制有利于个人吸收能力扩展到组织，有利于虚拟企业中各成员企业之间的主动沟通，有利于隐性知识的外在化和社会化，有利于知识的整合和协调分布。结构控制系统是另一个导致消化能力和组织学习效果差异的因素。控制系统包括虚拟企业中各成员企业的联盟合同的安排、正式的责权结构、计划与预算的制定以及任务团队的建立。控制系统的作用在于促进各成员企业之间的人员交流，促进"看门人"对虚拟企业系统新知识的接触，更是促进各成员企业之间的知识联系（knowledge connections），因而能够大大促进组织消化能力的提高，进而推进虚拟企业的组织学习。

3. 组织学习的应用阶段与应用能力

应用阶段要求虚拟企业将内化了的知识结合自身的特点创造出新的知识，并加以运用。由于由成员企业转移过来的知识具有发送者的知识沉淀特征，虚拟企业在应用时就需要结合自身的环境来进行调整、改进和创造，从而形成虚拟企业自己特有的新知识。应用能力则决定了这种创造性实现的程度和结果，应用能力在这个阶段主要受两个因素的限制，分别是虚拟企业的战略和培训能力。虚拟企业的战略决定了知识转移与创新的方向和力度，进而决定了虚拟企业的应用能力，而应用能力最能体现虚拟企业组织学习的效果。

虚拟企业组织理解、内化和应用的学习过程是一个动态循环过程，而认识能力、消化能力和应用能力也不是割裂的，而是知识吸收能力在三个不同阶段的不同侧重点，三种能力共同有机地构成知识吸收能力，并且相互促进、相互制约，虚拟企业基于吸收能力的组织学习过程模型正是体现了这种思想。

4.1.5　提升虚拟企业知识吸收能力的措施

1. 根据知识吸收动机设计成员企业合作范围

成员企业合作范围是企业持续竞争优势的一个重要源泉，是竞争对手难以复制的重要方面。虚拟企业中的合作关系主要包括水平和垂直两个向度，水平关系主要与产品改进有关，提供给成员企业有关设计、原型、测试、改进和引进新产品方面的新知识，这类关系的广度能使企业接触到多种多样的观念和知识资源，从而引发创新；垂直关系，包括外包重要的非核心功能或者获取创新必需的互补资产，可以深化成员企业的专业知识，让成员企业接触创造和发展新产品所需要的资源和资产（Gerard George, *et al.*, 2001）。

简言之，水平关系主要有利于扩大知识的广度，垂直关系主要有利于提高知识的深度。从上述分析可以看出，合作关系的向度也暗示了企业加入、保持一个联盟的动机，成员企业对外界知识的需求不同，合作范围自然也应该不同。

2. 根据先验知识积累安排成员企业的介入程度

成员企业合作介入程度一方面表现在合作方式上，另一方面表现在交易内涵上。成员企业之间的合作存在多种形式，一般分为非股权合作和股权合作，非股权合作包括非正式的合作和契约合作，契约合作又可以分为单边契约型和双边契约型合作，股权合作可以分为相互持股型和对等持股型合作，介入程度从非正式合作到对等持股型的介入程度逐次加深。合作的介入程度还与交易内涵密切相关，同样的合作方式，交易内涵的异质性越大，流动性越小，合作介入程度越深。盟主企业应该根据成员企业先验知识的积累情况循序渐进地安排合作的介入程度，逐渐吸收更为复杂的隐性知识。

3. 保持组织结构的扁平与柔性

组织结构影响企业怎样处理知识，是企业评价、吸收、整合和运用知识的基础设施。作为一种决定因素，在其他情况不变的情况下，不同的组织结构具有不同的吸收知识的潜力。范登博施（FransA. J. Vanden Bosch）等人对基本的三种组织结构的吸收能力进行过比较研究。他们将环境分为稳定和多变的两类，组织知识的吸收包括利用（exploitation）和探索（exploration）两个侧重点，在稳定的环境中，企业主要是利用知识；在多变的环境中，主要是探索知识。他们又从三个维度区分企业知识的吸收效率、范围和灵活性。研究结果如表4-2所示：职能型组织对企业知识吸收能力具有消极影响，矩阵型组织对企业知识吸收能力具有积极影响，事业部型组织介于两者之间。

矩阵型组织对企业知识吸收能力的积极作用基于它的扁平与柔性：数量很少的科层制结构和高程度面向任务管理的集权制度，每个单位为正在进行的项

表 4 – 2 不同组织结构对虚拟企业中知识吸收能力的影响

知识吸收维度	组织形式		
	职能型	事业部型	矩阵型
吸收效率	高	低	低
吸收范围	低	低	高
吸收灵活性	低	高	高
对吸收能力的影响	消极	一般	积极

目寻找最佳组织结构与方法的能力，以及职员能够分配到不同项目的可能性。

因此我们可以推断，只有与虚拟企业组织相适应的、具有扁平和柔性特征的成员企业组织，才能最大程度地提升虚拟企业潜在的知识吸收能力。

4. 对虚拟企业内外知识吸收进行适当分工

虚拟企业对外界知识的吸收包括两个层面：一是虚拟企业内成员企业组织之间的知识吸收；二是虚拟企业作为一个整体对外部知识的吸收。虚拟企业同外部其他企业组织同样存在物流、资金流和信息流之间的交换。如果忽视对虚拟企业外部知识的吸收，深嵌虚拟企业中的成员企业很可能陷入对外部世界"知觉失灵"的境地，从而减弱整个虚拟企业的竞争力。因此，有必要把虚拟企业中的企业分成强势企业和弱势企业，分别指向虚拟企业外学习与虚拟企业内学习。当然，这种分工并不是绝对的，强势企业未必不能从它的弱势伙伴那里获得新颖知识，而弱势企业的学习活动也未必完全被限制在虚拟企业的边界之内，这里的分工是从主流意义上而言的。

4.2 知识溢出

虚拟企业构建的目标是通过知识转移达到知识的共享与创新，它不仅要考虑各成员企业的吸收能力，同时各成员企业的知识溢出程度亦对虚拟企业的知识转移能力起着至关重要的作用。

4.2.1 知识溢出的定义及分类

虚拟企业中成员企业间的知识溢出是指这样一种现象：知识在交流、使用过程中,即使其他成员企业在主观上不主动窃取所有者的知识,也会在客观上获得一部分知识内容。国内学者多从组织角度将知识溢出定义为知识或信息从组织内部的一个部门转移到另一个部门,或是从组织内部转移到组织外部的状态和过程。

Verspagen 将知识溢出分为两种:租金溢出(rent spillovers)和纯知识溢出(pure spillovers)。第一种是租金溢出,是指在具有创新知识含量的新商品商业化过程中,其价格未能完全反映知识创新带来的质量提高。当此高知识含量的商品作为其他企业生产过程的投入时,后者将从溢出知识中得到前者产品创新的一部分得益。由于着眼于商业化带来的收益,知识所有者大都能接受这种类型的知识溢出。第二种是纯知识溢出,主要是指由客观原因而引发的自有知识被其他企业模仿和挪用,如研发人员的流动、自我保密措施不健全、交流活动中的不自觉溢出、知识本身的可流动性、合作中的传播等。知识通过大量的非商业化途径得以传播和扩散,这类知识的溢出往往是企业不愿看到的但又无法避免的。本书所研究的虚拟企业中成员企业的知识溢出属于纯知识溢出问题。

知识的溢出性是知识自身的本质特征之一,源于知识本身的稀缺性、流动性和扩散性。从公共利益的角度看,大量的、加速的知识溢出推动了整个社会的发展和进步。而从知识拥有者的角度来看,尤其对于经由大量投入才获得新知识的所有者而言,知识溢出带来的却是知识资产流失、投入难以回收、竞争优势丧失等市场风险。

知识溢出通过不断的知识积累提高了整个社会的资本生产率,使得知识、资本、劳动力等投入要素具有递增收益,从而导致长期的经济增长。但虚拟企业中的溢出效用造成的知识资产流失、高投入低收益等却影响了成员企业进行知识交流的积极性,同时知识揭露悖论的存在也使得知识拥有者裹足不前。

4.2.2 知识揭露悖论

知识溢出会导致知识资产的流失,知识揭露也会引发知识资产损失。知识具有无形性和一定的公共产品性的特点,这使得知识在转移和共享的过程中,知识所有者必须揭露其知识资产的主要内容才能使接受者判断是否应该进行这次知识交易,但是,一旦知识的主要内容被揭露之后,知识接受者就没有必要再执行知识转移的交易,因为其已掌握了知识秘密,从而导致知识资产所有者丧失此次交易价值,甚至威胁到该项知识资产的后续价值。这种现象就称为知识揭露悖论。对完全公共产品性质的知识而言,因其是完全公开、可随意学习获取的,一般而言,不具有揭露的必要性。而对虚拟企业中的非完全公共产品性的知识而言,如专利、技术秘密等,则存在被挪用的可能性,知识揭露悖论必然存在。

4.2.3　虚拟企业知识溢出的矛盾及应对策略

1. 虚拟企业知识溢出的矛盾

由于虚拟企业中的知识溢出以及知识揭露悖论的客观存在，使得各成员企业之间围绕知识资产会产生多种矛盾：

（1）知识的客观溢出性与知识资产的有价性、独占性之间的矛盾。

（2）知识溢出有利于社会和竞争对手却会损害知识所有者自身的利益。

（3）由于存在知识揭露悖论，知识展露度与诚信度成正比，可能被对方"套牢"，而展露度与自身知识产权独占性及主动掌控性成反比。

（4）各成员企业竭力保护和减少自身知识资产付出而最大化地共享和挪用其他成员企业知识资产的矛盾。

（5）各成员企业之间相互怀疑对方知识展露数量不足、质量不高而自身奉献的知识数量质量高的矛盾。

上述问题的存在，使得虚拟企业中知识所有者和其他成员企业相互猜疑对方的诚意，拖延时间观察对方的真实合作意向，均等候对方采取实质性的付出行为后才进入合作状态，而一旦出现以挪用他人知识资产为目的的合作成员企业时，其机会主义行为会马上招致其余成员企业的报复性退出。

2. 虚拟企业知识溢出的应对策略

要解决虚拟企业知识溢出出现的种种矛盾，必须在虚拟企业中采取良好的合作机制，如果虚拟企业中知识资产所有者能充分利用知识的溢出性，发挥其吸引其他合作成员企业的积极作用，则可以变被动为主动，使必然溢出的知识转化为促进合作的先期专用性资产投入，以显示合作诚意，推动合作的顺利进行。具体应对策略如下：

（1）变被动溢出为主动溢出。主动性是通过知识相互转移与交流的积极性来体现的，可以用投入知识资产的时间指标衡量，以表明合作的主动性和合作诚意，即越具有合作诚意的一方，越在最早时间内投入自有知识资产。因此，对知识资产提供时间进行界定、排序，鉴别不同成员企业的真实类型并给予不同的激励措施，可以促使合作成员企业按期或提前投入知识资产，启动合作良性循环的第一步。

（2）有限度地主动溢出必然会溢出的知识，作为专用性资产投入的信号或资产的一部分，成员企业要显示主动合作的态度和行为，向虚拟企业中其他合作成员企业传递积极的、值得信赖的信号。知识溢出的主动性、溢出量、持续性可以显示知识资产所有者的类型，展现出知识供给主体的能力高、知识含量大、可持续性强等特征，达到将自身类型与其他供给主体进行客观能力差异和主观积极能动性进行区别的目的，从而促进合作的形成。

（3）虚拟企业中的成员企业可以分阶段、少批量、多频率的溢出知识，这样有利于建立长期合作、值得信任的声誉，赢得对方合作回报。由于声誉是高价值资产，当一个参与者有耐心并且其合作计划长远时，才有可能用短期的成本投入建立自己的声誉，声誉投资一般发生在合作的开始而不是合作的结束、发生在长期合作中而不是短期合作中。所以，建立可信赖的声誉形象将会推动合作的长期进行。

由此，我们可通过构建主动知识溢出模型——知识溢出的信号效应模型，来展现知识资产所有者的主动合作意向与实力，进一步形成良好的合作声誉，促使合作的形成。

4.2.4 虚拟企业知识溢出的信号效应模型

A为知识资产的拥有者，期望通过合作获得知识资产的增值收入。B为被寻求到的合作者，其投入为I，I可以是知识、资金、劳动力及这些资源的组合。A希望促成合作的成功，因此愿意显示其合作诚意，可称其为"声誉人"。B采取针锋相对策略，即若对方合作则合作，若对方偏离合作则报复。B将A的知识主动溢出行为看作是合作的信号，会针对主动知识溢出而采取相应的积极态度促成合作的成功。

设 e 为知识溢出的主动程度，是分布于（0，1）区间的随机变量，即 $0 < e < 1$。当 $e = 0$ 时，表明A完全被溢出知识，此时可以认为完全被动溢出代表着完全没有合作意向，合作方将终止合作，所以 $e = 0$ 不成立。当 $e = 1$ 时，表明A完全主动溢出知识。此时可以认为完全主动溢出知识代表自有知识资产的完全暴露。这种状况也不会出现。因为从A的角度看，作为理性的经济行为人，虽然会主动溢出部分知识建立合作声誉，但不会完全外溢所有知识。而B即便采取针锋相对策略，其理性目的也是获取自身利益的最大化，若能无成本地完全占有A的知识，则会退出合作，知识揭露悖论出现。所以 $e = 1$ 不成立。在区间（0，1）之间随机分布，越趋向于1，表明A知识溢出的主动性越强。

设当 e 无限趋向于1时的合作收益为 R，双方以 S 的比例分享合作收益，即A获得 SR，B获得 $(1 - S) R$。此收益为期望的理想收益，双方合作不会中止而收益趋于最大化。在实际合作中，A不可能完全溢出知识，而是以 e 的程度有控制地、部分地溢出知识，所获得的实际合作收益为 k，双方按照S的比例分享合作收益，A获得 SR'，B获得 $(1 - S) R'$。e 调节着收益的大小——e 越大，表明A越主动溢出知识，收益值越大；e 越小，表明A越被动溢出知识，收益值越小。设实际收益值与理想收益值之间存在如下线性关系

$R' = eR$。

此信号博弈模型为不完全信息动态博弈。自然 N 随机选择 A 的类型，A 知道自己的类型，B 知道 A 的类型分布，即主动溢出（合作型）的概率为 P，被动溢出（非合作型）概率为 $1-P$。B 看到 A 的类型后选择自己的行动。当 A 显示了其类型之后，B 决定是否积极投入合作。B 投入合作需要满足的条件是：

$$P \left[(1-S) R \right] + (1-P) \left[(1-S) R \right] > I$$

即： $$R > I/ \left[P (1-S) + (1-P) (1-S) e \right]$$

设： $$y = I/ \left[P (1-S) + (1-P) (1-S) e \right]$$

则： $$\frac{\delta y}{\delta e} = - \frac{I(1-P)(1-S)}{\left[P(1-S)+(1-P)(1-S)e \right]^2} = \frac{I(1-P)}{\left[P+(1-P)e \right]^2 (1-S)}$$

由此可知 $\partial y/\partial e < 0$。这说明 e 越大，则 y 越小；因为 $R > y$，说明随着 e 的增大、y 的减小，合作方对 R 的要求门槛在逐步降低。现实的解释是，随着 A 主动溢出知识程度的加大，B 认为 A 明示了积极的合作态度与合作诚意，也积极投入合作，从而对合作收益的期望门槛放得越来越低，即只要有良好的合作诚意，即便合作收益较小，双方也会积极争取合作的成功。这一结论对于需要合作才能实现预期目标的企业而言具有重大的意义。即在自身独立难以完成某一任务而需要合作时，即便预期的合作收益较低，也可以通过主动的自我知识显示赢得合作方的信任和合作的实质性进行。

由此可见，虚拟企业中成员企业之间相互传递知识时，只要将被动溢出转变为主动溢出，就可促进双方合作的持续进行。

4.3 虚拟企业知识转移能力的测评

至此已对虚拟企业中各成员企业间的知识吸收能力与知识溢出进行了探讨，那么，如何对虚拟企业知识转移能力进行测评呢？笔者在接下来的部分，一方面，建立一套科学的虚拟企业知识转移能力的测评指标体系；另一方面，对综合指标测评方法进行详细的论述。我们可以依据测评结果，对知识转移能力低劣的现有成员企业组织，作出是否继续或中断与其结盟关系的决策；而对于知识转移能力测评结果较高的潜在成员企业，可作为虚拟企业中现有成员企业的替补。同时，测评结果对成员企业提升自身的知识转移能力亦具有一定的激励作用。

4.3.1　测评指标体系

1. 测评指标的设计原则

为保证测评结果的客观、正确，虚拟企业知识转移能力的测评指标设计应遵循以下原则：

（1）科学性原则。测评指标体系的科学性是确保测评结果准确合理的基础，一项测评活动是否科学很大程度上依赖其指标、标准、程序等方面是否合理科学。因此，设计虚拟企业知识转移能力的测评指标体系时首先要考虑各因素和整体的科学性，具体指标要有较好的可靠性、独立性、代表性以及密切的相关性。

（2）可比性原则。一套测评指标体系是对虚拟企业中多个成员企业的知识转移能力情况进行的综合测评。因此，该测评指标体系的设计必须充分考虑到各成员企业间统计指标的差异，在具体指标选择上，必须赋予各成员企业共有的指标涵义，统计口径和范围尽可能保持一致，以保证指标的可比性。

（3）动态性原则。对虚拟企业知识转移能力的测定不仅要分析过去与当前知识转移行为状况，还要对虚拟企业进行跟踪测评，研究其潜在的能力。

（4）可操作性原则。所构成的测评指标体系要便于实际应用，选取的测评指标要有可以测算和量化的办法使之实现。

2. 测评指标体系的构建

根据测评指标体系的设计原则，并参考了大量的学术界相关著述后，笔者认为，虚拟企业的知识转移过程主要涉及知识的发送方、接收方以及连接他们之间的"桥梁"。同时，任意两个成员企业间知识转移是双向的，使得对一个成员企业知识转移能力的测评不仅需要考察其作为知识发送者的能力，同时也要考虑其作为知识接收者的能力，所构成的指标体系应该包括如下三个方面内容：

（1）作为知识发送方的综合能力指标。此类指标主要描述测评对象作为知识发送方的综合能力，这种能力主要是由知识转移的意图，知识保护的程度，自身知识的意识程度以及知识的表述能力来刻画。

（2）作为知识接收方的综合能力指标。此类指标主要是描述测评对象作为知识接收方的综合能力，这种能力主要从知识的吸收能力与自身知识水平来刻画。

（3）交互能力指标。此类指标主要是描述在被测评对象与成员企业之间知识转移过程中对其双方均造成影响的综合指标，主要包括：双方的信任程度，企业文化差异程度，关系距离，知识距离，媒体富裕度以及界面管理能力（具体测评指标体系如表4-3所示）。

表 4 - 3　虚拟企业知识转移能力的测评指标体系

目标层	一级测评指标	二级测评指标
知识转移能力	知识发送者能力	知识转移的意图
		知识保护的程度
		自身知识意识程度
		知识的表述能力
	知识接收者能力	自身知识水平
		知识吸收能力
	交互能力	双方信任程度
		企业文化差异
		关系距离
		知识距离
		媒体富裕度
		界面管理能力

4.3.2　测评方法

由于虚拟企业知识转移能力的测评指标涉及定量和定性指标，其中定量指标会随着虚拟企业组织的规模、行业、生产性质等不同而具有较大的差异，并且在对各指标进行分析测评时，需要大量的测评人员的主观判断。对于这样一个涉及主观评价，指标又是多层次的测评问题，其测评是建立在评价者的知识水平、认知能力之上的，因此很难完全排除个人因素带来的偏差，这就使评价者在测评中提供的评价信息是模糊的，具有灰色性。因此，笔者认为，对于这个测评问题的解决，运用灰色理论的灰色综合测评定量分析法最为合适。

与其他定量分析方法相比较，灰色综合评价方法对于多指标、多层次的知识转移能力的客观综合评价比较有效。尤其是对指标权重的确定，它采用客观赋权法，从而避免主观赋权法的一些弊端。如由于专家的学科知识与业务素质参差不齐而造成的指标权重偏离过大。

1945 年，美国控制论专家维纳（N. Wiener）曾用"黑箱"称呼内部信息未知的对象。1982 年，华中理工大学邓聚龙教授发表了论文《灰色系统的控制问题》，首先提出了灰色系统的概念，并建立了灰色系统理论。此后，人们就常用颜色深浅表示信息完备的程度，将系统分为三类：信息完全明确的系统称为白色系统，信息完全不明确的系统称为黑色系统，信息部分明确部分不明确的系统称为灰色系统。经济系统、管理系统、生态系统等都是灰色系统。随着灰色系统理论研究的不断深入和发展，其在许多领域取得不少应用成果。虚拟企业知识转移能力的测评系统被定义为一个灰色系统，是因为影响虚拟企业知识转移能力的因素较多，人们在评价时，只能选取有限的主要指标来进行分析。这样，对整个系统而言，就存在部分信息确知，部分信息未知的"灰色"特征。进一步，针对知识转移能力测评的多层次性，我们可以选择多层次灰色测评法，该方法具有科学性与实用性相结合的特点，比较可行。多层次灰色评价法的实施方法如下：

1. 明确测评指标的层次结构

虚拟企业知识转移能力的测评体系共有三个层次，第一层为最高层，即目标层 A，第二、三层分别记作 B、C。

2. 指定测评指标的评分等级标准

评分等级标准可以按照设计的打分，划分为 4 个明确的等级，评分分别为 4，3，2，1。介于两个指标之间，则为 3.5，2.5，1.5，共 7 个等级，分数从高到低代表指标从优到劣。

3. 确定测评指标之间的权重

权重是各个指标在总体中重要程度的度量。因此，权重确定是否科学、合理，直接影响着综合测评的准确性，是测评过程中的一个极其重要的因素。当前，测评指标体系权重的确定，大致可以分为两类：主观赋权法和客观赋权法。运用主观赋权法确定权重，虽然反映了决策者的主观判断或直觉，但是测评结果可能有很大的主观随意性，也可能受到决策者的知识或经验缺乏的影响。因此，我们将运用客观赋权法来确定各指标的权重，其基本思想是：权重系数的大小是各个指标在指标体系中的重要程度和其他指标影响程度的度量，赋权的原始信息直接来源于客观环境，可根据各指标所提供的信息量的大小来决定相应指标的权重系数。测评指标 B 对于测评指标 A 的重要程度在不同的成员企业有不同的权重。因此，成员企业可以通过专家以及内部管理人员利用层次分析法，通过两两比较法建立判断矩阵，从而确定各指标权重。两两比较法是美国运筹学家 T. L. Saaty 在 20 世纪 70 年代提出的一种适用于多属性确定权重系数的实用方法，每次在 m 个属性中只对两个属性进行比较。目前，现有文献广泛采用 1～9 尺度作为确定判断矩阵定量值的依据，按其优良程度或重要程度划分等级，赋以定量值。一般采用五级定量法，在这个依据上，设定对 i 与 j 两个因素进行重要度比较时，比较尺度 a_{ij} 的含义如表 4 - 4 所示。

表 4 – 4 因素比较关系表

尺度 a_{ij}	含义
1	两个因素 A_i 与 A_j 对上层因素的影响相同
3	A_i 比 A_j 的影响稍大
5	A_i 比 A_j 的影响大
7	A_i 比 A_j 的影响明显增大
9	A_i 比 A_j 的影响绝对的大
2, 4, 6, 8	A_i 比 A_j 的影响在上述两等级间
1/2, 1/3…1/9	A_i 比 A_j 的影响之比为 a_{ij} 的相反数

设某虚拟企业知识转移能力的判断矩阵为：

$$A = \begin{bmatrix} w_1/w_1, & w_1/w_2, & \cdots, & w_1/w_m \\ w_2/w_1, & w_2/w_2, & \cdots, & w_2/w_m \\ & \vdots & & \\ w_m/w_1, & w_m/w_2, & \cdots, & w_m/w_m \end{bmatrix} = (a_{ij})_{m \times n}$$

该矩阵满足 $a_{ii} = 1$，$a_{il} = 1/a_{ji}$ 和 $a_{ij} = a_{ik}/a_{jk}$；i, j, k = 1, 2, …, m

$$AW = \begin{bmatrix} w_1/w_1, & w_1/w_2, & \cdots, & w_1/w_m \\ w_2/w_1, & w_2/w_2, & \cdots, & w_2/w_m \\ & \vdots & & \\ w_m/w_1, & w_m/w_2, & \cdots, & w_m/w_m \end{bmatrix} \begin{bmatrix} w_1 \\ w_2 \\ \vdots \\ w_m \end{bmatrix} = mW$$

即 $(A - mE) \ W = 0$

这样就可以利用解矩阵特征值的方法解出各指标的权重了。在求特征向量和最大特征值时，常采用近似的做法，例如方根法，其计算步骤如下：

$$\bar{w}_i = \sqrt[m]{\prod_{j=1}^{m} a_{ij}}, w_i = \bar{w}_i / \sum_{i=1}^{m} \bar{w}_i$$

4. 组织评价者打分

设评价者的序号为 k，$k = 1, 2, \cdots, p$，组织 p 个评价者对最底层 d_{ij} 按打分卡的标准打分，填写打分表。

5. 求评价样本矩阵

根据评价者的评分表，即根据第 k 个评价者对受评者按评价指标 d_{ij} 给出评分 m_{ijk}，求得评价样本矩阵为：

$$M = \begin{bmatrix} m_{111}, & m_{112}, & \cdots, & m_{11p} \\ m_{121}, & m_{122}, & \cdots, & m_{12p} \\ & & \vdots & \\ m_{1n1}, & m_{1n2}, & \cdots, & m_{1np} \\ m_{211}, & m_{212}, & \cdots, & m_{21p} \\ & & \vdots & \\ m_{2n1}, & m_{2n2}, & \cdots, & m_{2np} \\ & & \vdots & \\ m_{m11}, & m_{m12}, & \cdots, & m_{m1p} \\ & & \vdots & \\ m_{mn1}, & m_{mn2}, & \cdots, & m_{mnp} \end{bmatrix} = (m_{ijk})(m_1 + m_2 + \cdots + m_n)$$

其中，$i = 1, 2, \cdots, m$；$j = 1, 2, \cdots, n$；$k = 1, 2, \cdots, p$。

6. 确定评价灰度

确定评价灰度就是要确定灰度的等级数，灰度的灰数及灰数的白化权函数视实际评价问题分析确定。设评价灰度序号为 e，$e = 1, 2, \cdots, g$，即有 g 个评价灰度。如将评价灰度设为"优、良、中、差"，则 $g = 4$。为了描述灰度，需要确定灰度的白化权函数，常用的白化权函数如下：

（1）第一类"优"，$e = 1$，灰数 $\otimes 1 \in [m_1, \infty]$，其白化权函数为 f_1，函数表达式为：

$$f_1(m_{ijk}) = \begin{cases} m_{ijk}/m_1 & m_{ijk} \in [0, m_1] \\ 1 & m_{ijk} \in [m_1, \infty] \\ 0 & m_{ijk} \notin [0, \infty] \end{cases}$$

（2）第二类"良"，$e = 2$，灰数 $\otimes 2 \in [0, m_2, 2m_2]$，其白化权函数为 f_2，函数表达式为：

$$f_2(m_{ijk}) = \begin{cases} m_{ijk}/m_2 & m_{ijk} \in [0, m_2] \\ (m_{ijk} - 2m_2)/-m_2 & m_{ijk} \in [m_2, 2m_2] \\ 0 & m_{ijk} \notin [0, 2m_2] \end{cases}$$

（3）第三类"中"，$e = 3$，灰数 $\otimes 3 \in [0, m_3, 2m_3]$，其白化权函数为 f_3，函数表达式为：

$$f_3(m_{ijk}) = \begin{cases} m_{ijk}/m_3 & m_{ijk} \in [0, m_3] \\ (m_{ijk} - 2m_3)/-m_3 & m_{ijk} \in [m_3, 2m_3] \\ 0 & m_{ijk} \notin [0, 2m_3] \end{cases}$$

（4）第四类"差"，$e = 4$，灰数 $\otimes 4 \in [0, m_4, 2m_4]$，其白化权函数为 f_4，函数表达式为：

$$f_4\ (m_{ijk})\ =\begin{cases}m_{ijk}/m_4 & m_{ijk}\in\ [\,0\,,\ m_4\,]\\ 1 & m_{ijk}\in\ [\,m_4\,,\ 2m_4\,]\\ 0 & m_{ijk}\notin\ [\,0\,,\ 2m_4\,]\end{cases}$$

白化权函数的阈值（转折点的值）可以用评价样本矩阵的最大值、最小值和中等值作为上限、下限和中等的阈值，这种阈值称为相对阈值。

7. 计算灰色评价系数

对评价指标 d_{ij} 的第 e 个灰色评价系数，记为 x_{ijk} : $x_{ije}\ =\ \sum\limits_{k=1}^{p}f_{e(m_{ijk})}$，各个评价灰类的总灰色评价数 $x_{ij}\ =\ \sum\limits_{e=1}^{g}x_{ije}$。

8. 计算灰色评价权向量及权矩阵

对评价指标 d_{ij} 的第 e 个灰类的灰色评价权，记为 $r_{ije}=x_{ije}/x_{ij}$，则评价指标对于各灰类的灰色评价权向量为：$(r_{ij1}\,,\ r_{ij2}\,,\ \cdots\,,\ r_{ijg})$。

将 D_i 所属的指标 d_{ij} 对于各评价灰类的灰色评价权向量综合后，得到 D_i 所属指标 d_{ij} 对于各评价灰类的灰色评价权矩阵 R_i：

$$R_i=\begin{bmatrix}r_{i1}\\ r_{i2}\\ \vdots\\ r_{in}\end{bmatrix}\begin{bmatrix}r_{i11}\,,\ r_{i12}\,,\ \cdots\,,\ r_{i1g}\\ r_{i21}\,,\ r_{i22}\,,\ \cdots\,,\ r_{i2g}\\ \vdots\\ r_{in1}\,,\ r_{in2}\,,\ \cdots\,,\ r_{ing}\end{bmatrix}$$

9. 对该层指标综合评价

对该层指标进行综合评价，其综合评价结果为 F_i，则有：$F_i=A_i*R_i=(f_{i1}\,,\ f_{i2}\,,\ \cdots\,,\ f_{ig})$

10. 对上一层指标综合评价

对上一层指标进行综合评价，取得评价综合结果为 F：

$$F=A\begin{bmatrix}F_1\\ F_i\\ \vdots\\ F_m\end{bmatrix}=(f_1\,,\ f_2\,,\ \cdots\,,\ f_g)$$

11. 计算综合测评数值

经过各层得到的最终评价指标的 F 向量表示接受评价的虚拟企业知识转移能力灰类程度的描述，我们可以对其作进一步的处理使之单值化，即取得综合测评值 W。设各灰类等级值按阈值赋值，即将第一灰类取为 m_1，第二灰类取为 m_2，第 g 灰类取为 m_g，则各评价灰类等级值向量 $(m_1\,,\ m_2\,,\ \cdots\,,\ m_g)$

于是，综合测评值 W 按下式计算得出：

$$W = F \times C^T$$

12. Matlab 程序实现

设 i 为二级评价指标的位数，最大数为 n，j 为专家位数，最大数为 p，e_1，e_2，e_3，e_4 为灰色评价系数，m_1，m_2，m_3，m_4 为灰色评价系数的阈值，$d(i, j)$ 为第 j 个专家对第 i 个二级评价指标的打分值，灰色评价权向量为 r，各层指标作综合测评为 f，则运用 Matlab 编写的核心程序如下：

```
Fori = 1:1: n
    e₁ = 0
    e₂ = 0
    e₃ = 0
    e₄ = 0
  for j = 1:1: p
  if (d (i, j) > m₁)
      e₁ = e₁ + 1
  else
      if (d (i, j) > = 0)
        e₁ = e₁ + d (I, j) /m₁
      else
          e₁ = e₁
      end
  end
  if (d (i, j) > m₂&d (i, j) < 2 * m₂)
        e₂ = e₂ + (2 * m₂ - d (i, j) /m₂)
  else
        if (d (i, j) > = 0&d (i, j) < = m₂)
          e₂ = e₂ + d (i, j) /m₂
        else
          e₂ = e₂
      end
    end
  if (d (i, j) > m₃&d (i, j) < 2 * m₃)
        e₃ = e₃ + (2 * m₃ - d (i, j) /m₃)
  else
          if (d (i, j) > = 0&d (i, j) < = m₃)
            e₃ = e₃ + d (i, j) /m₃
```

```
        else
            e₃ = e₃
        end
    end
    if (d (i, j) > m₄ & d (i, j) < 2 * m₄)
        e₄ = e₄ + (2 * m₄ - d (i, j) / m₄)
    else
        if (d (i, j) > = 0 & d (i, j) < = m₄)
            e₄ = e₄ + d (i, j) / m₄
        else
            e₄ = e₄
        end
    end
end
```

$r (i, 1) = e_1 / (e_1 + e_2 + e_3 + e_4)$

$r (i, 2) = e_2 / (e_1 + e_2 + e_3 + e_4)$

$r (i, 3) = e_3 / (e_1 + e_2 + e_3 + e_4)$

$r (i, 4) = e_4 / (e_1 + e_2 + e_3 + e_4)$

end

$f = a * r$

在求出一级指标的综合评价向量 f 后，循环计算可求出包括所有一级指标的综合评价矩阵 F，设 a 为一级指标的权重向量，b 为综合灰类评价向量，则计算出最终综合测评值 W 的程序为：

$$B = a * F$$

$$W = b * [4, 3, 2, 1]$$

最后，通过运用上述测评模型，我们可以得出该虚拟企业知识转移能力的定量化的计算结果，从而明确其知识转移能力的详细情况。在明确了知识转移能力的具体状况后，相关的决策者就可以对虚拟企业中各成员企业知识转移状态进行有效监管，并且实时发现或找出当前影响虚拟企业知识转移能力的主要障碍因素，及时采取应对措施，保证虚拟企业知识转移的畅通无阻。

4.4　本章小结

本章对构成虚拟企业知识转移能力的两个重要要素——虚拟企业中各成员

企业知识吸收能力、知识溢出分别进行分析，并进一步对虚拟企业知识转移能力的测评进行了探讨。

在对知识吸收能力进行分析的部分，本章首先探析了知识吸收能力的概念、内涵以及类型，并根据虚拟企业中各成员企业的吸收能力主要由接触界面、成员企业先验知识和扩散整合机制等要素组成的特点，构建出相应的知识吸收能力模型，接着对虚拟企业基于知识吸收能力的组织学习过程进行了分析，最后对如何提升虚拟企业知识吸收能力提出了具体的对策措施。

在对知识溢出（知识传递能力）进行分析的部分，本章根据知识溢出的定义、分类以及存在的知识揭露悖论情况，对虚拟企业中各成员企业知识溢出的矛盾与冲突进行辨析，提出各成员企业的主动知识溢出策略，接着，构建了相应的主动知识溢出模型，并通过知识溢出信号效应模型，来进一步展现和阐释主动知识溢出的机理。

在对虚拟企业的知识转移能力的测评部分，根据知识发送方、知识接收方以及两者之间交互能力构筑出一套综合测评指标体系，接着，论述了综合指标测评方法详细的实现过程。这样，根据测评结果，相关管理者可以对虚拟企业知识转移能力进行有效的监管，从而确保虚拟企业知识转移的高效进行。

第五章 虚拟企业知识转移的风险分析

5.1 虚拟企业知识转移风险的概念及分类

虚拟企业知识转移风险是指由于知识转移的原因给虚拟企业整体或虚拟企业中各成员企业带来的风险。

根据知识转移程度、风险后果、风险来源、风险承担主体的不同，虚拟企业知识转移风险可以分为不同类型（如表 5 - 1 所示）。

表 5 - 1 虚拟企业知识转移的风险分类

分类标准	风险类型
知识转移程度	知识转移不足风险、知识过度转移风险
风险后果	绩效风险、关系风险、核心能力丧失风险
风险来源	知识本身风险、企业风险、环境风险
风险承担主体	虚拟企业整体风险、虚拟企业成员风险

（1）从知识转移程度上，可以将其分为知识转移不足风险和知识过度转移风险。虚拟企业知识转移的目的是通过各种基础或专业知识充分和广泛共享达到知识整合和集成的目的，并在此基础上进行知识创新和快速产品创新。知识转移不足和过度转移都会引发风险，而且知识转移程度的变化会直接改变转移风险的程度。知识转移不足会造成创新的效果和效率低下，导致创新或创新成果商业化的失败，最终使虚拟企业经济利益受损；知识过度转移指的是知识转移的范围和程度超出了合约规定的限制，使知识源或知识输出方企业因此遭受不应当的损失。

（2）从虚拟企业知识转移风险导致的后果或表现形式上，可分为虚拟企业绩效风险、虚拟企业关系风险和核心能力丧失风险。虚拟企业绩效风险是指虚拟企业最终收益未能达到预先设定的目标。知识转移是知识创新和知识密集型产品创新的关键环节，知识转移很大程度上决定了创新的效果和效率，知识转移不足会产生绩效风险；知识是企业核心能力的基础，虚拟企业知识转移活动看重的恰恰是核心能力和核心知识，因此这种知识转移行为不可避免地会涉及核心能力的保护问题，处理不当，企业或者不愿加入虚拟企业，或者会中途退出，引发关系风险。

（3）从虚拟企业知识转移风险的来源上，可分为知识本身因素产生的风险、企业原因造成的风险和环境产生的风险。

（4）从虚拟企业知识转移的承担主体上，可分为虚拟企业整体承担的风险和成员企业承担的风险。虚拟企业是一个动态组织，其中的成员企业只是将自己的部分业务与虚拟企业联系在一起，相应地，成员企业只是获取虚拟企业的部分收益。依据收益与风险的对应性和共存性，虚拟企业成员也只是部分地分担虚拟企业的风险。总的来说，虚拟企业承担总体风险，成员企业分担部分风险。

5.2　虚拟企业知识转移风险的因素分析

在虚拟企业中，成员间的知识的转移包括多个双向的知识转移活动，每一个双向的知识转移活动又包括知识的传递和知识的吸收两个环节。由此可知，虚拟企业知识转移活动或过程所涉及的要素包括三种：转移对象、转移主体和转移环境[175,176]。进一步我们可以抽象出虚拟企业知识转移的三类风险因素：知识本身、企业和环境（如图 5 - 1 所示）。

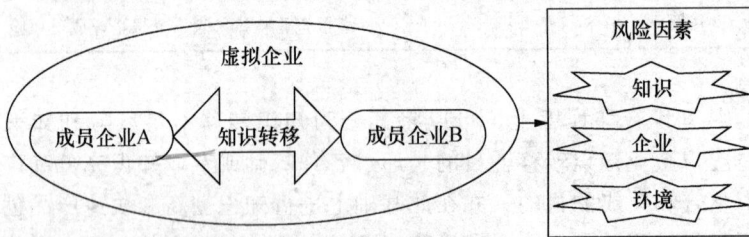

图 5 - 1　虚拟企业知识转移的风险因素抽象模型

5.2.1　知识本身因素

知识本身因素包括知识模糊性、知识特性与传递方式不匹配、知识产出不确定性、知识的高潜在价值与契约不完备性。其中前三种因素易引发知识转移不足方面的风险，而知识的高潜在价值与契约不完备性可能导致知识过度转移风险的产生。

1. 知识模糊性导致的知识转移风险

知识的转移依赖于知识是否易于被移植、理解和吸收。知识的模糊不清是影响知识转移的巨大影响因素。以下三个方面的特征共同影响知识模糊性高低的程度：隐性、特殊性与复杂性。

（1）隐性。隐性知识不容易交流与共享，是高度个人化的，根深蒂固于行动和独立地包含在特别情境中。隐性知识与显性知识的区别是：知识能否被一种正式的、系统的语言来描述或整理和传达。知识的隐性是造成学习上的困难和失败的原因。当一个技术所包含的隐性水平越高，就越不适合于模仿。如果大部分与生产有关的知识是隐性的，那么成员企业间的知识转移将异常困难。事实上，隐性被认为是知识产生模糊的、最显著的前提条件。

（2）特殊性。特殊性指的是自身有用的特殊地方。例如，被担任支援特别项目的投资；项目特殊性技能、有特殊要求的顾客服务。特殊性为竞争者制造了模糊性，同时创造了模仿壁垒。特殊性与模糊性有着密切的线性关联。

（3）复杂性。复杂性是指与特定知识和资产连接的互相有关联的科学技术，越复杂的人类或科学技术系统产生了更高水平的模糊性，因此也抑制模仿。某项特定的复杂技能可能跨越许多工人与许多部门，这样知识的整体就不容易结合起来或被很多成员理解。复杂性被认为可以影响对资产整体的了解并削弱可转移性。

总而言之，知识的模糊性质导致人们常常只认识到知识的某些方面和某种程度，对知识的特性和潜在价值缺乏准确的理解。所以在虚拟企业知识转移过程中，各成员企业对知识转移的程度、范围和要达到目标的认识具有模糊性，无法认识和克服知识转移过程中的障碍因素，特别是当各成员企业间知识形成的背景差异性大，缺乏共同的语言时更容易造成没有转移到需要的知识，或转移程度不足。

2. 知识产出不确定性导致的知识转移风险

新知识的产生以及知识利用效率和成员企业原有的相关知识储备具有强烈的正相关关系。虚拟企业内成员企业之间知识的充分转移可以加快各成员企业的知识积累，增加其知识储备。所以，知识的充分转移有助于降低这种产出的不确定性。相反，知识转移不充分会增强这种不确定性。知识转移不足会导致虚拟企业绩效或关系风险的产生。企业加入虚拟企业组织的动机一方面是可以通过对市场机遇的快速响应获取收益；另一方面希望通过转移伙伴企业的知识增强自身的能力，知识转移不足会使成员企业在这两方面的愿望都达不到。

3. 知识特性与传递方式不匹配产生的知识转移风险

可编码性知识或显性知识可以很容易通过电子化手段传递和接受（比如

网络）。但是涉及员工经验和组织惯例等内容的未编码化知识或隐性知识则很难通过这种手段来有效传播，需要企业间频繁的交流，员工近距离的模仿和体验。虚拟企业成员间需转移的知识往往包含比例不同的这两种类型知识。因此，其知识转移活动需依赖先进的信息与通讯技术（ICT），并根据所要转移的知识特性，由来自不同成员企业的员工组成虚拟团队，通过"干中学"（learning by doing）的方式来获取隐含性的知识。因此，知识特性与其传递方式不匹配会降低知识转移的程度与效果，导致知识转移不足风险。

4. 知识的高潜在价值与契约不完备性可能导致知识过度转移风险

首先，企业加入虚拟企业时，会从合作伙伴吸收有价值的知识，当这种知识吸收行为超出协议或契约所规定的限度时，某些虚拟企业内其他成员企业的知识被过度转移，特别是虚拟企业内合作成员企业在某些市场上是竞争对手，这种有价值知识的泄漏会影响其竞争力，给企业带来风险；其次，契约的不完备性使虚拟企业中知识转移范围和程度不能由契约来准确界定，无法制定有效的惩罚措施对过度转移伙伴知识的企业行为实施惩罚，即对知识转移过度风险不能有效控制。总之，知识的潜在价值越高，虚拟企业合约越不完备，知识转移过度的风险越大。

5.2.2　企业因素

企业因素包括知识过度保护、知识吸收能力低、企业间信任度低、机会主义和知识保护意识不强。其中前三个因素易导致知识转移不足风险，后两者可能形成知识过度转移风险。

1. 知识过度保护导致的知识转移不足风险

在虚拟企业知识转移过程中，成员企业之间平等地享有吸收对方相关知识的权利，并履行传递自己知识的义务。但在实践中，由于企业间的能力差异，这种严格意义上的对称性和均衡性是不存在的。实际中，成员企业在动机和行为上都会存在尽可能吸收对方知识，同时又尽可能保护自身知识的倾向。对知识的过度保护显然会影响知识转移的程度，造成知识转移不足的风险。

2. 知识吸收能力低导致的知识转移不足风险

正如本书前述，一个企业成功地开发利用组织外部的技术能力或知识的一个必要条件，是企业内部吸收这些知识的能力，称为"吸收能力"。正是企业内部的这种领悟（学习）能力及与之相关的消化（开发）能力使得企业具有了认识和利用来自周围环境知识的能力。David C. Mowery，Joane Exley 和 Brian S. Silverman（1996）对"合作协议与技术指标"（CATI）数据库中一些成立于1985～1986年间的企业联盟进行研究，以交叉专利引用率标准验证了吸收能力越强，从联盟中获取的知识越多的结论。总的来说，成员企业接受知识的能力高低会影响知识转移的程度。如果成员企业接受知识的能力过低，则会加大知识转移不足风险的出现概率。

3. 信任程度低导致的知识转移不足风险

成员企业一方面可以在虚拟企业内部吸收和学习其他伙伴企业的重要信息和能力，一方面也增加了失去自己的核心能力而无法得到补偿的风险。于是，成员企业面临的挑战是，设法在"努力学习"与"尽力保护"之间寻求平衡，信任关系则是这种平衡的基础。当彼此的信任程度降低时，成员企业就会相互怀疑对方，在这种情况下，任何成员企业都尽力获取对方的知识，同时加强自身知识的保护程度，以达到自身利益不受损害的目的。最终使得合作伙伴之间获取知识的可能性就越来越小，导致知识转移不足风险发生。

4. 机会主义和知识保护意识不强导致的知识过度转移风险

根据拉丰、马赫迪默的委托代理理论，机会主义被认为是理性代理人的天然本性，代理人会利用一切机会，甚至不惜损害委托人的利益，以使自身的利益达到最大化。在虚拟企业知识转移过程中，机会主义的典型表现是尽可能多地吸收合作伙伴的知识并使自身的知识输出最小化，然后将所吸收的知识转化为与合作伙伴相似的技术或产品，并将其打入原属于合作伙伴的市场，侵占合作伙伴的市场份额。对于知识的传递方，如果其知识保护意识不强，对自身知识不能进行有效的保护，任由其被其他企业所学习和吸收，那么会面临竞争优势削弱的危险。

5.2.3　环境因素

这里的环境指的是虚拟企业知识转移主体面临的各种环境和条件约束。它包括成员企业的知识管理系统水平、文化与组织差异性以及成员企业的信息不对称性。其中前两者容易导致虚拟企业产生知识转移不足，后者将会造成知识的过度转移。

1. 知识管理系统水平、文化与组织差异导致的知识转移不足风险

先进的信息和知识管理系统是知识管理的有效工具，它可以使虚拟企业知识转移主体间的交流与协调变得容易和快捷，使知识转移的成果更快、更有效率地转变为效益产出。如果没有先进的信息和知识管理系统的支持，虚拟企业中的信息沟通、交流和知识转移则非常困难，这会造成知识转移不足风险的产生。

罗兰德和莱纳指出，文化和组织差异是成员企业间进行知识转移的重要障碍因素。成员企业间的文化差异使企业对知识转移的态度出现分歧，企业文化是企业知识与企业家观念的融合，往往一种开放的、创新性的文化传统会对知识转移持支持态度。文化差异也反映在企业知识的整合和编码方式上，成员企业间的这些文化上的差异会增加知识转移的难度。成员企业组织上的差异表现

在企业组织程序、领导方式、惯例、知识管理权的分配等方面，这些要素的差异会极大地阻碍成员企业间知识的转移，从而削弱相互间的知识转移程度。

2. 信息不对称导致的知识转移过度风险

信息不对称是指成员企业之间所拥有的信息量和信息价值具有不对等性，拥有信息优势的一方利用这种优势攫取与自身投入不成比例的收益。在虚拟企业中，拥有信息优势的一方既可以利用这种优势增强讨价还价的能力，在谈判过程中占据主动地位，制订对自身有利的利润和风险分配方案；也可以借此掩盖自己在知识转移过程中的机会主义行为，使处于信息劣势的一方无法察觉这种行为，在无意识情况下遭受损失。前一种情况下，拥有信息优势的一方往往具有关于产品的市场应用前景和获利能力的信息，对某种知识产品的研发投入、推出周期、获利空间等情况较其他成员企业了解得更为准确，在组建虚拟企业和制订合约的过程中，这类企业往往有意虚增项目预算成本、缩减项目可能收益，并将更多的权力控制在自己手中，以最大化自己的收益；后一种情况下，拥有信息优势的一方往往具有较强的知识吸收能力，在信息优势的掩护下，过度吸收其他成员企业的知识用以创造自己的私有利益。

5.3　虚拟企业知识转移风险的控制

5.3.1　虚拟企业风险控制策略的选择

由前述的风险分析可以看出，虚拟企业知识转移风险的表现形式和变化规律是多样的，对于不同种类的风险应该采取不同的控制策略。风险的控制策略主要包括风险减缓策略、消除策略、转移策略、规避策略和接受策略（如图5-2所示）。

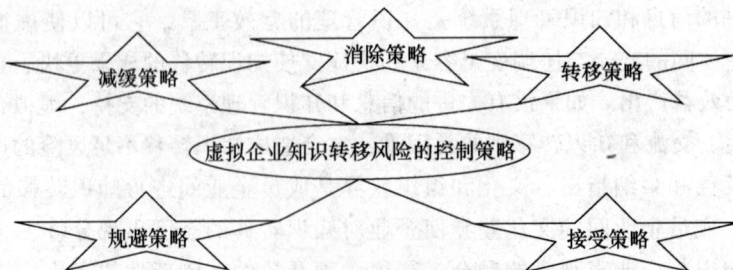

图5-2　虚拟企业知识转移风险的控制策略

1. 风险减缓策略

对于某些不可控制的风险，成员企业应采取积极的应对措施，提前从技术或财务方面作出预防措施。当这种风险降临时，可以尽可能地降低风险所造成的损失。这种策略可称之为风险的减缓策略。例如，在虚拟企业知识转移过程中，机会主义是无法完全消除和避免的，因此，在机会主义行为发生时，我们可以通过技术或财务的手段缓解其造成的危害。

2. 风险消除策略

虚拟企业知识转移风险中存在一些人为原因造成的风险，它不是由人的能力引起的，而是由人的态度原因引起的，如知识的过度保护问题。知识的过度保护必然会引起知识转移不足风险，造成虚拟企业整体而并非仅是某个成员企业的绩效降低。当这种需转移的共享性知识并不会影响知识输出成员企业的核心能力时，虚拟企业可以通过提高知识转移程度的规则，来消除由于知识的过度保护所造成的知识转移风险。

3. 风险转移策略

转移风险又叫合伙分担风险，其目的不是降低风险发生的概率和不利后果的大小，而是借用合同或协议，在风险发生时将损失的一部分转移到第三方当事人身上。实行这种策略要遵循两个原则：一是必须让承担风险者得到相应的回报；二是谁的风险承担能力强，风险管理水平高，谁就承担较大的风险。

虚拟企业组建的其中一个主要目的就是分担风险，将一个实体企业或几个实体企业无法承担的风险通过组建虚拟企业来进行风险分散，虚拟企业中的成员企业在分担风险的同时分享一部分收益。在有盟主的虚拟企业中，成员企业也可以利用合同将风险完全转移到盟主手中。比如在固定支付式的合同中，成员企业在按规定的要求完成自己所分配到的任务后，就会以合同规定的形式索取高于投入的一定额度的收益。在虚拟企业研发或创新活动成功的情况下，这种收益一般会低于承担某种风险所得到的收益，但不必承担项目可能失败的损失。当然，虚拟企业中的盟主企业也可以设计利益分成式的合约，将一些风险转移到虚拟企业中的其他成员企业身上。

4. 风险规避策略

规避策略是指当风险潜在威胁发生可能性太大，不利后果很严重，利用其他策略也不太合适时，选择放弃某些行动或决策，从而规避风险的一种策略。

在虚拟企业知识转移风险中，对因知识转移造成的对成员企业核心能力的侵害是许多成员企业采取风险规避策略的重要原因。当加入虚拟企业的收益不足以弥补因核心能力丧失而给企业造成损失时，某些实体企业会选择不加入虚拟企业，或在遇到这种风险时选择退出。实体企业在选择不加入虚拟企业或退出虚拟企业时也同时放弃了可能的收益机会。

5. 风险接受策略

当有些风险造成的损失程度不大，对成员企业核心能力构不成太大威胁，不会对企业是否加入或退出虚拟企业产生决定性影响时，成员企业会选择接受这种风险。当成员企业之间信任程度较高，认为对方实施机会主义动机和行为的可能性较低，知识被过度转移的主要原因是成员企业自身在知识转移过程中无意识的行为时，知识过度转移风险对成员企业来说就是可以接受的；同样，如果成员企业认为知识转移不足的风险也是由知识本身和环境而非企业的因素，如转移的难度、文化和组织差异等所造成的，成员企业也会正视这种风险的存在并选择接受。并不会因知识本身和环境因素造成的知识投入与产出的不确定性以及研发和创新活动失败的可能性等而规避这种风险。

由以上的分析可以看出，虚拟企业知识转移风险的控制策略选择是一项主观性相当强的活动。其选择的依据不仅取决于风险的实际状况，也取决于成员企业对风险的认知与判断。风险的复杂性和多样性要求综合和灵活运用多种控制策略，使风险造成的损失和发生的概率最小化。

5.3.2 虚拟企业知识转移风险的控制措施

虚拟企业知识转移风险的控制是一项系统工程，应该贯穿于虚拟企业组建、运行和解散的整个生命周期过程，从一开始就必须考虑各种风险因素对虚拟企业的组织结构、运行绩效、解散清算带来的的影响和反馈作用，方能更为有效地降低虚拟企业的知识转移风险。由此，笔者根据风险控制措施制定和推行时间所处的虚拟企业生命周期阶段，将虚拟企业的风险控制措施过程分为前馈控制、过程控制和反馈控制（如图 5 - 3 所示）。

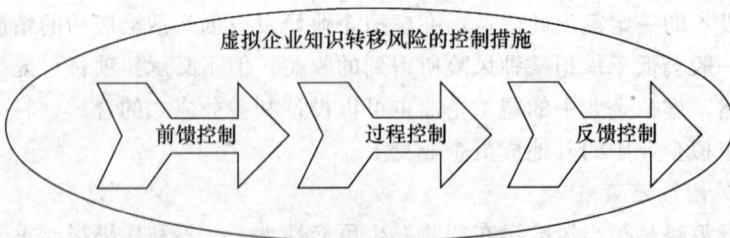

图 5 - 3 虚拟企业知识转移风险的控制措施模型

5.3.2.1 前馈控制措施——选择合适的合作伙伴

前馈控制是指在选择虚拟企业的合作伙伴阶段，就考虑知识转移所带来的风险问题。合作伙伴的选择是虚拟企业组建和运行的一项重要任务，伙伴企业选择的好坏对虚拟企业的成功运行和绩效改善至关重要。一旦伙伴选择不当，就有可能导致组建后的虚拟企业知识转移水平低下，或者由于选择了机会主义倾向严重的合作伙伴造成知识过度转移风险的产生等，此时，即使在运行过程中付出更多的努力，也可能无法达到预期的目的。因此，我们必须采取科学的选择标准，并使用合适的选择方法来最终确定合作伙伴。

1. 合作伙伴的选择原则

一般说来，虚拟企业的发起者在选择合作伙伴的过程中应遵循以下原则：

（1）核心能力原则。核心能力是虚拟企业构建的战略前提，合作伙伴是核心能力的具体实现；合作伙伴必须具备虚拟企业所需要的核心能力，通过对全部合作伙伴核心能力的集成与整合，使得虚拟企业的能力链在价值增值过程中实现核心能力的无缝联结。如果合作伙伴不能为虚拟企业提供所需要的核心能力，就没有在虚拟企业能力链中存在的必要。虚拟企业的核心能力链（Virtual Competence Chain，VCC）、合作伙伴的核心能力和虚拟企业价值链的关系如图 5-4 所示。

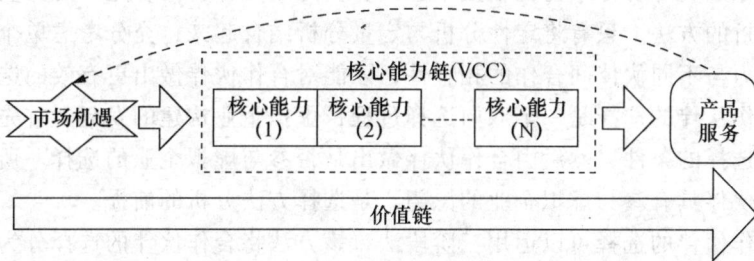

图 5-4 虚拟企业的核心价值链

（2）优势互补原则。优势互补对虚拟企业组织很重要，是虚拟企业进行伙伴选择的必要条件。虚拟企业由各个实体企业组成，它要求每一个参与的实体企业具有并能为虚拟联合体贡献自己的核心能力和专有资源，并要求各实体企业的优势能够互补，从而产生乘数效应。优势互补性越强，伙伴间联系就会越紧密，合作利润也就会越高。一般来说，应通过与拟合作的伙伴进行多次的双边或多边交流与对话，或根据以往简单的合作关系，来首先确定伙伴之间的优势是否互补，也就是说看有无产生乘数效应的可能。另外，需从各拟合作伙伴已组成一个虚拟团队的视角[178]进一步衡量这些问题：这种组合的虚拟团队是不是可以减少重复与浪费，彼此间能否共享更多的信息，相互核心能力的结合是否会带来更多的创新契机等。

（3）价值观相容性原则。合作伙伴间趋同的价值观是促进成功合作伙伴关系的一个重要因素。价值观非常接近的伙伴，如重视商业道德、希望在自己所从事的产业中领先等，尽管在其他方面可能有所差异，趋同价值观却能促使合作伙伴间为了共同的利益和价值贡献自己的一份力量。在考虑合作伙伴价值观的时候应注意重点考虑以下几个问题：第一，所有的合作伙伴对合作的目的——双赢或多赢是否有共识；第二，合作伙伴自身的目标与虚拟企业的总体目标是否一致；第三，合作伙伴的文化是否有相容性。

（4）经济的原则。虚拟企业作为一种商业生态系统，要符合经济的原则。经济的原则主要体现在两个方面：一是收益，二是成本。从收益方面来看，合作伙伴通过虚拟企业能够更好地满足不断变化的市场需求，更有效地拓新市场，带来超过平均水平的收益，超过其他实体企业组织形式获得收益。从成本方面来看，虚拟企业的实际运作成本不应大于合作伙伴各方独立完成各项活动所需费用的总和。虚拟企业合作伙伴的选择，要全面考虑不同的合作伙伴组合所对应的收益水平与成本水平，在综合考虑两方面因素的基础上做出选择。

2. 合作伙伴的选择方法

为了更有效地做好虚拟企业合作伙伴的选择，仅仅依靠定性的原则以及基于定性原则的综合考察与比较是不够的；作为定性分析的补充，需要引入一些定量分析的方法。只有将定性分析与定量分析结合起来，充分考虑单个企业的核心能力与不同伙伴间合作的相容性，才能对合作伙伴做出更有效的选择。

合作伙伴的选择是一个双向选择过程，虚拟企业构建的发起者首先确定合作伙伴选择的条件，然后由合作伙伴做出是否参与虚拟企业的选择。所以，潜在合作伙伴具有参与虚拟企业的愿望，是选择方法分析的前提。

合作伙伴的选择可以运用三阶段法，该方法将合作伙伴的选择分为三个主要阶段，如图5-5所示。

（1）第一阶段：初选。在初选阶段，虚拟企业的发起者首先要根据不同的市场机遇，确定所需要的核心能力类型，然后根据核心能力类型进一步确定合作伙伴的领域范围。一般来说，进入合作领域范围内的实体企业较多，如果初选就采用定量分析，需要对众多合作对象的资料进行搜集处理，这在实践中常常是不可行的，即便是可行，所需的投入和时间也不允许。因此，初选主要采用关系理论的定性分析方法[182]。Mary Johnson 等人的研究表明，关系理论的五个维度同样适用于敏捷环境下合作伙伴的选择，这五个维度在虚拟企业合作伙伴初选中的含义见表5-2。

持续时间：合作持续的时间能否满足虚拟企业的需要，影响持续时间的因素主要有合作经历和信誉等。

联系频率：合作伙伴联系的频率受通信内容和技术的影响，计算机网络技术的应用水平对联系频率有直接影响。

联系渠道的多样性：合作伙伴间的跨组织活动有多种形式，渠道的多样性包括合作伙伴应完成的活动和达到的水平，合作伙伴的核心能力是关键。

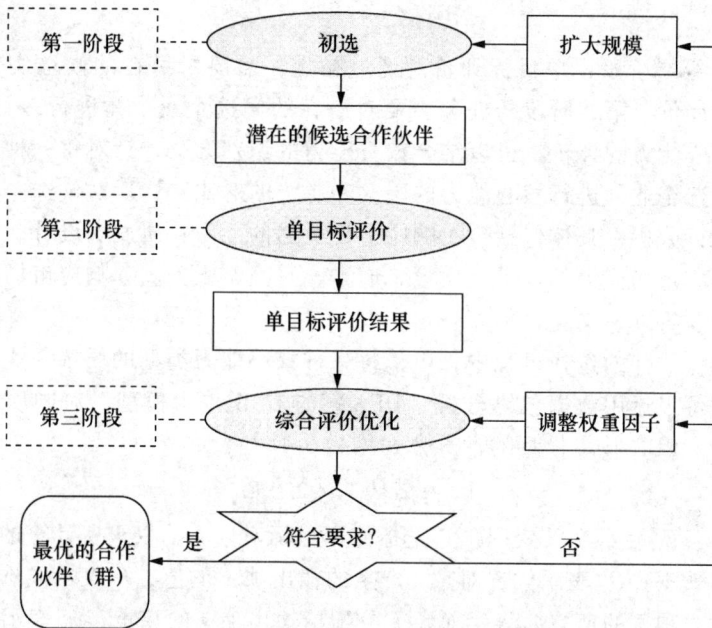

图 5 - 5 合作伙伴选择过程的三阶段法

表 5 - 2 虚拟企业合作伙伴选择中的关系理论含义

关系理论的关系维度	合作伙伴选择中的含义
持续时间	伙伴关系持续多长时间
联系频率	交互联系的次数
联系渠道的多样性	应完成的任务
对称性	集成的深度
合作关系的促进	知识共享的程度

对称性：是指从一个实体企业到另一个实体企业的联系与从另一个实体企业到这一实体企业的联系应该相似。因此，合作伙伴的文化、业务过程、技术特征、技术保证体系需要匹配，合作伙伴间集成度越高，则对称性越高。

合作关系的促进：信息的交流是否建立在信任、合作、开放的基础上，合作伙伴间合作的意愿、知识共享程度、创新能力和领导的支持等，都对合作关系的促进产生影响。

经过对进入领域的众多备选企业的初选，将不合格的备选企业剔除，使选择的范围缩小，形成潜在的候选合作伙伴，为第二阶段的单目标分析做好准备。

（2）第二阶段：单目标评价。经过初选，需要对潜在的候选实体企业进行单目标评价。第二阶段的任务主要对潜在的候选企业个体进行多目标分析，首先是核心能力的评价，可以结合核心能力的识别方法，针对每一种核心能力类型的候选企业，进行核心能力的层次和层级的对比；然后对候选企业的各单项指标进行分析，具体包括：①响应市场机遇的能力：研发、设计、生产、营销。②响应市场能力的水平：质量、成本、时间、服务。③响应市场的支持系统：后勤、管理、文化、创新。

在合作伙伴的选择过程中，由于每一种核心能力类型的候选企业属同质企业，因此可以运用数据包络分析（DEA）的 CCR 技术模型，对同质对象进行综合对比。CCR 技术模型的计算公式见式 5.1。

$$E_{ks} = \sum_y O_{sy} v_{ky} / \sum_x I_{sx} u_{kx} \qquad (5.1)$$

其中，E_{ks} 表示交叉效率，它是指使用目标对象 k 的权重所计算的第 s 个候选对象的效率；O_{sy} 表示候选对象 s 产生的输出项 y 的值；I_{sx} 表示候选对象 s 所使用的输入项 x 的值；v_{ky} 表示对象 k 分配给输出项 y 的权重；u_{kx} 表示对象 k 分配给输入项 x 的权重。

CCR 模型通过一组参考对象 s，选择一种最优的输入输出权值，使目标对象 k 的效率最大，且最大效率限制为 1，即：

$$\text{Max } mize E_{kk}^* = \sum_y O_{sy} v_{ky} / \sum_x I_{sx} u_{kx} ；\text{且 } E_{ks} \leqslant 1 \qquad (5.2)$$

式 5.2 的分式规划等价于下式的线性规划模型：

$$\text{Max } mize E_{kk}^* = \sum_y O_{ky} v_{ky} \qquad (5.3)$$

$$s.t. \qquad \sum_y O_{sy} v_{ky} - \sum_x I_{sx} u_{kx} \leqslant 0 \quad \forall s$$

$$\sum_x I_{kx} u_{kx} = 1；$$

$$u_{kx}, \ v_{ky} \geqslant 0$$

求解式 5.3 得到的最优目标函数值 E_{kk}^* 表示候选伙伴 k 的综合水平，若 E_{kk}^* =1，则表示在选定的权重下，没有对象比 k 更有效；若 $E_{kk}^* < 1$，则表示对象 k 不是最优的，即在最有利于 k 的权重下，至少有一个别的对象比 k 更有效。

对每一核心能力类型所对应的每个潜在候选伙伴，用式 5.3 求解，可以得到一组综合水平较高的候选合作伙伴，最终产生对应不同核心能力类型的不同候选伙伴组。

（3）第三阶段：综合评价优化。具备所需核心能力的各合作伙伴，在虚拟企业模式下是一个有机的整体，需要相互协调配合。虽然各候选合作伙伴都是最优的个体，但并不能保证虚拟企业的总体上最优。因此，需要对候选合作伙伴进行进一步的综合评价优化。

一般来说，综合评价优化是一个多目标规划问题，根据影响合作伙伴选择因素的重要程度，引入权重因子，进行多目标优化，以确定最佳的合作伙伴组合。

假设构建一个虚拟企业组织需要三种活动 A、B、C，经过初选和单目标评价，三种活动的候选伙伴数分别有 a、b、c 个，虚拟企业的总体目标为：①产品开发周期最短。②生产与运作成本最低。③市场销售渠道最宽。

该问题经过转换，可以由下面的 0－1 目标规划模型求解。

$$\text{Min } mize \sum_{r=1}^{3} w_r z_r \tag{5.4}$$

$$s.t. \sum_i \sum_j \sum_k x_{ijk} = 1 \quad (i:1,2,\cdots,a;\ j:1,2,\cdots,b;\ k:1,2,\cdots,c)$$

$$\sum_i \sum_j \sum_k t_{ijk} x_{ijk} - z_1 = t_{min}$$

$$\sum_i \sum_j \sum_k c_{ijk} x_{ijk} - z_2 = c_{min}$$

$$\sum_i \sum_j \sum_k m_{ijk} x_{ijk} + z_3 = m_{max}$$

$$x_{ijk} = 1 \text{ 或 } 0$$

$$z_r \geqslant 0$$

其中，w_r 为第 t 个目标值的转换因子；z_r 为第 t 个目标值与其最优值的差值；$x_{ijk} = 1$ 表示活动 A 的 i 企业、活动 B 的 j 企业、活动 C 的 k 企业被选中，组成虚拟企业；$x_{ijk} = 0$ 表示不能组成虚拟企业；t_{ijk} 和 t_{min} 表示产品开发时间和最短的开发时间；c_{ijk} 和 c_{min} 表示生产与运作成本和最低的生产与运作成本；m_{ijk} 和 m_{max} 表示市场渠道水平和最宽的市场渠道水平。

经过三个阶段的计算和分析，如果还得不到满意的合作伙伴组合，则可以采取以下调整措施：①放松初选过程中的关键约束条件，扩大可供选择的合作伙伴范围。②调整综合评价优化模型中的权重因子，重新进行综合评价优化计算。

经过对上述过程的多次循环，直至得到最满意的虚拟企业的合作伙伴组合。

5.3.2.2 过程控制措施——降低信息不对称程度、减少机会主义行为

过程控制措施就是在虚拟企业运行过程中，如何采取措施控制这一阶段的知识转移风险，降低其发生的可能性和危害程度。虚拟企业的运作过程也就是知识转移的过程，风险过程控制措施实施的有效性是整个虚拟企业知识转移风险管理与控制的关键。

虚拟企业的运行过程，即知识转移过程中，风险的主要来源是由于事后信息不对称而产生的机会主义行为，风险的过程控制关键在于降低这种机会主义行为造成的危害。因此，风险的过程控制措施应包括：采取利益分成式的合约安排形式；设计动态合同和设立专门的监督委员会。

1. 采取利益分成式的合约安排形式

虚拟企业中利益分配方案的安排会对知识转移风险产生很大的影响。合约形式的达成是虚拟企业各成员基于收益和风险等支付目标所作博弈的一种结果。由于信息的不对称性、企业的有限理性、风险倾向和合约的不完备性等因素，这种结果并不一定是一种均衡结果。张维迎指出，如果博弈结果是一种纳什均衡，那么参与博弈的局中人得到的结果是在此种博弈局势下的最优结果，局中人不再有积极性去改变这种结果，而是会按照这种结果所指明的方向去采取行动。但是多方博弈中的纳什均衡结果在实际中是很难达成的。纳什均衡的很多条件假设在现实中很难存在。因此，博弈的局中人得到的支付并不是最优的，因而有积极性去改变博弈局势使自己得到的支付最大化。将虚拟企业的利益分配方案的安排过程放到博弈论的框架中去分析，就会发现情况变得很复杂。由于虚拟企业的绩效产出具有不确定性，博弈的局中人所获得的支付也具有不确定性，只能是一种预测性的期望支付，支付的不确定性使博弈局势也具有不确定性，博弈的均衡结果也只是一种模拟结果，与现实有一定差异。站在盟主企业的角度，它可能希望设计一种合约使博弈结果达到一种帕累托均衡，即虚拟企业整体支付结果最优。但帕累托最优往往不是纳什均衡，部分企业有改变博弈局势的动机，甚至盟主企业自身也会利用自己的信息优势力图设计一种合约来使自身利益最大化。

从博弈论的角度来分析，固定支付式的虚拟企业合约安排显然不可能达成纳什均衡的结果。在这种支付形势下，获取固定收益的企业会通过减少自己的投入来提高自身获得的支付，其每减少一个单位的投入就可以多获得一个单位的支付。当然这种行为要通过某种信息优势的掩护以避免受到惩罚。所以采取利益分成式的合约安排形式是控制虚拟企业知识转移风险的一种有效措施。

2. 设计动态合同

陈剑和冯蔚东认为，动态合同是指将虚拟企业所签订的合同按期限和支付时间划分为几个阶段，也就是将一份完整的合同分解为几份子合同或者将合同所承诺的价款分成几个子阶段予以支付。在每个阶段的结束，检查合同的执行情况，如果符合质量和工期等方面的要求，则合同的当事人自动进入下一阶段分合同的履行当中；如果未达到合同的要求且原因出自当事人自身，则中止下一阶段的分合同履行，或者重新进行谈判或者挑选新的合作伙伴来完成后续的相关业务。这种动态合同的优点是：避免一次性的将某项任务交给一个伙伴企业来执行，从而能规避投资"套牢"的风险；盟主企业或管理机构可以通过检查机制，了解成员企业的实际知识投入，做出下一阶段的正确决策；通过竞争性的激励，使成员企业认识到如果不积极进行知识投入，或者有意过度转移其他成员企业的知识，就会失去继续分享虚拟企业成果的机会；将后一阶段的合同提供作为对前一阶段成绩的激励，提高其知识转移的积极性，并弱化其行使机会主义的倾向。

在虚拟企业知识转移过程中对知识转移的阶段性成果和转移活动参与主体进行评价时，不但要评价各参与方对阶段性成果的贡献，也要根据监控结果评价各参与的成员企业在知识转移过程中有无行使机会主义的行为，以及这种机会主义给其他参与主体造成的危害程度。要从贡献和危害两方面评价其是否有资格参加下一阶段的业务。

知识转移过程中所转移的知识种类是事先在协议中规定的，然而，由于知识的模糊性等特征，使得知识转移成果不得不由自然状态和知识转移参与方的努力程度共同决定，并且知识转移阶段的知识输出量亦很难确定。知识转移活动的监督者可以观测或评价出知识转移的阶段性成果，但无法确切判断自然状态下各参与方的行为。因此，如果阶段性成果无法按时完成或者未达到设计的目标，监督者无法判断究竟是处于自然的原因还是参与方的原因，无法有效地对参与的成员企业实行相应的奖惩。

3. 建立专门的监督委员会

通过专门的监督委员会以对虚拟企业成员的日常活动进行检查，降低事后的信息不对称程度，防止机会主义发生。事后的信息不对称指的是在虚拟企业伙伴选择时，对虚拟企业成员信息的了解是完备的，但是在知识转移过程中，会产生新的信息不对称现象。在委托代理理论中，研究事后信息不对称的模型称为道德风险模型，而道德风险模型中的信息不对称指委托人理解代理人的类型，但其难以观察到代理人的行动和"自然选择"二者中哪一个决定最终的结果。

如果知识接收方作为代理人，它既可以利用知识优势过度吸收知识输出方的知识，并通过隐藏知识吸收能力的方式使这种过度吸收行为不被发觉；也可以通过信息优势隐藏自己的行动，将所吸收的知识用于创造自己的私有利益而并非虚拟企业的整体利益。虚拟企业监督委员会的设立会起到使成员活动透明化，降低信息不对称程度，减少机会主义行为发生的作用。

5.3.2.3　反馈控制措施——惩罚措施

虚拟企业知识转移风险的反馈控制措施是指在虚拟企业解散和利益对现阶段，对合作伙伴的信誉进行事后评价并实施相应的惩罚措施，一旦发现虚拟企业成员中有违规行为出现，即按照事先确定的惩罚方案对违规当事人实施惩罚。这些违规行为包括知识输出方过度保护自己的知识，使合约中规定的应转移的知识范围和程度不能达到虚拟企业业绩需求和知识输出方的承诺；知识接收方过度吸收知识输出方的知识，损害了知识输出方的利益和核心能力，造成受害成员企业退出虚拟企业或降低伙伴间的信任程度；知识接收方将接收到的知识用于创造自己的私有利益而非虚拟企业整体利益，等等。

惩罚措施是对各种形式的机会主义者和机会主义行为的一种威慑，机会主义者会借用一切机会提高自己的收益，惩罚措施的存在会使机会主义者衡量机会主义得逞后的收益与被发现后所遭受惩罚之间的可能性和期望收益。机会主义行为是否被实施取决于机会主义者的风险态度。这些惩罚措施包括将违规企业淘汰出虚拟企业、减少其所分得的收益、降低其信用等级等。当违规行为相当严重时，就应当将违规当事人淘汰出虚拟企业。例如，某个企业并不具备虚拟企业所需的某种的知识或能力。为了加入虚拟企业，在虚拟企业伙伴选择阶段，该企业向虚拟企业发起者或盟主企业提供虚假的信息或信号，由于种种原因，虚拟企业发起者或盟主企业并没能正确地甄别这种信号。在知识转移过程中，该企业逐渐暴露出知识和能力上的欠缺。这时就要将该企业淘汰出虚拟企业，并重新选择新的合作伙伴。

5.4　虚拟企业知识转移风险的防范机制

在风险还未发生时就防患于未然显然是非常关键和必要的。因此，建立虚拟企业知识转移风险的事前防范机制就具有非常重要的意义。本书从成员企业之间的信任机制、学习机制以及核心能力保护机制，来对虚拟企业知识转移风险的防范机制进行分析（如图 5 - 6 所示）。

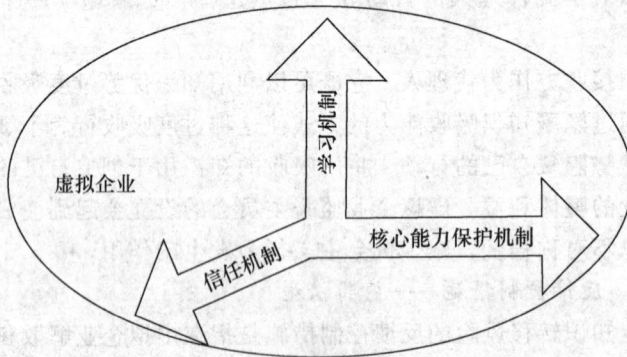

图 5 - 6　虚拟企业知识转移风险的防范机制模型

5.4.1　信任机制

信任是虚拟企业中一种重要的关系资本，它不但可以提高虚拟企业绩效，也可以有效促进成员企业关系的健康发展。从虚拟企业知识转移风险的角度来讲，它既能提高成员间知识转移程度，降低知识转移不足的风险，也可以通过信任所养成的自律意识，来减少机会主义行为以及对其进行防范的成本，降低知识过度转移风险。

对"信任"的定义，一些学者从不同角度作出了解释。沙贝尔（Sabel）认为："信任就是合作各方坚信，没有一方会利用另一方的脆弱点去获取利益。"库玛（Nirmalya Kumar）认为："真正能够区分信任关系的是双方建立相互信任的能力，他们相信，一方关心另一方的利益，任何一方采取行动之前都会考虑自身行动对另一方所产生的影响。"总的来说，信任至少应包括两层含义：①信任关系由施信者和受信者组成，缺一不可，在相互信任关系中，每一个关系主体同时扮演两种角色；②信任是一种心理活动，体现为施信者对受信者行为的预期偏好，并通过一定的外在行为表现出来，如遵守有关的合约，实现承诺，关心并顾及对方的利益等。

信任按照建立的基础可分为基于威胁的信任和基于认知的信任。前者是指合作双方或多方为合作关系的维持建立了较为完善的制度，这种制度制订了合理的激励措施，合作成员的收益是以其投入为基础的；同时，这种制度也制订了防范和监督机会主义等行为的措施，使机会主义行为可以得到有效的惩罚，合作成员认为这些制度的存在会使合作朝着预先设定的方向迈进，行使机会主义行为的做法得不偿失，在这种情况下，参与知识转移的成员相信其他合作者的行为不会违背事先达成的协议和承诺。这种信任关系也可以称之为基于制度的信任。后者，基于认知的信任，是建立在对合作伙伴了解的基础上。这种了解可以通过多个途径，如以往的合作经历、第三方评估、合作前对其所作的调查、与其合作过的伙伴的评价等。通过这些途径，企业可以了解到合作伙伴的风险倾向、信用等级、经营与管理水平、所具有的核心能力和知识等情况。这些关于合作伙伴的基本情况决定了其可信任的程度。

信任机制是虚拟企业成功运作的重要保障。但是，在虚拟企业中建立与发展信任关系，存在着诸多困难：虚拟企业内各成员企业背景复杂，各成员企业文化、管理模式、技术背景等均存在较大差异，相互的融合及建立信任关系需要时间；而且虚拟企业是一个临时性的动态性联盟，随市场机会的产生而产生，一旦市场机会消失，联盟即解散，彼此间的合作不具有长期性，这显然不利于发展信任关系。因此，针对虚拟企业的特点，我们可从跨文化沟通、信任评价体系、合同与契约规则、规章制度这四个方面来构建虚拟企业各成员间的信任机制（如图 5-7 所示）。

5.4.1.1 跨文化沟通

虚拟企业的成功运行离不开有效的沟通，只有成员之间的沟通顺畅、高效，

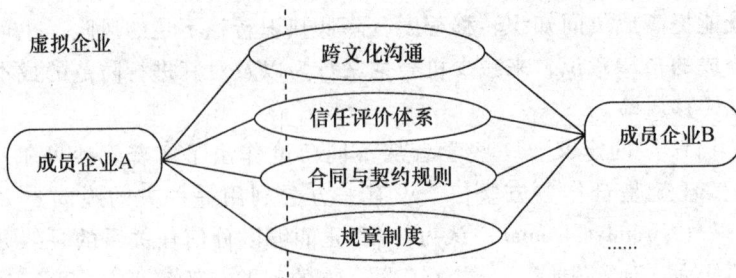

图 5 - 7　虚拟企业成员间的信任机制框架

才能够对虚拟企业组织的计划与任务达成一致的认识，从而为实现虚拟企业组织的战略目标提供一个坚实的基础和保障。然而，虚拟企业组织的成员一般分散在不同的地区，甚至是不同的国家，成员有着不同的文化背景，存在着组织文化差异，这就使沟通不可避免地遇到一系列跨文化问题。跨文化问题的解决，需要虚拟企业组织进行有效的跨文化沟通管理。

1. 跨文化沟通的内涵及要素

（1）跨文化沟通的内涵。跨文化沟通（interculture communitcation），是发生在不同文化背景下的人们之间的信息和情感的相互交流过程，具体指在一种文化中编码的信息，包括语言、手势和表情等，在某一特定文化单元中有特定的含义，传递到另一文化单元中，要经过解释和破译，才能被对方接收、感知和理解[187]。

跨文化沟通由于文化因素的介入增加了沟通的复杂性和困难程度——在一种文化环境中的编码，却要在另一种文化环境中进行解码，即信息的发出者是一种文化的成员，而信息的接收者则是另一种文化的成员。来自不同文化的沟通双方的行为方式、价值观、语言、生活背景等都存在着很大差异，这些差异在很大程度上影响着和决定了人们如何将信息编码、如何赋予信息以意义，以及如何满足发出、接收、解释各种信息的条件。基于此，萨姆瓦（L. A. Samovar）等人提出了跨文化沟通的模型，如图 5 - 8 所示。

图 5 - 8 所示的模型含义为：①三种图形表示三种文化。文化 A 和文化 B 是比较接近的文化，而文化 C 则有较大的差异。②每一种文化图形的内部有与文化图形相似的另一个图形，表示受到该文化影响的个体。代表个体的图形与整体文化图形稍有不同，原因为：其一，除文化之外，还有一些其他因素影响个体的形成；其二，尽管文化对每一个个体来说都是具有主导性的影响力量，但对个体的影响程度不同。③跨文化的编码和解码由连接几个图形的箭头来说明。箭头表示文化之间的信息传递。当一个信息到达它将被解码的文化时，发生了一个变化的过程。在跨文化沟通时，这些原始信息的内涵意义就被修改了。

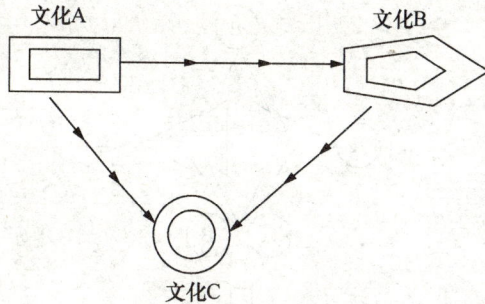

图 5 - 8　跨文化沟通模型

④文化对跨文化沟通环节的影响程度是由文化间的差异程度决定的。两者之间在沟通行为及其意义上越相似，解码的结果与原始信息的内涵意义就越接近。⑤在跨文化沟通中，文化间的差异是广泛多变的，这在很大程度上是由于环境和沟通方式的多样性造成的。

（2）跨文化沟通的要素。跨文化沟通主要包含三个要素：

①跨文化沟通发生的前提是文化差异　文化差异是指不同文化之间的差别，没有文化差异就不存在跨文化沟通。Hofstede 认为，文化包含四个层面：最外表的一层称象征物（symbols）；第二层是英雄人物性格（heroes），在一种文化里，它在很大程度上代表了英雄所在文化的民族性格；第三层为礼仪（rituals），礼仪是每种文化里对待人和自然的独特表示方式；最深的一层指价值观（values），这是文化中最深邃、最难理解的部分[189]。文化差异发生在文化的每个层面，跨文化沟通也要求在文化的每个层面上进行。

②跨文化沟通过程的实质是跨文化信息的传递　信息的传递是跨文化沟通的根本目的所在；如果没有跨文化信息传递，则意味着跨文化沟通事实上没有发生。在跨文化沟通过程中，我们必须选择好沟通渠道，也就是说连接不同沟通主体间的中间环节或传递媒介。只有沟通渠道畅通、准确，才能保证跨文化沟通过程的顺利进行。

③跨文化沟通的结果是获取对方的理解　沟通不一定要对方完全接纳自己的观点，但必须理解，这是沟通要达到的目标。完美的沟通，应是经过传递后被接收者感知到的与发送者发出的信息完全一致。跨文化沟通不同于谈判，前者是建立在沟通双方合作的基础之上，后者有赖于双方的博弈。因此，跨文化沟通不是要赢得对方，而是要让对方理解自己所传递的信息。

2. 虚拟企业跨文化沟通的活动内容

跨文化沟通的前提是文化协同。虚拟企业的文化协同过程表现为，不同形态的成员组织文化在相互影响、相互作用过程中发生文化接触和碰撞，甚至发生文化冲突，在此基础上逐渐形成虚拟企业的共同文化，见图 5 - 9。

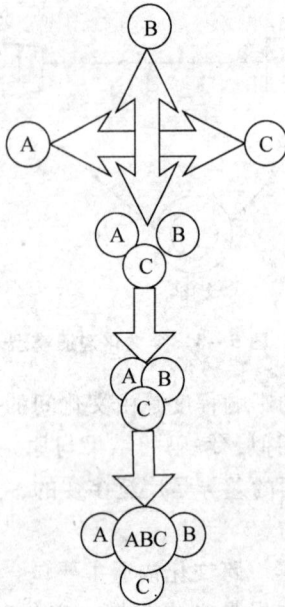

图 5 - 9　虚拟企业文化协同的基本过程

　　虚拟企业的跨文化沟通，是为了在多文化背景下实现成员组织间的信息交流，以充分利用组织文化多样性优势，避免组织文化多样性劣势，使成员组织文化冲突控制在合理范围之内而进行的一系列管理活动。笔者在此构建出一个虚拟企业跨文化沟通的活动内容框架，如图 5 - 10 所示。

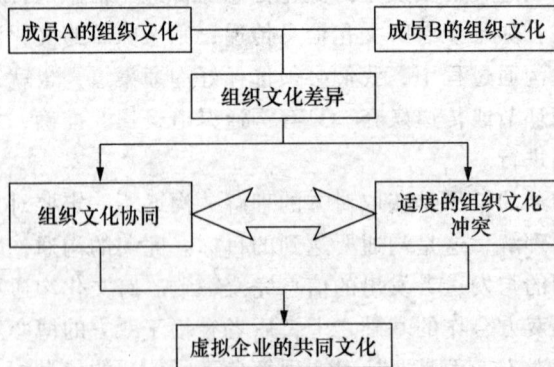

图 5 - 10　虚拟企业跨文化沟通的活动内容框架

　　从图 5 - 10 可以看出，虚拟企业跨文化沟通的基本活动内容主要包括三个方面：

（1）认识成员组织文化差异。认识差异的作用表现在增加各成员在组织文化方面的知识，使他们对其他成员组织的文化有一个全面、准确的认识，克服各种认知心理效应所导致的对其他成员组织文化的错误认知，从而可以有效地减少由此导致的不良情绪反应[190]。更重要的是，在虚拟企业组建之初，通过对伙伴组织文化差异进行识别，使成员相互熟悉彼此的组织文化，可以有效地避免因突然接触不同组织文化而产生强烈的不良情绪反应。

（2）控制成员组织间的文化冲突。控制成员组织间的文化冲突是指虚拟企业要采取积极的管理措施，保证各成员组织的组织文化冲突保持在适度的水平。它并不要求在虚拟企业内部消除组织文化冲突，而是要在虚拟企业内部维持各种组织文化冲突，以便发挥组织文化多样性的优势。但是，由于各成员组织文化冲突过于激烈时会引发文化多样性的劣势，因此，要将各成员组织文化冲突水平控制在临界点之内。

（3）建立虚拟企业的共同文化。建立共同文化是指在虚拟企业内建立兼蓄成员组织文化优点的一种共同文化。建立共同文化是要在保持各成员组织文化差异的前提下，倡导一些共同的价值观和管理行为模式。这些共同的价值观和管理行为模式也许是成员组织原有的组织文化的一部分，尤其是各成员组织文化的共性部分，也许是根据虚拟企业环境的需要而建立的一种全新的组织文化价值观和管理行为模式。

上述的虚拟企业跨文化沟通活动是相互联系的一系列管理活动。认识差异是基础，控制冲突是关键，建立虚拟企业的共同文化是最终目的。这些沟通活动通过影响个体成员的心理活动过程，通过有效地控制成员组织文化冲突水平，来实现成员组织间沟通的顺畅进行。

3. 虚拟企业跨文化沟通的路径

在虚拟企业这种动态网络组织中，各成员在虚拟企业组织中的权力、职责和义务决定了沟通路径，并构成了某种形式的信息沟通结构类型。假定虚拟企业由五个成员组织构成，则有五种具有代表性的沟通路径类型，如图 5 - 11所示。

虚拟企业知识转移涉及多个成员主体的利益，不同的沟通路径对虚拟企业知识转移的效率有很大的影响，这就需要我们在沟通中选择合适的路径来解决特定的问题。笔者认为，虚拟企业各成员之间的沟通应侧重于网式沟通，这样方能使得每个成员更准确地了解整个虚拟企业组织所面临的情况，从而做出正确的决策。

5.4.1.2 构建信任评价体系

在虚拟企业组建以及日常运作过程中，必须通过一套正规的、经常性的、持续的内部信任评价审核体系，对每个合作伙伴进行综合评估，为虚拟企业内

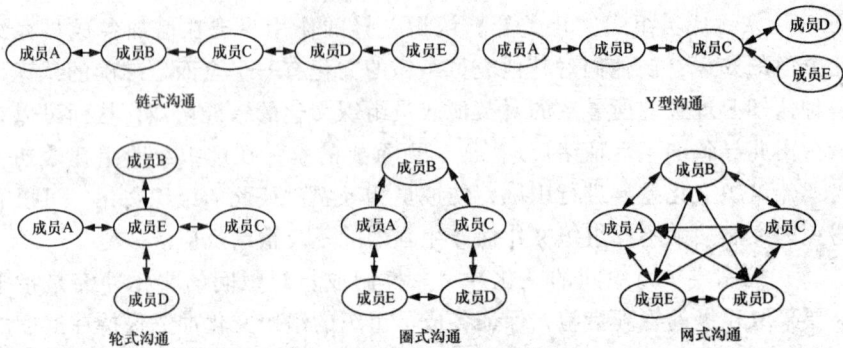

图 5 – 11　沟通路径类型

部建立相互信任机制奠定良好的基础。信任评价体系的指标应当包括：合作伙伴的核心能力、企业信用等级、相互依赖程度、合作伙伴的风险偏好、合作伙伴的真正目的和意图，以及虚拟企业内部可能存在的脆弱性等。

5.4.1.3　有效利用合同、契约规则

虚拟企业作为一个契约集合体而存在，在操作实践中，机会主义、败德行为时而发生。因此，在虚拟企业成立之初以及运行中，签订一个较完善的合同，运用法律手段来保护自己，做到防患于未然或者及时补救是相当重要的。在虚拟企业合同机制中，可采用动态合同以及序列契约形式，达到相互之间"重复博弈"的形式。实体企业的信誉机制要靠重复博弈来维持，虚拟企业若采用一个项目分解成多个子项目，采用多点合作，同时适时调整契约，企业之间考虑到一个业务领域的竞争将会减弱在另一个项目领域的合作，将会更加趋向于合作。同样建立序列契约，会使得虚拟企业具备了长期合作关系的特点，企业之间考虑到当前的利益与长远利益的关系，将会更加重视合作关系的开展，"套牢"和"基于合约的重复博弈"成为虚拟企业各个成员守信的"双保险"机制。

5.4.1.4　进行制度规范，建立"信誉"机制

对于虚拟企业内部任何一家企业来说，如果它确信伙伴成员会信守承诺，那么它也会表现出很强的可信度。而要使每个成员的行为理性化，尤其要抵抗住外部巨大的诱惑，就需要在虚拟企业内部建立一套防止相互欺骗和机会主义行为的规范机制。首先，在国家层面，可通过完善与"信任"方面有关的法规条例，加大对不诚信行为的处罚力度，达到提高欺骗成本的目的，增加合作的收益；其次，在中观层面，必须规范双边治理，同时加强第三方治理，可通过中介机构，如国际标准化组织 ISO、注册会计师等专门的责任认定机构，对合作过程中出现的不诚信行为明确责任，进行处罚；另外，也可在虚拟企业企

业组建的前期，即合作伙伴的选择阶段，就采用第三方资讯对候选伙伴的信用等级进行评定，从而提升具有良好信誉成员被选取的概率。

5.4.2 学习机制

在虚拟企业中，成员企业的知识转移、整合和应用能力是决定虚拟企业绩效的主要因素。知识转移是知识价值转换的关键一环，知识转移的效果和效率会直接影响其后的知识整合和知识应用的效果和效率，并最终影响到知识的价值转化。学习知识和技能对虚拟企业防范知识转移不足风险是至关重要的。降低知识的模糊性不仅是学习的任务，也是学习的难点。这里的学习包括知识的转移与转换。成员企业组织学习的难点在于知识具有模糊性，即知识的隐性、专有性和复杂性等因素。对于虚拟企业来说，学习的意义更大。成员企业在缔结联盟时就应该清晰地认识到缔结联盟是学习过程的开始，积极地通过学习活动来提高虚拟企业绩效（如表 5 - 3 所示）。

表 5 - 3　虚拟企业中的学习机制要素及作用

学习机制要素	作用
成员企业的学习能力	学习的内部推动力
合作竞争能力	维持学习的纽带
协议规则	学习制度的推动力

5.4.2.1 成员企业的学习能力

成员企业学习能力的提升可降低知识模糊性的影响。这里的学习能力既包括成员企业的资源要素，也包括学习的态度。因而，提高学习能力既要重视增加物质基础设施等资源供给，又要努力培养成员企业内部员工的学习能动性。重视人的因素，可行的办法是通过"内部修炼"（制度创新）使每一个成员企业成长为"学习型组织"，增强整体的学习能力。在基础设施方面，虚拟企业应注重对信息技术和信息系统的投资，在虚拟企业内部建立信息中心，提高知识的准确性以及知识的传递效率。增强成员企业的学习能力不仅对虚拟企业内部学习很重要，而且对形成虚拟企业整体的学习能力，从而向外部获取知识也有决定性的影响。

5.4.2.2 合作竞争能力

虚拟企业内成员企业间的文化差异会普遍降低整个虚拟企业联盟体的学习效果，要克服这些消极影响，须加强虚拟企业内部各成员企业之间的合作竞争能力。虚拟企业内部的学习机制不同于外部的学习机制之处，就是虚拟企业内部成员企业通过一些纽带联系在一起，从而使成员企业之间以前单一的竞争关系转化为合作竞争的关系。合作竞争关系要求成员企业在学习过程中形成互相帮助的氛围，即成员企业在虚拟企业内部不断贡献自己的核心能力，帮助对方进步；尽量形成较亲密的关系，以减少知识模糊性的干扰；各成员企业应着眼于虚拟企业的总目标，而不能只局限于各自企业的私利。

5.4.2.3　协议规则

在虚拟企业中形成明确的协议，这包括共同的目标、清晰的路线和竞赛规则。明确的协议对虚拟企业的学习机制具有决定性意义。协议使成员企业产生稳定的预期，便于长期持续地学习。在虚拟企业中，成员企业均有通过联盟实现自己目标的想法，进一步通过协商可将各自的目标协调为虚拟企业的目标。虚拟企业的目标对于各成员企业并不是最优目标，但却是虚拟企业整体的最优目标。因而，目标一旦确定，应努力促使成员企业朝这个方向努力，同时制止偏离这个目标的行为，来减少各种形式的机会主义。为了顺利地进行学习，在虚拟企业的持续期，虚拟企业的目标也需要承受一个不断调整的过程，以便使总体目标始终照顾到各成员企业以及整个虚拟企业组织。

总之，在虚拟企业中建立学习机制，可以有效地消除不同成员企业要转移知识的模糊性，加大成员企业间的知识转移程度，提高知识转移的效率，改善知识转移的效果，从而达到降低知识转移风险和提高虚拟企业整体绩效的目的。

5.4.3　核心能力保护机制

所谓核心能力保护机制，是指虚拟企业合作伙伴之间采用什么样的方法或形式来控制并避免核心能力的丧失。该机制是一种主动的、预防性的制度设计和安排，是成员企业合作的基础。根据保护措施的效力及侧重点的不同，核心能力的保护措施可分为法律保护、道德保护、创新保护（如图 5 - 12 所示）。

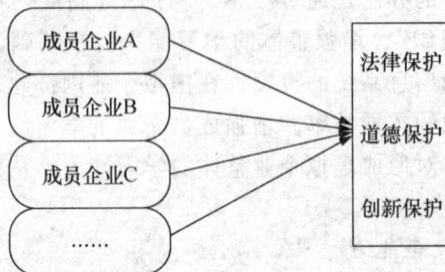

图 5 - 12　成员企业的核心能力保护机制

5.4.3.1　法律保护

法律保护是指通过采用法律手段来约束和规范对方行为的方法，如专利、合同、协议书等。一方面，法律所具有的强制性使得法律保护成为最有力的保护手段；另一方面，虚拟企业本身所具有的暂时性，以及各成员企业受市场利益所驱动的特点，也使得采用法律保护成为必需。法律保护的对象是以知识和技术为主的核心能力，主要应用在短期合作的虚拟企业中。成员企业组织凭借法律保护，既可以通过在专利期内（或合同、协议规定范围内）使用核心能力来获利，亦可以通过转让核心能力的使用权获利。

5.4.3.2 道德保护

产生道德危机的根源在于信息不对称。由于成员企业对自身核心能力所负责的工作，较其他成员企业来说具有信息优势。所以，在合作过程中出于私利，具有信息优势的成员企业往往会把最终利益分配朝有利于自己的方向引导，由此引发道德问题。从博弈论的经典案例——囚徒困境中，我们可以得出结论：个体的理性选择往往会破坏集体理性。虚拟企业中的各成员企业，如果仅从自己的利益出发，将会大大损害虚拟企业整体的利益，甚至导致虚拟企业的联盟最终失败。

由于道德问题往往是由参与方的素质引起，所以，这类风险比较难于防范。但是可以肯定的是，互联网络已经使整个世界联系在一起，这为社会信用市场的形成提供了有力的技术支撑。随着目前社会信用体系的不断完善，可以预见，在不久的将来，违背商业道德的企业将无法在市场中立足。

5.4.3.3 创新保护

核心能力的创新保护是指通过对核心能力的改造、升级来达到避免其丧失的目的。创新包括技术创新和制度创新。技术创新是一种以市场为导向，将科技潜力转化为技术和经济优势的创新活动，是科技与经济的有机融合。国内外已有的大量实践证明：知识经济时代需要技术创新，技术创新也是保护核心能力最积极、最有效的手段。制度创新被认为是继劳动力、资本、技术之后，第四个驱动经济增长的主导力量，随着知识经济时代的到来，尤其是我国正经历着体制改革的今天，制度创新将会是一支促使企业变成"快鱼"的兴奋剂。

1. 技术创新

技术创新是每个企业生存发展的唯一出路，是企业创新的核心。它是指某项产品从设想、研究、开发、工程化、商业化以及销售一系列技术活动的总和。信息技术、计算机技术、网络技术的飞速发展，完全改变了人们的时空观念，并影响了人们的生活方式。Internet为企业提供了新的信息交流渠道，加快了信息传递的速度，将整个国际市场合为一体。成员企业要想在日益激烈的市场竞争中立于不败之地，成为市场的领先者，首先必须是技术的创新者，进而成为产品的创新者。持续的技术创新可以造就企业的持续发展。目前高明的企业家，已经把关心技术比关心市场当作更高层次的、更具有远见的竞争行为。例如，四川长虹集团 90 年代以后，数字技术硕果累累，并在新产品中陆续使用。四川长虹集团在技术上做到"生产一代，研制一代，储蓄一代"。在世界微处理器市场占据 90% 市场份额的 INTEL 公司，其长期的产品策略是"开发一代，研制一代，生产一代"。凭借着其领先的核心技术（微处理器研制技术），INTEL 在与诸如 DELL 等计算机厂商的合作中，始终保持着价格谈判优势。

　　2. 制度创新

　　成员企业的制度创新主要是对原有的企业组织制度进行彻底再造，同时对企业和员工在知识方面提出更高的要求，构建"学习型企业"。美国麻省理工学院的彼得·圣吉教授对"学习型组织"理论的研究成果表明，构建"学习型企业"必须进行五项修炼。第一项是"超越自我"。充分激励员工精神，使他们具有挑战、冒险、创新精神。第二项是"改善心智模式"。领导者的心智模式应由相信权力控制转变为承认员工自主管理，被领导者应树立自我控制和自主管理的思想，采用系统的思考方法，创造性地自主决策。第三项是"建立共同愿望"。就是将企业成员的个人愿望整合为组织愿望，目的是激发员工主动、真诚地献身组织，从而增强组织的竞争力和生命力。第四项是"团队学习"。即企业与员工共同学习，共同发展，建立起具有创造性的"智力群体"。第五项是"系统思考"。要求企业成员面对工作中的问题能用系统的观点，从组织的整体利益和长远利益的角度寻求最佳解决方案。成员企业经过五项修炼最终建立充满生命力的"学习型企业"。可以断定，"学习型企业"的构建是企业组织制度的一项创新和革命，而"学习型企业"在知识经济时代也必将成为最具有竞争力和生命力的企业。

5.5　本章小结

　　首先，本章提出虚拟企业知识转移风险的概念，并根据知识转移程度、风险后果、风险来源、风险承担主体的不同，对虚拟企业知识转移风险进行分类和阐述。

　　其次，对影响虚拟企业知识转移风险的因素——知识本身的因素、企业因素和环境因素，进行了深入的分析和识别。

　　再次，本章对虚拟企业知识转移风险的控制策略以及前馈控制、过程控制、反馈控制三种控制措施进行了详细探讨。

　　最后，本章通过探析成员企业之间的信任机制、学习机制以及核心能力保护机制，对有效预防虚拟企业的知识转移风险提出了新的对策思路。

第六章　虚拟企业知识转移的实现平台
——基于 Web2.0 的 VEKSS

随着互联网的快速发展，越来越多用户开始接触和使用该高速网络。截止到 2005 年底，全球互联网用户数已经突破了 9 亿大关。互联网用户的持续增长、强劲的个性独立、种类繁多的社会化需求以及互联网新应用的不断创新和积累，促使互联网又一次开始出现升级换代的趋势。这一趋势不仅仅体现在技术层面上，还包括应用层面以及互联网社会体制的变革。这一切，源自于 Web2.0 的出现，基于 Web2.0 的互联网新模式开始呈现出其强劲的生命力。

同时，虚拟企业是一些相互独立的企业组织为快速把握变化的市场机遇，以 Internet 网络技术为基础，将不同企业组织拥有的知识优势联合在一起，组成的知识共享、知识转移和成本分担的联盟。毫无疑问，虚拟企业完全是经济全球化和信息网络技术快速发展的产物，对虚拟企业进行有效的知识管理，离不开相应的信息网络技术的支撑。然而，在目前 Web2.0 新模式获得高速发展的情境下，如何构建虚拟企业知识转移的实现平台仍然是一个未解决的议题。

有鉴于此，本章基于 Web2.0 的视角，提出一个虚拟企业知识转移的实现平台——基于 Web2.0 的虚拟企业知识共享系统（Virtual Enterprise Knowledge Sharing System，VEKSS），据此，为提升虚拟企业的知识转移效率提供一个可操作的实践框架。

6.1　Web2.0 概述

6.1.1　Web2.0 的定义

到目前为止，对于 Web2.0（也有的学者称之为第二代互联网或互联网 2.0）概念的说明还没有一个统一的定义[193~198]。下面是本书收集的对 Web2.0 的定义及内涵进行阐述的主要观点：

1. Tim O'Reilly（Web2.0 概念的提出者）主要观点

（1）Web2.0 的经验是：有效利用消费者的自助服务和算法上的数据管

理，以便能够将触角延伸至整个互联网，延伸至各个边缘而不仅仅是中心，延伸至长尾而不仅仅是头部。

（2）Overture 和 Google 的成功源自于对"长尾"的领悟，即众多小网站的集体力量提供了互联网的大多数内容。Torrent 采用了一种激进的方式来达到互联网去中心化的目的，由此显示出 Web2.0 的一个关键原则：用户越多，服务越好。可以说，有一种隐性的"参与体系"内置在合作准则中。在这种参与体系中，服务主要扮演着一个智能代理的作用，将网络上的各个边缘连接起来，同时充分利用了用户自身的力量。

（3）源于用户贡献的网络效应，是在 Web2.0 时代中统治市场的关键。

（4）Web2.0 的七大特性包括：Web 作为平台、借力于集体智慧、数据成为下一个 Intel Inside、软件发行周期的终结、轻量级编程模式、超越单一设备层次的软件、丰富的用户体验。

（5）Web2.0 八项设计范式：长尾、数据成为下一个 Intel Inside、用户增添价值、网络作用作为默认值、保留部分权利、永久的 beta 版、合作而不是控制、软件超越单一设备层次。

2. 杨致远（Jerry Yang）和大卫·费罗（David Filo）观点

（1）整个互联网未来的创新将转向个人市场。

（2）虽然这些应用在商业模式上还不成熟，技术上也有待完善，但是相对门户、E - mail 等早期互联网技术而言，在"个性"（原创能力、定制能力）和共性"聚合能力，共享能力"方面都有明显的提高，这反映了人类社会对互联网应用认识的加深。

3. 谢文的观点

Web2.0 是以个人为基础，以满足个性化需求为手段，通过鼓励建立人与人之间的关系，形成社区化的生活方式的平台。

4. David Cowan 的观点

Web2.0 天生具备病毒性传播的特征，而且是借助用户产生的内容而自我发展。

5. 互联网协会对 Web2.0 的观点

Web2.0（互联网2.0）是互联网的一次理念和思想体系的升级换代，由原来的自上而下的由少数资源控制者集中控制主导的互联网体系转变为自下而上的由广大用户集体智慧和力量主导的互联网体系。Web2.0 内在的动力来源是将互联网的主导权交还个人，从而充分发掘了个人参与到体系中来的积极性。广大个人所贡献的影响和智慧以及个人联系形成的社群的影响替代了原来少数人所控制和制造的影响，从而极大地解放了个人的创作和贡献的潜能，使得互联网的创造力上升到了新的量级。其重要特征为：

（1）互联网成为平台（参与体系）而不是利用互联网来统治和控制；

（2）充分重视并利用集体力量和智慧；

（3）将数据变成"Intel Inside"；

（4）分享和参与的架构驱动的网络效应；

（5）通过带动分散的、独立的开发者把各个系统组合形成大汇集的改革；

（6）通过内容和服务的联合使轻量的业务模型可行，分享经济的模式；

（7）注重用户体验的持续服务（"永久的 beta 版"）；

（8）服务和应用无处不在（非单机版和单一平台版本）。

6.1.2 Web2.0 的特征

1. 去中心化

去中心化（Decentralization）是 Web2.0 最显著的特征。由于互联网本来就采用一个没有绝对中心的架构模式。因此，Web2.0 使得互联网回归到 Internet 的本质。考察 Web2.0 的典型应用，我们可以发现，"人"被提到了很高的高度，每个人作为一个平等的主体而存在，他在接受信息的同时也在创造着信息，传播主体的不确定性和消散，这就使得 Blog、SNS、Wiki 等诸类 Web2.0 应用出现了去中心化的特征。伴随着去中心化，Web2.0 还有两个伴生的特征，即开放性和共享性。

2. 社会性

社会性特征是 Web2.0 服务所普遍具有的特征。由于 Web2.0 以人为中心，人就必然会产生社会性的需求。社会性为网站带来更多的用户互动并产生丰富内容，使网站服务的使用价值与吸引力都大为增加。不过如何更有效地激活社会性，发挥更大效用，是个值得探讨的问题。社会性同样也是 Web2.0 服务提高用户忠诚度的重要因素，在开放的情况下，成为减少用户流失和迁移的无形障碍。

互联网作为人类社会的伴生组织，已经成为了覆盖人类生活各个方面的一个数字化平台。Web2.0 所提供的诸多社会性软件，使得人类社会的某些活动在互联网中得以延续，譬如人际关系、协同工作等，这使得互联网可以渗透到人类生活的每一个环节。

在网络社会的构建上，Web2.0 是以用户为主体，以每个用户作为细胞，由他们自发聚合或者引导性聚合在一起，并不断辐射形成一张可伸缩的有机网络。

3. 可重用的微内容

微内容的英文是 Microcontent，微内容是指在网络上至少拥有一个惟一编号或地址的元数据（Meta data）和数据的有限的汇集。Web2.0 的信息传播以微内容为基础。如 Blog 的应用中，一条评论、图片、书签、超链接等，都是微内容。通过聚合、管理、分享、迁移这些微内容，进一步组合成各种个性化的丰富应用。在早期的 Internet 中其实也产生不少微内容，如社群在讨论区发言、在线相簿等，但是 Web2.0 的一个重要特性在于可重用的微内容，使我们在任何地方都自由地使用这些微内容成为可能。从而可以聚合、管理、分享、迁移这些微内容，并可以进一步组合成各种个性化的丰富应用。

在过去的知识管理中，创建知识的工具和平台创建知识提供了许多便利和效率。但是往往是这些工具形成了各种各样的文件格式，如 Word 的 DOC 格式，Acrobat 的 PDF 格式，PowerPoint 的 PPT 格式，Excel 的 XLS 格式等。这些文档包括格式相互之间的转化和管理成了巨大的问题，对一个人来说是这样，就更不用说在整个企业组织范围里了。

对于 Web2.0 来说，所有的文档是通过标准的文本编辑器进行编辑，在存储时采用了 XML 技术和文本格式。XML 是和 HTML 同一个家族的文本格式，同样是被国际标准组织 W3C 所采用的业界标准。它最大的好处就是可以自定义元素，这为 XML 的无穷扩展性和在各类企业的应用提供了有力的保障；另外一大好处就是，它是一种松散耦合的数据组织方式，数据和应用之间的绑定并不像传统应用那样紧密，而是非常松散，两者之间可以分离，这样做的好处就是可以实现工具的无关性。另外 Web2.0 仍使用 RSS、ATOM、OPML 等标准的公开的协议使得相互之间的交流和信息共享非常方便。现在任何一个支持 RSS（或者 ATOM，OPML）的阅读器都可以读到使用任何平台、任何工具产生的 Blog，极大地方便了知识的获取和交流。

4. 大众信息传播着眼于用户个体

集中服务、用户分散浏览的传统 Web 方式只注重信息的提供，各种服务是分散的，缺少用户的参与性和创造性。Web2.0 形式的信息传播特别重视个性化用户，而不是笼统的用户概念。

（1）Web2.0 强调信息需求的个性化。信息的发布不再是从速度和数量上来堆砌，而是通过 Tag 和 RSS 对内容进行筛选和分类，最终使用户得到最个性化的信息服务。用户的体验和感觉成为影响信息传播效果的关键因素。

（2）Web2.0 注重信息交流的双向性。由于网络是可读写的，用户的信息反馈可以随时进行，信息源同时也可以随时更新信息，这是一种真正的双通道交流模式。

（3）基于 Web2.0 的信息市场将会更加细分。如 del . icio. us 用于共享书签、P2P 用于分享电影、Blog 用于文字共享、Wiki 用于思想交流和观点共享等，另外还有图片共享、音乐共享等符合 Web2.0 标准的信息服务细分的类型。

正是着眼于用户个体，Web2.0 提供给用户一个用于微内容的收集、创建、发布、管理、分享、合作、维护等的平台，强调开源、参与、个人价值和合作。当越来越多的互联网应用采取与用户互动的方式、越来越多的内容是由用户产生、越来越多的用户参与到互联网创造的过程中的时候，互联网的内容和形式就由量变开始发生了质变。

6.1.3 Web2.0 理论与技术基础

1. "六度分隔" 理论（Six Degrees of Separation）

"六度分隔"理论是 20 世纪 60 年代由美国的心理学家米格兰姆（Staxiley Mingram）提出的，他在 1967 年通过一次连锁通信试验得出这一结论。"六度分隔"说明了社会中普遍存在一些"弱链接"关系，但是却发挥着非常强大的作用。

最近，美国哥伦比亚大学社会学系的瓦茨教授领导的 E - mail 试验再次证明了这一人际关系世界中惊人的规律。Jon Kleinberg 则把这个问题变成一个可以评估的数学模型，并发表在自己的论文 "The Small - World Phenomenon" 中。我们经常在与新朋友碰面的时候说"世界真小"，因为大家往往可能有共同认识的人，Jon 的研究实证了这个观点。

"六度分隔"理论的发展，使得构建于信息技术与互联网络之上的应用软件越来越人性化、社会化。软件的社会化，即在功能上能够反映和促进真实的社会关系的发展和交往活动的形成，使得人的活动与软件的功能融为一体。"六度分隔"理论的发现和社会性软件的发展向世人表明：社会性软件所构建的"弱链接"，正在人们的生活中发挥越来越重要的作用。

这个理论用另一种方式阐述就更加惊人："你和任何一个陌生人之间所间隔的人不会超过六个，也就是说，最多通过六个人你就能够认识任何一个陌生人。"这个玄妙理论引来了数学家、物理学家和电脑科学家纷纷投入研究，结果发现，世界上许多其他的网络也有极相似的结构。比如，人际网络和 WWW 的架构几乎完全一样，通过超文本链接的网络、经济活动中的商业联系网络、生态系统中的食物链，甚至人类脑神经元以及细胞内的分子交互作用网络，有着完全相同的组织结构。

目前，"六度分隔"和互联网的亲密结合，已经开始显露出商业价值。人们在近几年越来越关注社会网络的研究，很多网络软件也开始支持人们建立更加互信和紧密的社会关联，这些软件被统称为"社会性软件"（social software）。例如 Blog 就是一种社会性软件，因为 Blog 写作所需要的个性和延续性，已使 Blogger 圈这种典型的物以类聚的生态形式，越来越像真实生活中的人际圈。国外现在更流行的是一种快速交友，或者商业联系的工具，如 LinkedIN 。人们可以更容易在全球找到和自己有共同志趣的人、更容易发现商业机会、更容易达到不同族群之间的理解和交流，等等。

　　社会性软件的定义很多，而且还都在不断的发展演变过程之中。它的核心思想其实是一种聚合产生的效应。人、社会、商业都有无数种排列组合的方式，如果没有信息手段聚合在一起，就很容易损耗掉。WWW 成功地将文本、图形聚合在一起，使互联网真正走向应用；即时通讯又将人聚合在一起，产生了 ICQ 这样的工具。然而这还是虚拟的，虚拟虽然是网络世界的一种优势，但是和商业社会所要求的实名、信用隔着一条鸿沟。通过熟人之间，通过"六度分隔"产生的聚合，将产生一个可信任的网络，这其中的商业潜能的确是无可估量的。

　　2. "长尾"理论（long tail）

　　1988 年，一位英国登山者写了《触及巅峰》（Touching the Void）一书，书中讲述了两名英国登山者在秘鲁安第斯山脉的历险故事。10 年后，这本书成功登上《纽约时报》的图书畅销榜并被改编成电影纪录片。这 10 年间发生了什么？是什么力量使它重返市场？

　　一本已被遗忘的书凭借互联网再度火起来。亚马逊网站将其列在同类新书的选择参考之列，并附上了其他读者的评价留言，使这本早被湮没在茫茫书海中的作品再次有了面对读者的机会。这机会不再昙花一现，而是将永远持续，其发行销售的渠道将被无限延伸下去。在技术的加速发展和创新的不断涌动下，互联网发生了不可思议的变革。

　　2004 年 10 月，《连线》杂志主编 Chris Anderson 在一篇文章中，首次提出了"长尾"理论，用来描述诸如亚马逊和 Netflix 之类网站的商业和经济模式。"长尾"实际上是统计学中 Power Laws 和帕累托（Pareto）分布特征的一个口语化表达。Chris 认为，只要存储数量足够大和流通渠道足够顺畅，需求不旺或销量不佳的产品共同占据的市场份额就可以和那些为数不多的热卖品所占据的市场份额相匹敌甚至更大。这是对传统的"二八定律"的彻底叛逆。

　　Chris 所言的长尾是基于互联网技术的出现来说的，之所以存在"长尾"，是因为传统企业难以照顾到的那部分消费者的需求，而在互联网环境下却可以被重新挖掘而产生商机。在互联网的促力下，被奉为传统商业圣经的"二八定律"开始有了被改变的可能性。这一点在媒体和娱乐业尤为明显，经济驱动模式呈现从主流市场向非主流市场转变的趋势。

　　既然有长尾，就有头部（head），也就是那些主流商品，而互联网的技术可以将那些不是主流的商品（如非主流歌曲）与主流商品（主流歌曲）放在一起，形成消费者一种"误解"，以为那也是主流。如果这些非主流很好的话，就自然而然成为主流。这就是互联网的伟大之处。

　　长尾的提出，是互联网发展的一项重要里程碑。通过互联网技术，可以解决很多传统经济学意义上的问题。符合长尾理论的许多市场呈现出新的契机，互联网为其发展提供了温床。而对于博客、维基等社会性软件而言，长尾理论也是其寻找商业模式的一个良好的理论支点。

3. AJAX 技术

AJAX 的全称是 Asynchronous JavaScript and XML，它是多种技术的组合。AJAX 最早的提出者 Jesse James Garrett 这样说：AJAX 并不是一门新的语言或技术。它实际上是几项技术按一定的方式组合，在共同的协作中发挥各自的作用。

传统的 Web 应用允许用户填写表单，当提交表单时就向 Web 服务器发送一个请求，服务器接收并处理传来的表单，然后返回一个新的网页。这个做法浪费了许多带宽，因为在前后两个页面中的大部分 HTML 代码往往是相同的。由于每次应用的交互都需要向服务器发送请求，应用的响应时间就依赖于服务器的响应时间，这导致了用户界面的响应比本地应用慢得多。与此不同，AJAX 应用可以仅向服务器发送并取回必需的数据，它使用一些基于 XML 的 Web Service 接口，并在客户端采用 JavaScript 处理来自服务器的响应。因为在服务器和浏览器之间交换的数据大量减少，结果我们就能看到响应更快的应用。同时很多的处理工作可以在发出请求的客户端机器上完成，所以 Web 服务器的处理时间也减少了。

使用 AJAX 的最大优点就是能在不刷新整个页面的前提下维护数据，这使得 Web 应用程序更为迅捷地响应用户交互，并避免了在网络上发送那些没有改变的信息。

AJAX 不需要任何浏览器插件，但需要用户允许 JavaScript 在浏览器上执行。就像 DHTML 应用程序那样，AJAX 应用程序必须在众多不同的浏览器和平台上经过严格的测试。随着 AJAX 的成熟，一些简化 AJAX 使用方法的程序库也相继问世。同样，也出现了另一种辅助程序设计的技术，为那些不支持 JavaScript 的用户提供替代功能。

一个相关的观点认为，使用动态页面更新使得用户难于将某个特定的状态保存到收藏夹中。该问题的解决方案也已出现，大部分都使用 URL 片段标识符（通常被称为锚点，即 URL 中#后面的部分）来保持跟踪，允许用户回到指定的某个应用程序状态。许多浏览器允许 JavaScript 动态更新锚点，这使得 AJAX 应用程序能够在更新显示内容的同时更新锚点。

直观一点地说，AJAX 能够实现不刷新浏览器窗口（当然更不用安装额外的插件）而满足用户的操作，它使得用户可以任意修改网页上的个人信息，且无需向服务器重新发送请求和刷新页面。这样，不仅大大提高了用户体验，而且还在很大程度上缓解了服务器的数据处理压力，可以解决当前以任务、流

程为主要目的的网络信息管理软件的弊端，极大地推动了互联网进入 Web2.0
时代的信息化进程。

6.1.4　Web2.0 环境下知识转移与交流的新模式

在互联网发展到 Web2.0 时代，对于信息与知识的转移与交流学习发生了
巨大的影响，最为显著的就是从"点交流"模式转向"场交流"[199]。

6.1.4.1　Web2.0 之前的知识转移与交流模式——"点交流"模式

"点交流"是指，学习者与知识源之间的关系，是一种单向交流关系，即
通过相应的知识源发布网站，知识源把具体信息与知识内容转移给访问站点的
学习者的单向传递方式（如图 6-1）。例如，"CNKI 数字图书馆"（http://
www.cnki.net/），提供了丰富学习资源，我们作为知识的学习者，只能够从
"CNKI 数字图书馆"检索到中国期刊全文的数据、优秀博硕士学位论文全文
的数据、会议论文全文的数据、重要报纸全文的数据、中国年鉴全文的数据、
中国图书全文的数据等，知识只是单向地由知识源——"CNKI 数字图书馆"
转移到学习者——我们的一方。

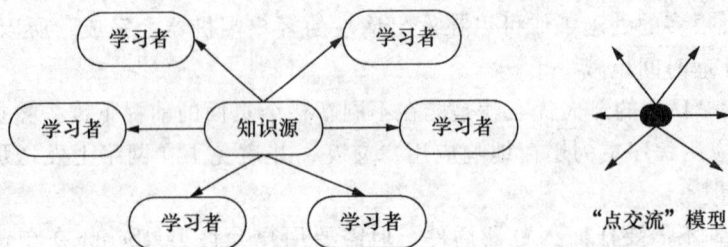

图 6-1　点交流模式

在"点交流"模式中，知识转移与传播是一种单向关系，用户访问使用
资源，对知识源内容等不产生任何作用和影响。同时，知识的学习者即用户并
不因为访问同一知识源站点而建立彼此的关联。如上例所述，不同学习者访问
CNKI 资源，并不能引发对 CNKI 资源内容的任何改变，不同学习者也并不因
为共同访问 CNKI 而建立社会关联。

由此可知，"点交流"的行为特点是：交流行为不会对信息知识内容的变
化产生作用与影响；交流行为不会对参与人员的社会关联产生作用与影响。在
Web2.0 之前的互联网阶段，我们获取知识的方式主要是"点交流"模式。

6.1.4.2　基于 Web2.0 知识转移与交流模式——"场交流"模式

"场交流"是指，不同的知识学习者在获取知识源提供的服务时，相互之

间建立起一定的社会关联（如图 6－2 所示）。例如，"del. icio. us 共享书签"
（http：// del. icio. us），通过为每一位用户提供管理与共享书签的服务，使得
站点 del. icio. us 中内容不断丰富。站点 del. icio. us 中的内容源于每一位使用者
提交贡献的内容，同时，每一位使用者在使用"del. icio. us"服务过程中，彼
此之间建立起相应的社会关联。

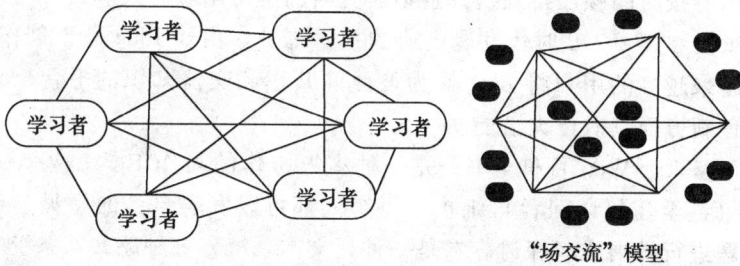

图 6－2　"场交流"模式

　　显然，"场交流"的特点为：交流行为直接对信息内容构建产生作用与影
响；交流行为促进参与人员建立社会关联。

　　结合前面对"点交流"的分析，我们可以看出"点交流"与"场交流"
是两类完全不同的交流方式。它们之间区别的关键在于两点：一是对资源内容
产生的作用与影响不同，二是对参与者社会关联产生的作用与影响不同。

　　总而言之，"场交流"不仅对交流内容构建不断产生作用与影响，而且用
户个体之间不断产生相互作用与影响。个体 A 的参与行为随时间发展会对个
体 B 产生作用与影响，而个体 B 的参与行为又会反作用于个体 A，这是一种螺
旋发展的往复过程。若干个体在"场交流"过程中，都是在参与着不同规模
的螺旋发展的往复交流。每一次每一阶段的往复交流，产生的作用效果都不相
同，并且是一种非线性变化过程。

6.1.4.3　基于 Web2.0 的"场交流"模式的技术架构

1. Web2.0 下典型的知识技术工具

（1）Blog。Blog 是 Weblog 的简称，即 Web 与 log 的组合词，它有两层含
义：首先它是 Log，也就是日记或日志，以时间顺序来排列我们每天所记录的
任何东西；其次是以 Web 网页方式显示和发布，在借助于互联网的超链接情
况下，人们可以分享自己的经验、想法、感受等，并由此形成一种新型的网络
虚拟社区和人际交往方式。简单说来，Weblog 是在网络上的一种流水记录形
式，所以也称为"网络日志"，或简称为"网摘"。《网络翻译家》对 Blog 的
概念解释为：网络出版（Web Pubilshing）、发表和张贴文章（Post 这个词当名
词用时就是指张贴的文章）是个急速成长的网络活动，现在甚至出现了一个

用来指称这种网络出版和发表文章的专有名词——Weblog 或 Blog。一个 Blog 就是一个网页，它通常是由简短且经常更新的 Post 所构成：这些张贴的文章都按照年份和日期排列。Blog 的内容和目的各有不同，从对其他网站的超级链接和评论，有关公司、个人、构想的新闻到日记、照片、诗歌、散文，甚至科幻小说的发表或张贴，应有尽有。Blog 的简单定义就是：一种用来表达个人的思想、内容按时间顺序排列，并且不断更新的网络出版方式。

　　Blog 是在 Web2.0 时代发展迅速的技术之一。由于 Blog 易于创作、发布、交流，越来越多的用户将 Blog 作为彼此间共享和交流知识的平台，它在知识共享和创新方面具有巨大潜能。

　　(2) Wiki。Wiki 百科全书，是一种多人协作的写作工具。Wiki 站点可以由多人（甚至任何访问者）维护，每个人都可以发表自己的意见，或者对共同的主题进行扩展或者探讨。它是一种超文本系统，这种超文本系统支持面向社群的协作式写作，同时也包括一组支持这种写作的辅助工具。我们可以在 Web 的基础上对 Wiki 文本进行浏览、创建、更改，而且创建、更改、发布的代价远比 HTML 文本小。

　　Wiki 的历史不长，无论是 Wiki 概念本身，还是相关软体系统的特性，都还在热烈的讨论中，所以怎样的一个站点才能称得上是一个 Wiki 系统还是有争议的。同时，我们可以看出，Wiki 与 Blog 的功能相近，它们都降低了超文本写作和发布的难度，都是同内容管理系统密切相关的，然而，这两者之间还是有不同的地方（如表 6-1 所示）。

表 6-1　　Wiki 与 Blog 的区别特征

Wiki	Blog
Wiki 站点一般都有着一个严格的共同关注，Wiki 的主题一般是明确的、坚定的。 　Wiki 站点的内容要求高度相关性，其确定的主旨，任何写作者和参与者都应当严肃地遵从。Wiki 的协作是针对同一主题作外延式和内涵式的扩展，将同一个问题谈得很充分、很深入。	Blog 是一种无主题变奏，一般来说是少数人（大多数情况下是一个人）的关注的蔓延。 　一般的 Blog 站点都会有一个主题，但是这个主旨往往都是很松散的，而且一般不会去刻意地控制内容的相关性。
Wiki 非常适合于做一种 " All about something " 的站点。个性化在这里不是最重要的，信息的完整性和充分性以及权威性才是真正的目标。 　Wiki 由于其技术实现和含义的交织和复杂性，如果你漫无主题地去发挥，最终连建立者自己都会很快地迷失。	Blog 注重的是个人的思想（不管多么不成熟，多么匪夷所思），个性化是 Blog 的最重要特色。 　Blog 注重交流，一般是小范围的交流，通过访问者对一些或者一篇 Blog 文章的评论和交互。
Wiki 使用最多也最合适的就是去共同进行文档的写作，或者文章/书籍的写作，特别是技术相关 FAQ，更多的也是更合适地以 Wiki 来展现。	Blog 也有协作的意思，但是协作一般是指多人维护，而维护者之间可能着力于完全不同的内容。这种协作就内容而言是比较松散的。

由于 Wiki 有使用方便及开放性的特点，所以 Wiki 可以在社群成员的共同协作下进行新知识的创造，因而它能够更好地帮助虚拟企业组织实现内部知识传播与知识共享。

（3）SNS。SNS（Social Network Software）是一个采用分布式技术，通俗地说，是采用 P2P 技术构建的下一代基于个人的网络基础软件。通过分布式软件编程，将现在分散在每个人的设备上的 CPU、硬盘、带宽进行统筹安排，并赋予这些相对服务器来说很渺小的设备更强大的能力。这些能力包括：计算速度、通信速度、存储空间。SNS 通过互联网的方式，可以将人际关系网的资源完全挖掘出来，它的理论依据正是著名的六度分隔理论。在 SNS 的帮助下，可以轻松认识"朋友的朋友"，通过认识的人找到需要的人，扩展自己的人脉，还可以更科学地管理人际网络资源，为自己赢得更多的机会。

（4）Tag。Tag 中文名称叫"标签"，可以通过对自己的文章加 Tag 来看到和自己有相同兴趣的其他人的文章。当你累计了一定数量的 Tag 之后，你会发现自己最关心的话题。Tag 的核心价值在于"分享"，Tag 体现了群体的力量使得日志之间的相关性和用户之间的交互性大大增强。

（5）RSS。RSS 就是一种简单的信息发布和传递方式，使得一个网站可以方便地调用其他提供 RSS 订阅服务的网站的内容，从而形成"新闻聚合"，让网站发布的内容在更大的范围内传播。通常是下载一个 RSS 阅读器订阅 RSS 内容。

（6）BookMark（书签）。用户收藏超链接到网站，因为收藏的超链接可以被许多人在网络上分享，因此也有人称之为社会性网络书签。用户可以通过它来收集、分类、聚合感兴趣的网络信息，如新闻、图片、资料、网站等。同时，也能方便地与其他人分享自己的个人收藏，并从其他用户收藏中进行信息采集。社会性网络书签使得信息的分享和交流更为简单和方便。

2. 基于 Web2.0 的"场交流"模式的技术架构模型

如前所述，Web2.0 环境下以 Blog、Wiki、RSS、Tag、BookMark、SNS 为代表的知识技术为人们的知识交流方式带来了根本性的革新。同时，由于单独任何一种知识技术囿于其本身固有的劣势，无法有力地支持我们所需要的各种纷繁复杂的"场交流"环境。因此，笔者综合运用 Web2.0 下各种知识技术工具，构建出一个完整的支持"场交流"模式的技术架构平台（如图 6-3 所示）。

在 Web2.0 的"场交流"环境下，每个员工在应用 Blog、Wiki、RSS、Tag、BookMark、SNS 过程中，代表员工个体身份的，不仅仅是网络站点，而是员工个体网络场。员工个体网络场是个体在应用 Blog、Wiki、RSS、Tag、BookMark、SNS 等过程中所构建的以个体应用为中心的节点网络空间。

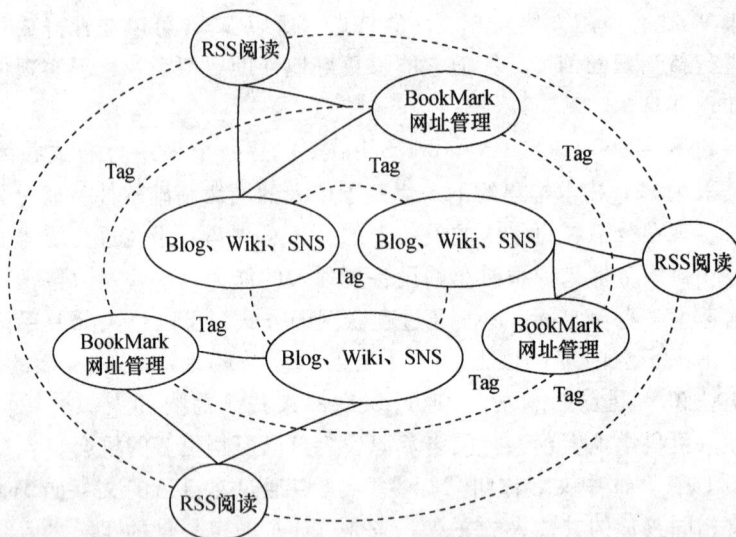

图 6 - 3　基于 Web2. 0 的"场交流"技术架构

图 6 - 3 中组成网络"场交流"的基本单元是员工个体网络场，员工个体网络场单元模型即由三条线连接起来的"Blog、Wiki、SNS 网志—BookMark 网址管理—RSS 阅读"。内圈表示个体之间通过运用 Blog、Wiki、SNS 进行相互交流；中间圈表示共享书签与共享书签的交流。从未来网络社会性技术发展趋势来看，共享 RSS 阅读列表是必然趋势。因此，最外圈表示 RSS 订阅列表与 RSS 订阅列表的交流。

"场交流"是互联网 Web2. 0 的主要与典型的交流方式。尽管"场交流"在服务内容上十分的多样化，并处于不断发展之中。但是，从"场交流"平台的功能与技术发展来看，它们都是以增进用户之间的社会化程度作为实现目标的，并且通过发展、遵循和采用一些共同技术规范来实现"场交流"平台的具体服务功能，促进不同"场交流"平台之间的数据关联。

6.2　基于 Web2. 0 的虚拟企业知识共享系统框架

6.2.1　构建原则

本书建立的基于 Web2. 0 的虚拟企业知识共享系统框架，是以影响虚拟企业知识共享的主要因素作为出发点进行构建，其构建原则如下：

1. 科学性

基于 Web2.0 虚拟企业知识共享平台体现信息技术、人和信息资源的属性，作为知识共享的基础设施，鼓励人与人之间在这个平台上的合作和交流。在虚拟企业进行知识转移与知识共享过程中，以本系统平台作为知识集约、应用、交流的空间。

2. 便捷性

要方便虚拟组织内的一对一、一对多和多对多模式的知识共享与交流。主要体现为虚拟知识共享系统要有利于知识在虚拟组织内部个体员工之间的点对点交流，以及同一主题虚拟社区的成员之间的互动与交流。

3. 环境依赖性

在虚拟企业组织内，鼓励知识共享、主动发现和贡献知识、建立尊重知识的文化，这是关系到知识共享成败的关键。有以知识为导向的组织文化，才能够自然而然地共享知识；有了优秀的知识团队，才能促进显性知识与隐性知识的充分互化、提高知识交流的效率。因此，虚拟企业知识共享系统是否高效、实用，与环境密切相关，有了鼓励沟通的文化氛围和环境方能促进知识交流与共享。

6.2.2 基于 Web2.0 的虚拟企业知识共享系统框架

虚拟企业知识共享过程不仅仅是一个基于 Web2.0 的 IT 项目，也不仅仅是业务流程的重组，而是和各种因素联系在一起的系统工程。结合 Web2.0 的特征，本书构筑出一个基于 Web2.0 的虚拟企业知识共享系统（Virtual Enterprise Knowledge Sharing System，VEKSS）框架（如图 6-4 所示）。

图 6-4 的系统框架突出了知识环境、知识集市和知识共享平台三个方面：

（1）知识环境，主要是在环境方面对虚拟企业组织知识共享提供支持，即需要在虚拟企业组织战略、文化、价值观等方面来推进知识共享在虚拟企业组织中的实施，在虚拟企业组织中形成知识交流的气氛和知识共享的文化，使每一个成员企业的个体员工能够有效地进行"从业务中学"、"分布学习"以及"虚拟团队学习"。

（2）Web2.0 构成的知识集市，主要由 Web2.0 环境常用的 Blog、Wiki、RSS、SNS 等技术工具构成。知识集市中的各种基于 Web2.0 的工具为虚拟企业中的知识的组织方式、知识的可见程度以及各种知识的关系的实现，提供了有力的保障机制。Web2.0 的技术工具和思想保证所有员工能够访问最佳的实践资源。

（3）基于 Web2.0 的知识共享平台，主要包括两个方面：其一是虚拟企业组织中个体成员进行一对一的知识交流平台——个体之间知识共享平台，通过

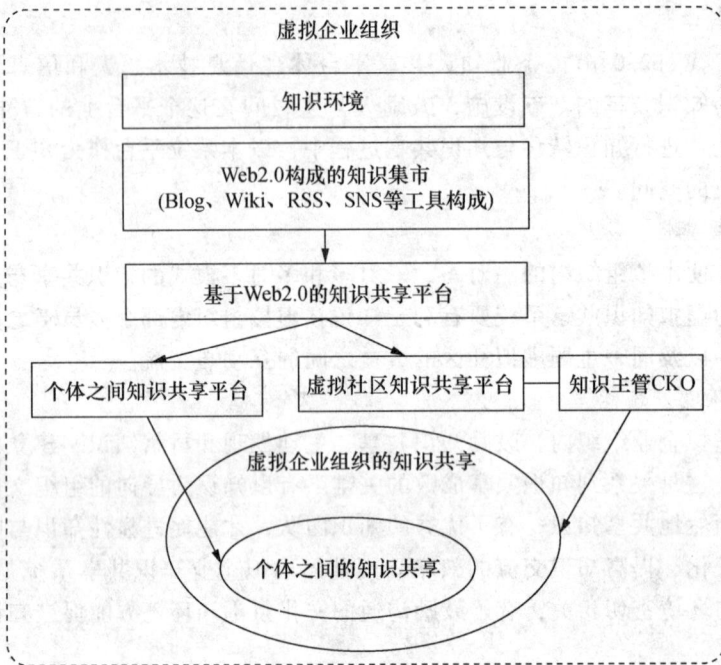

图 6 - 4　基于 Web2. 0 的虚拟企业知识共享系统（VEKSS）

该平台实现虚拟企业组织中个体之间的知识共享；其二是与虚拟企业组织中多人之间知识交流的平台——虚拟社区知识共享平台，该平台首先实现虚拟社区的知识共享，然后通过知识主管 CKO 的管理，将虚拟社区中的群体知识进一步转化为整个虚拟企业组织的知识，实现虚拟企业组织的知识共享。

可以看出，通过基于 Web2. 0 的知识共享平台实现个体之间和虚拟企业组织两个层面的知识共享，成为建设基于 Web2. 0 的虚拟企业知识共享系统（VEKSS）的核心所在。因此，需重点对个体之间的知识共享、虚拟企业组织的知识共享进行分析和研究。

6.3　基于 Web2. 0 的虚拟企业知识共享系统的功能

6.3.1　个体之间的知识共享——基于 Blog

1. Blog 构建个体之间知识共享的匹配性

（1）零技术与零门槛。过去，即使是最开放的个人网站，其实技术门槛还是比较高的，只有少数精通技术或者有条件实现技术的人才能拥有一个个人网站，比如域名知识、FTP 知识、网页制作和编程知识等。但是，Blog 却不需要这些专业知识，只要一个网民上网，会发邮件，就可以没有任何技术障碍地马上拥有自己的 Blog 网站的编辑，可以像发邮件一样简单地实现静态内容的呈现、编辑、传播。Blog 的力量就在于技术的极度简化。这一点不仅仅在用户这一端，对于系统架构师和系统管理员同样如此。因为应用模式简单，对于系统管理人员来说，只需要在系统初始化时进行一次性的设置，后面的维护工作非常少。Blog 让读者成为作者，从知识和信息的消费者变为供应者，既是一名知识收集者，也是一名知识共享者，借助这样一个学习工具和个人知识管理工具，人们可以不再受缚于传统工具的限制，逐步养成终身学习的习惯。

（2）高共享性。Blog 的内容在网络中是无障碍公开发布的。个体通过查看组织内其他个体的 Blog 便可知道其他个体的想法，了解他们的经验、心得。无形中个体的知识便在组织中得到了共享。加上 RSS 的高聚合特性，个体可以在打开 RSS 阅读器的第一时间掌握其他个体知识的更新，第一时间与其他个体分享知识。

（3）强交互性。Blog 的一项功能是用户可以发表评论。当个体阅读完组织内其他个体共享的心得、经验、知识时，他可以针对相应问题与发布者在 Blog 上进行交流。这样，Blog 便构建了一个虚拟的面对面交流的场景，为个体间提供了一个交流的平台，这为知识的积累和共享提供了有力的保证。RSS 还可以将交流的内容发布出去，这样未参与交流的个体也能在第一时间掌握交流的信息，使更多的人分享、积累知识。

（4）稳定的知识积累。通过 Blog 发布的心得、经验、观点以及相应的评论都会存储在系统的数据库中，这就保证了知识的不丢失，每一个个体的知识都会被记录、积累下来。通过规范的系统数据库设计、规范的程序代码编写，组织又可以轻松、方便地查找所需要的知识。这对组织的知识管理是非常有利的。

（5）知识种类多样化。Blog 的个性化使得个体可以在 Blog 上发布各种各样的知识，结合 RSS 的推送功能又将这些知识传递给其他个体，这就使得组织中共享着多样的知识。知识发布的多样性也会使知识积累与知识共享呈现出多样性，进而使知识产生跨越式的增值[202,203]。

2. 基于 Blog 的个体知识共享原理

Blog 在知识管理领域的功能主要表现如下：

（1）知识的收集。

①个性需求的信息发布：Blog 提供个体信息发布平台，其最大特点是体现个性化的信息需求。②制定有效的获取战略：主要通过搜索引擎、超文本链接和 RSS 信息聚合器实现。

（2）知识获取。

① 对信息价值的高效判断：通过 Blog 对知识收集过程中获得的知识进行有意识的筛选和过滤，去伪存真。② 有针对的信息组织：确定信息的优先级别，进行专题分类、归档、保存，为不同的主题建立标签和索引，初步构建 Blog 的知识架构系统，实现显性知识的系统化以及隐性知识的显性化。

（3）知识共享。

① 创建交流空间：将收集获取的知识通过 Blog 发布，为其他人提供共享的机会，供其阅读和评论，构建个性化的交流空间。② 进行信息跟踪：例如 A 引用了 B 的 Blog 内容，那么 B 会知道 A 引用了他的内容，也就知道了 A 对自己的主题感兴趣，他们可以进行更多的交流。③ 扩大知识群落：建立包含多个外链接的 Blog 社区，形成更大的虚拟知识群落。

（4）知识应用。

① 在实践中验证知识：将知识运用于具体的工作中，发挥知识的实际作用，通过实际工作来验证自己所获知识的正确性，完善和充实知识内容。② 评估知识的价值：经常评估、评价 Blog 中所存储信息和目录的价值并有效实现知识价值的科学转化。

依据上述 Blog 的功能，结合日本学者野中郁次郎的知识转化过程 SECI 框架，本书构建出个体知识共享的模型（如图 6 - 5 所示）。

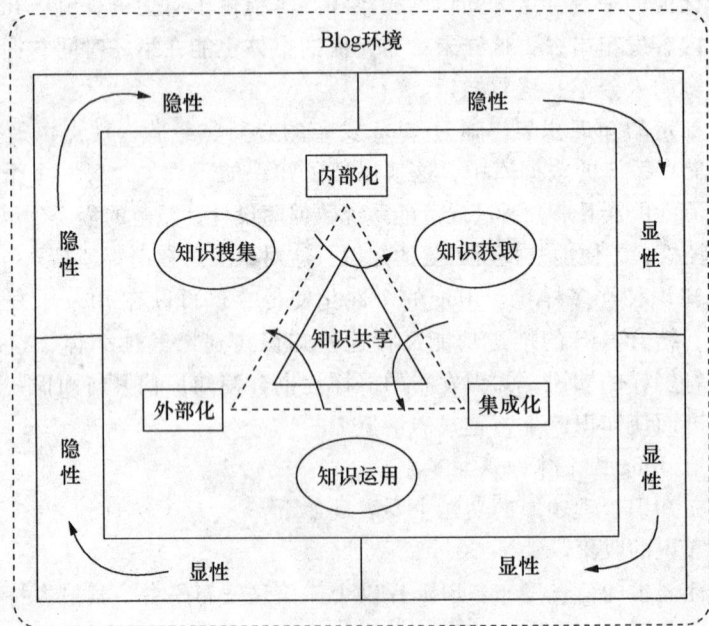

图 6 - 5　基于 Blog 的个体知识共享模型

图 6-5 中的实线三角形部分表示 Blog 空间是模型的核心——知识共享。由图可以看出：从知识搜集到知识获取经过了一个内部化的转化，而通过 Blog 集成化完成了从知识获取到知识运用，将知识运用到实践中加以评估后实现了知识的外部化。图中所示的这些过程，一方面是知识从隐性到显性的转化过程，由此形成的知识更加系统和全面；另一方面也是知识从显性到隐性的转化过程，对所提取的知识进行过滤消化，提高了知识深度。完成这些过程后，Blog 的知识空间向外扩展到虚线三角形，不断往返循环，使个体的知识广度和知识深度获得可持续的推进与发展。

6.3.2　虚拟企业组织的知识共享——基于 Wiki

1. 基于 Wiki 的虚拟企业组织的知识共享特征

Wiki 和 Blog 都是采用基于 Web 直接发布信息的模式，打破了时间和空间的局限性，能更好促进知识的传播与共享。所不同的是，Blog 上共享的知识资源大多是个体知识的积累，而 Wiki 上除了有个体的知识积累外，更多的是集体智慧的结晶，它所体现的是一种协作学习、资源共建的思想，能够在实现知识共享的基础上进一步促进虚拟企业组织的知识创新。因此和 Blog 相比，Wiki 不仅要在技术上帮助虚拟企业组织实现内部知识共享，同时要对解决组织在知识共享过程中遇到的文化和制度等层面的制约因素也起到一定辅助性作用，从而保障虚拟企业组织内部知识共享的顺利实施。具体基于 Wiki 的知识共享平台的特征如下：

（1）提供良好的知识共享渠道。目前，各成员企业以及内部员工通过网络传播的即时性和多样性，可更好地实现虚拟企业组织内部的知识共享。但是仅仅依靠网络本身来进行知识共享显然是不够的，虚拟企业组织还需要结合一些先进的群件和协同软件来共同取得知识共享的理想效果。因此，在虚拟企业网络的基础上应用 Wiki 来辅助组织实现其内部的知识共享是十分有必要的。对于虚拟企业组织中各成员企业的员工而言，Wiki 是一个完全开放的思想交流平台，虚拟企业组织内的任何人都可以在上面发表自己的言论，随时与其他员工进行相互探讨，更好地进行头脑风暴。员工间的交流也不再局限于单个成员企业之内，可以跨越成员企业的边界建立起不同的社群，通过社群成员的相互协作和知识共享来共同完成组织的某项任务，如起草产品的推广方案、制定组织的发展战略等。而员工在相互合作的过程中，也进一步加强彼此的信任感和合作意识，使整个组织的凝聚力得到有效增强。

（2）促进隐性知识的转化。在虚拟企业组织当中，隐性知识占了绝大部分，隐性知识只能意会难以言传的特点给组织内部的知识交流造成了客观上的障碍，从而使虚拟企业组织内部的知识共享难以实现。传统的解决方法是通过编码化、面对面交流等途径将隐性知识转化为易于传播的显性知识，进而实现知识共享，但是由于这些方法往往要耗费很多人力、物力，因此并不是虚拟企业组织实现知识共享的最佳途径。Wiki 为解决这一问题提供了一种更为先进的方式。由于 Wiki 支持多种格式的文件类型，而且操作简单，因此虚拟企业组织内的个体员工可以随时根据需要在 Wiki 平台上通过发布图片、动画、录像等方式将那些难以用文字或语言表述的隐性知识形象地表现出来，从而使其他个体员工能够更加直观地了解和学习这些知识，实现虚拟企业组织内部的知识共享。

(3) 加强知识共享的精神激励。虚拟企业组织为了促进整个组织内的知识共享，一般都会采用一定的激励机制来刺激和促进虚拟企业组织内的知识转移与共享。但是在这些激励机制中，虚拟企业组织更注重的是物质激励，往往忽略了精神激励。而 Wiki 为虚拟企业组织提供了一个资源共建的知识共享平台，它允许任何个体员工对页面进行修改、删除和创建，共同对 Wiki 站点进行维护，因此对虚拟企业组织内的任何个体员工而言，在为虚拟企业组织内部知识共享做出贡献时，自然而然就增加个体员工的成就感，更好地激发他们参与知识共享的热情与积极性。而且员工在通过 Wiki 平台贡献自己知识的同时，还能迅速树立起个体声誉：谁贡献的知识越多，谁就越有价值，就越能获得其他人的尊重和敬仰。在此基础上，虚拟企业组织还可以用某个个体员工或某个社群的名字为他们所创造出来的新知识命名，通过网络的快速传播效应，使得人们在学习和运用这些知识时，知识贡献者的知名度获得提升，反过来又进一步刺激了贡献者继续共享知识的欲望。

(4) 减少知识共享的风险。尽管 Wiki 是一个开放性的知识共享平台，所有员工都可以对上面的知识内容进行编辑，但同时 Wiki 也提供版本恢复的功能，即任何时候组织都可以找回编辑前的版本，恢复以前的内容，因此可以有效避免知识共享中的人为破坏。而且员工在登录了虚拟企业组织的 Wiki 站点后，其 IP 地址会被系统自动记录下来，维护人员一旦发现有可疑的 IP 地址，便可以及时禁止其对站点进行访问。同时，虚拟企业组织还可以设置 IP 地址的范围和页面编辑权限，只允许本虚拟组织内部的员工登录 Wiki 站点共享组织知识，从而使虚拟企业组织内部的知识成果得到有效保护。

2. 基于 Wiki 平台的虚拟企业组织的知识共享

虚拟企业组织内部的知识共享行为包含了两个层面的意思：第一个层面是知识交流所涉及的隐性知识和显性知识之间的相互转化；第二个层面是知识在虚拟企业组织内部的流动。其实，第二个层面是隐含在第一个层面中的，也就是说，虚拟企业组织内部的知识流动意味着隐性知识和显性知识之间的转化。日本学者野中郁次郎提出了描述知识转化过程的 SECI 模型，该模型将知识从隐性到隐性的转换、隐性到显性的转换、显性到显性的转换、显性到隐性的转换分别称为知识的社会化、外化、融合、内化过程，从而合理地揭示了知识共享过程的实质。在基于 Wiki 的知识共享平台上，知识的外化、融合和内化三个过程都可以通过 Wiki 的功能得以充分实现，而知识的社会化指的是隐性知识向隐性知识的转化，是一个潜移默化的过程，需要通过虚拟企业组织内部各员工之间的相互观察、学习和不断实践才能完成，Wiki 的功能在此方面目前无法实现。

因此，在 Wiki 平台上，通过个体的隐性知识、个体的显性知识、虚拟企业组织的显性知识的相互转化，可完成虚拟企业组织内部的知识共享过程（如图 6－6 所示）。

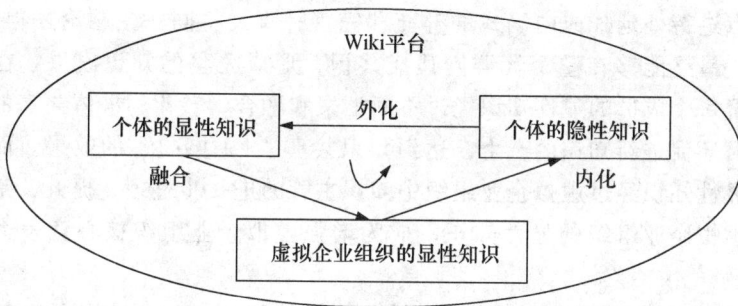

图 6－6 基于 Wiki 的虚拟企业组织内部知识共享模型

（1）个体隐性知识转化为个体显性知识。这是隐性知识的外化过程，也是虚拟企业组织内部知识共享过程中的难点所在。在一般情况下，虚拟企业组织内部的员工往往会在自己的日常工作中，有意识或无意识地，通过自己的实际行动使一部分隐性知识外化出来。但是在这种情况下个体员工所外化出来的隐性知识是十分有限的，而且其他员工往往需要对知识贡献者的背景知识（如个体偏好、工作习惯、态度等）有一定了解后，才能充分体会和掌握他们所外化出来的显性知识，因此一般需要耗费很长的时间来实现隐性知识向显性知识的转化。而在基于 Wiki 的知识共享平台上，这种知识形式的转化过程完全是基于员工有意识的主动共享行为上的，因而能够更好地提高隐性知识转化的效率和质量。员工可以在日常工作中随时将自己头脑中瞬时产生的一些想法记录在 Wiki 上，虽然这些观点可能还不成熟，也难以用文字表述，但是员工可以利用 Wiki 提供的各种图表、图片、视频等方式进行辅助描述，还可以随时在自己原有记录的基础上不断进行补充和修改，Wiki 会自动将更新的页面保存下来。员工在通过一段时间的知识积累后，一些成熟的观点会慢慢在这些记录片断中呈现出来，这些成熟的观点往往就是隐含在员工头脑中难以表述的工作经验和技巧。因此，Wiki 不仅充分挖掘出员工个体的隐性知识，还使它们具备了一定的逻辑性，能够较为容易地转化为显性知识，同时也为其他员工学习和利用这些知识提供更加直观、快捷的途径，从而提高知识转化的效率。

（2）个体显性知识转化为虚拟企业组织的显性知识。这实际上是个体显性知识的积累融合过程。虚拟企业组织内的个体员工通过第一阶段的个体隐性知识到显性知识的转化后，会对相互的知识结构有一定的了解和认识。在此基础上，对虚拟企业组织内某个领域的知识有共同兴趣的员工会通过 Wiki 平台逐渐聚拢到一起，形成一个社群，然后对该知识领域的问题进行共同探讨。在讨论的过程中，社群的每个成员都可以就共同关心的话题提出自己的观点，而其他人则可以随时通过编辑、修改 Wiki 页面中的内容来对别人发布的这些显性知识观点进行外延式或内涵式的补充和完善，直到将同一主题论述得很充分、很深入，最终能够在整个社群内达成共识，形成完整的知识成果。在此过程中，社群每个成员的显性知识经过不断汇聚和融合，转化为群体共享的显性知识，同时还促进新知识的产生，达到知识共享"1 + 1 > 2"的效果。而若干个社群的显性知识经过虚拟企业组织中知识主管的进一步整理、提升，最终转化为整个虚拟企业组织的显性知识，成为增强虚拟企业组织核心竞争力的关键因素。

（3）虚拟企业组织的显性知识转化为个体隐性知识。这是显性知识的内化过程。当个体员工的显性知识转化为虚拟组织的显性知识后就成为整个组织的共享资源，虚拟企业组织内的其他个体员工可以通过登录 Wiki 站点对这些共享知识进行浏览，还可以通过站内搜索引擎直接查询到所需的知识。个体员工在获取虚拟企业组织的显性知识后，经过自己的不断学习、体会和实践，逐渐将这些知识运用到个人的日常工作中，成为自己的技巧和诀窍，使组织的显性知识转化为个体的隐性知识，同时也使自己的知识体系得到进一步完善。

（4）知识共享的"螺旋式上升"。经过上述三个阶段的知识形式转化后，虚拟企业组织便通过 Wiki 平台实现了内部的知识共享。随后个体员工会利用自己在知识共享中所获取的隐性知识来解决实际工作问题，而在运用这些隐性知识的同时，个体员工又会结合自己的实际工作体会产生新的想法，进而可以继续将这些新的经验和想法通过 Wiki 平台表述出来，使个体隐性知识又转化为个体显性知识，从而开始新一轮的知识共享过程。所不同的是，通过前一轮的知识共享，员工已经基本明晰虚拟企业组织内部的知识体系，明确了该虚拟企业组织对知识资源的具体需求，因而在新一轮的知识共享过程中，个体员工所贡献的知识对虚拟企业组织而言将更有价值。经过无数次的知识共享循环过程后，虚拟企业组织内的知识资源被不断补充和完善，使虚拟企业组织的整体绩效和知识创新能力都得到飞速提升。因此，基于 Wiki 的虚拟企业组织内部的知识共享是一个"螺旋式上升"的过程（如图 6-7 所示）。

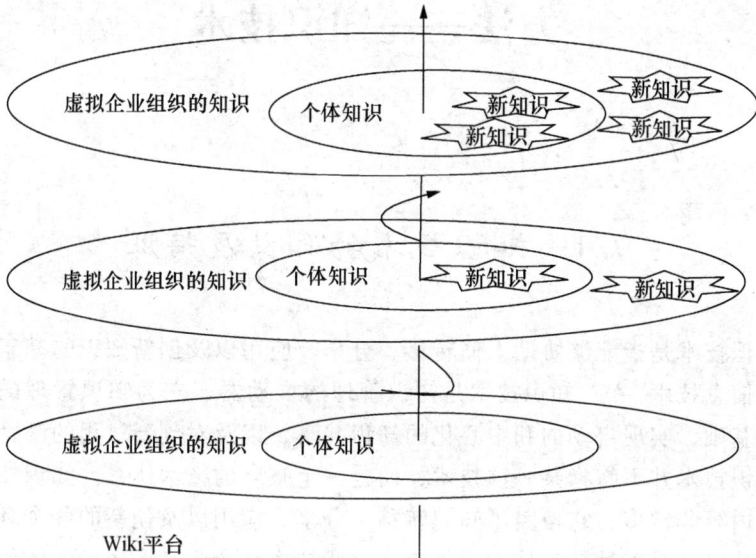

图 6-7　虚拟企业组织知识共享的"螺旋式上升"模式

6.4　本章小结

本章从 Web2.0（第二代互联网）的理论基础——六度分隔理论和长尾理论出发，首先，对 Web2.0 的典型特征"去中心化"、"社会化"等特征进行解读，进一步阐释了 Web2.0 环境下知识转移与交流的机理。其次，本章构建出一个基于 Web2.0 的虚拟企业知识共享系统（Virtual Enterprise Knowledge Sharing System，VEKSS）框架，并对 VEKSS 系统中个体之间的知识共享以及虚拟企业组织的知识共享机制进行详细的分析。本章构筑的虚拟企业知识转移的实现平台——VEKSS，对提升虚拟企业的知识转移能力具有重要意义。

第七章 虚拟企业知识转移的实现方法——知识技术

7.1 知识技术的涵义及特征

知识技术是指能够协助人们转移、分享、应用以及创新知识的基于计算机的现代信息技术[205]。知识技术是知识管理的推动器，它为知识管理的解决方案提供基础，实现自动的和中心化的知识共享，以及对创新过程的激励。

知识技术并不特指某一项技术，而是一个整合的技术体系。知识技术包括的技术内容非常多，它覆盖了知识转移、分享、应用以及创新的各个环节；同时知识技术又是多种信息技术的集成，这些技术结合起来形成了整体的知识管理系统，为企业提供知识管理服务。

在知识经济社会中，企业的生存和发展模式都发生了巨大的变化。随着知识资本在企业发展中的地位不断上升，创造一种能够使知识得到良好管理和共享的环境就变得越来越重要。知识技术的发展为知识的获取、组织和共享提供了便捷的途径。强大的知识技术既是构建知识共享系统的基础，也是实现知识转移与交流的强大推动力。

7.2 知识技术的基础

7.2.1 语义基础——Ontology

Ontology（本体论）是用来描述某一领域知识的术语，广泛应用于需要共享某一领域信息的应用。这一领域是指某一特定的主题范围或知识范围，如医药、工具制造、财务管理等。它包括可以用于计算机领域的基本概念的说明和它们之间的关系。它们在某领域内编码知识，同时也在不同领域之间编码知识。用这种方法，它们使知识的重复利用成为了可能。它描述的范围从简单的分类学，到元数据图解，再到合乎逻辑的理论学说。

在 20 世纪 80 年代，Ontology 一词主要用在图书分类和专家系统中。90 年代之后，互联网的驱动使得 Ontology 的用途越来越广泛，在非分类学专家、未受训公众当中同样流行起来。特别是随着人工智能与知识工程的兴起，Ontology 成为包括知识工程、自然语言处理和知识表示在内的诸多人工智能研究团体的热门课题。

在知识转移与共享过程中，Ontology 被理解为"对概念化进行详细解释的规范"。它所表示的知识不是编码系统或软件开发者的知识，而是内容生产者和供应者的知识。对于 Ontology 来说，最重要的是它是为什么而制定的。很多人认为它的目的就是实现知识转移与共享。对于知识的正确性描述主要是建立在一系列概念之上，如物体、概念和那些被假定存在的影响，以及它们之间的关系。所谓概念化就是我们对于世界上的某些事物所持的抽象、简洁的见解。任何基础知识体系都是对一些概念的明确归纳，尽管有些是明显的，有些是含蓄的。因此，Ontology 是概念化的规范。

Ontology 的核心作用就在于它定义了某一领域、领域之间的一系列概念以及它们之间的关系。在这一系列概念的支持下，知识搜索、知识积累、知识转移与共享的效率将大大提高，真正意义上的知识重用和知识共享也成为可能。这一系列基本的概念如同构成一座大厦的基石，为交流各方提供了一个统一的认识。例如，不同地区的人由于习惯、文化的差异对同一个词汇会有多种不同的理解方式，导致在交流过程中出现很多理解上的错位，有时这些错位会使交流完全中断。但当科学家用纯科学的术语进行交流时，这种情况出现的几率会大为降低，原因就在于本学科中已经定义了该种术语的确切含义，而这种含义是被本领域中的研究人员普遍接受和认可的一种共识。Ontology 体现的正是这种功能：Ontology 为各方提供一种统一的交流语言，同时建立起本领域内的基本知识框架。

7.2.2 技术基础——XML

XML 是英文 eXtensible Markup Language（可扩展标记语言）的缩写。它清楚地定义了知识的结构框架，从而保证知识在传递过程中的准确性。

XML 为知识管理及其相关技术的发展开辟了一片新天地。有人甚至认为，XML 对于知识管理来说，就相当于物理学中发现的量子、化学中发现的原子、生物学中发现的细胞。XML 将改写软件、计算机系统应用的历史，将知识管理推进到一个全新的阶段。随着传输技术的快速提高，数据在网络传输中出现错位的可能性越来越低，最有可能出现错误的地方就是在对所接收到的数据的理解上。XML 的出现使得知识管理在语义层面上交换信息成为可能，在此之前计算机之间的信息交换只限于数据层面，即只能交换数据但彼此却不能准确把握数据的真正含义，计算机只能依照自己的逻辑处理所接收到的数据，如果一定要正确把握数据的含义，必须加一个人工处理的环节。XML 最大的优势在于它能使计算机与计算机之间相互理解对方所传输数据的含义，一旦该数据传输被赋予一定的语义，所传输的数据就跃升为知识，数据传输也就跃升为知识传输、知识转移与共享。

XML 作为一种标准，将大大提高知识的重用度。在 XML 标准制定过程中，管理咨询师将发挥重要作用。通过标准化工作的不断进步和提升，将大大减少人工的重复性工作，使人类知识的应用，尤其是知识管理的应用水平提升到一个全新的阶段。在为知识传输、转移与共享做出贡献的同时，XML 还迈出了知识重用的关键性一步。

XML 还为知识载体的协作打下重要的基础，因为如果协作者之间的知识传输不能保证准确无误，协作实际上是不可能进行的。从知识管理的范围来看，知识技术几乎无所不包。现在被广泛使用的 ERP、CRM、文档管理、电子商务等，几乎都可以归入知识管理的范畴，或者说它们是知识管理的一个具体应用。无论是它们中的哪一个，都不能离开信息交流这个环节，完全孤立就不存在组织意义上的管理。只要有交流，就不能没有 XML 这个通用的信息传输标准。

7.2.3 数据的数据——元数据与 RDF

RDF（Resource Description Framework）是"资源描述框架"。RDF 从本质上可以认为是 XML 处理元数据的一个应用，它在语法上完全遵从 XML。在 RDF 里，基本模型包括资源、特性和声明。在 RDF 下说明的所有内容都称为资源。它与元数据的主要不同之处在于，元数据一般是用比较简单的资料来描述资源的内容，而 RDF 可同时定义多个元数据，再用定义的多个元数据来描述资源状况。

和 Ontology 比较而言，元数据现在已经有了比较广泛的应用，是一种比较成熟的技术。RDF 虽然诞生的时间不长，但也已经有了不少成功应用的范例。从根本上说，无论元数据还是 RDF，它们的诞生、应用都融入了知识管理的思想，都与知识管理有着密不可分的关系。

目前，元数据的种类和 RDF 因其发展的背景、目的及描述处理的资源对象不同，产生了各式各样的电子资源描述格式，有些正积极向国际标准发展，如都柏林核心集（Dublin Core），有些已发展成国际标准，如 EAD、TEI head er 等。

7.3　知识技术与虚拟企业知识转移活动

7.3.1　知识技术对虚拟企业组织的影响

　　知识技术对一个组织的影响是全方位的，纽约大学教授 Henry C. Lucas Jr. 在 1997 年提出了修正的 Leavitt 模型来勾勒知识技术在一个组织中的核心地位，本书在该模型的基础上进一步构筑出知识技术作用于虚拟企业组织的框架模型（如图 7 - 1 所示）。

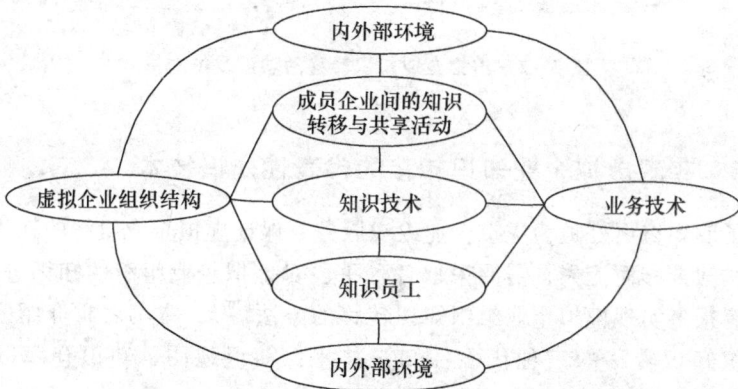

图 7 - 1　知识技术与虚拟企业组织的关系

　　如图 7 - 1 所示，知识技术的影响无处不在，它既作用于宏观层面的虚拟企业组织结构，也作用于微观层面的虚拟企业组织构成要素：如任务、人员、传统技术等，它还通过对上述要素的作用进而影响虚拟企业组织与环境的联系方式。知识技术已成为虚拟企业组织的核心技术和构成要素。知识技术所改变的不仅仅是普通的知识工作，其应用和发展常会导致一个虚拟企业组织的脱胎换骨。

7.3.2　知识技术与虚拟企业知识转移活动的关系

　　从虚拟企业知识转移活动过程所涉及的对象看，主要包括知识本身、知识载体以及知识交流和使用的场所。知识本身主要涉及以信息技术管理知识资源，例如知识地图、知识仓库、知识网络的建立和维护等；知识载体指进行知识转移活动的知识员工以及成员企业（含知识的发送者和接收者两个角色）；

知识交流和使用的场所主要是指虚拟企业的组织结构，与传统实体企业的组织结构不同，虚拟企业组织结构已摒弃了效率低下的金字塔式层级结构，而是以有利于知识转移和交流的网络化、虚拟化、扁平化的组织结构形式出现（如图 7-2 所示）。

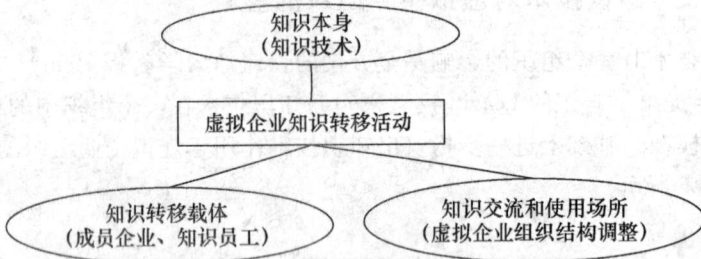

图 7-2   虚拟企业知识转移活动涉及的对象

7.4   实现虚拟企业知识转移的代表性知识技术

为了使知识更好地为虚拟企业组织服务，保证虚拟企业组织的知识资产不会因为时间推移而流失，需要采取各种手段对虚拟企业组织的知识进行管理。目前，有很多实现虚拟企业组织知识转移的方法[207]，本书着重介绍实现虚拟企业组织知识转移的三种代表性知识技术：知识地图、知识仓库以及知识网络。

7.4.1   知识地图

7.4.1.1   知识地图对表现虚拟企业组织知识的作用

捕获和表现知识是知识转移的关键。在这一部分，我们将介绍一种捕获和表现组织知识的可操作的方法，即利用知识地图来表现虚拟企业组织的知识。知识地图描述了组织内的知识资源情况并贯穿于知识转化周期的整个过程，使成员清楚地了解和使用虚拟企业组织内的可用知识，为知识的创造、转移和应用提供了环境，因此被认为是一种有效地表现虚拟企业组织知识资产的工具。

虚拟企业组织知识存在于各种各样的地方，包括文档、成员企业的数据库、知识员工的大脑、企业记忆等。显性知识主要从文档和数据库中萃取出来，隐性知识主要体现在知识员工的业务操作过程中。显性知识和隐性知识都可以转化为知识地图的对象。知识地图不仅代表虚拟企业组织中的知识和知识流动，而且为知识管理系统提供了组织化的基础。知识地图在知识转移、交流过程中起了关键作用，它不仅提供了知识轮廓（知识仓库）和知识联系（知识中的导航），也给出了专业化的解决办法。

7.4.1.2 知识地图的概念

知识地图的概念起源于地理上的地图，美国捷运公司最早的知识地图是一张充满知识资源的美国地理地图，这就是知识地图的雏形。之后，带有索引号或用其他方式表示层次关系的表格和文件，以及用来表示信息资源与各部门或人员之间关系的信息资源管理表和信息资源分布图，都是知识地图的早期形式，不过当时主要在纸上构图。随着信息技术的迅速发展，知识地图进入了电子时代，在 Internet 和 Intranet 上普遍使用的超文本链接和应用链接就是知识地图的简单形式。这时，很多绘制知识地图的工具应运而生，如 Lotus Notes、IBM 的 Knowledge X 和 Microsoft 的 Visio 等，它们都是基于数据库来绘制知识地图，有利于知识地图的动态更新和扩展。

有关知识地图的定义有很多。例如，Vail 将知识地图定义为"可视化地显示获得的信息及其相互关系，它促使不同背景的使用者在各个具体层面上进行有效的交流和学习知识。在这样的地图中包括的知识项目有文本、图表、模型和数字"。Grey（1999）认为，知识地图是显性知识和隐性知识的导航工具，可以说明知识如何在一个组织内流动。知识地图描述一个组织内部知识的来源、流动、约束和终止，有助于理解知识存储和变化之间的关系。Davenport 和 Prusak（1998）指出，构建知识地图包括确定组织中的重要知识，并通过一些列表或者图形来说明哪里能够找到这些知识。典型的知识地图是指向人的，也可以指向文档和数据库。

以上的定义都强调了知识地图的功能，在本质上是相同的。即知识地图可视化地描述了组织知识资源及其载体，并展示了它们之间的相互联系，在组织内创造知识共享的环境以促进知识管理，使组织成员在组织目标的指导下进行有效的学习。

知识地图所描绘的对象主要包括：

（1）人，指专家、项目组或实践团体。

（2）显性或编码化的知识，如专利、所学课程、数据库或类似的应用等。

（3）过程或方法，包括解决问题的过程或方法、组织的业务流程图和组织结构图等。

这三种对象通常所描述或指向的知识分别为隐性知识、显性知识。在知识地图中一般使用抽象的符号或图像来表示这些对象。

7.4.1.3 知识地图的概念模型

我们使用知识地图的方法来表征虚拟企业中的显性知识和隐性知识。我们把知识地图定义为表征虚拟企业组织知识的图形化工具。节点表示知识，连线表示知识、知识规范和轮廓之间的关系。图7-3描述了知识地图的概念模型。

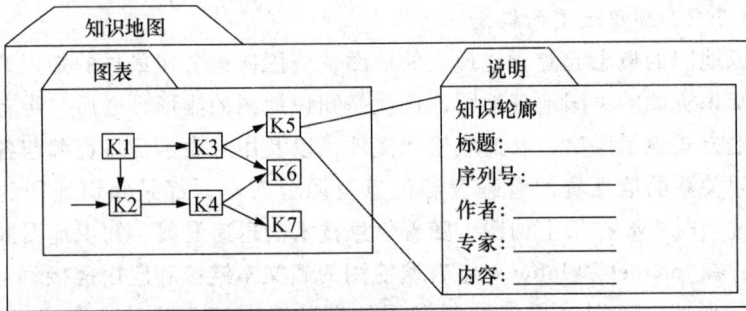

图7-3 知识地图的概念模型

如图7-3所示，知识地图包括两个部分：

（1）图表：知识的图形表示，包括节点和连线：

节点：矩形形状表示在业务中获取的知识。

连线：节点间的箭头表示知识间的关系。

（2）说明：对知识的描述性表示。

知识地图为捕获、共享和使用虚拟企业组织的知识提供了一个有坚实基础的知识技术工具。建立知识地图的优点可以概括为以下几方面：

形成虚拟企业组织内部知识的详细目录；

有助于理解知识间的关系；

有效导航知识目录；

通过联系专家来推动知识的社会化和外部化。

7.4.1.4 知识地图的分类

知识地图可分为静态知识地图和动态知识地图。静态知识地图一般绘制组织在当前状态或未来状态的信息和知识及其相互关系。动态知识地图具有容易随时更新和扩展的特点，它是利用信息技术绘制的，不仅显示知识层次及其相互关系，而且提供图形化用户界面的地图，为虚拟企业组织内外的多种复杂知识资源提供连接，包括各种模型、数据库和软件以及专家等。

Eppler曾与六家公司合作，经过两年的研究，根据知识地图的功能将知识地图分为知识资源地图、知识资产地图、知识结构地图、知识应用地图和知识开发地图。其中，知识资源地图用于描述"在哪里能找到拥有我需要知识的人或能为我的问题提供解决办法的人？"知识资产地图用于描述"现在拥有多少知识资产？"知识结构地图用于描述"运作一个项目需要什么样的技能，它们之间的关系怎样，通过什么过程才能获得每种技能？"知识应用地图表明在企业价值链的某一阶段或某一具体的商业环境中应用到哪些知识，是最常用的知识地图形式；知识开发地图描述开发某种能力所必须的阶段，可以作为可视化的学习或开发的导引图，为虚拟企业组织提供共同的目标。

这些知识地图的分类是为了研究知识地图的方便而人为地进行边界设定，事实上，虚拟企业组织使用的知识地图可能是 Eppler 提出的五种知识地图中的两种或两种以上的组合。Eppler 的这种按照知识地图的功能进行的分类，从实际需要出发，更有利于在虚拟企业组织中的运用和实施。

7.4.1.5 虚拟企业组织知识地图的构建过程

1. 构建原则

（1）个性化。在知识地图的实施过程中，团队成员只会按照他们所理解的并接受的方案行动。若使他们进行变革，除非这种变革的思想来自组织管理严密且具有权威性的建议，否则是很难推进的。在实际环境中，虽然人们需要领导层，但是他们不愿意被领导着去思考。所以个体成员们持久的创新能力应该是自发的而不是强制的。因此，不是告诉虚拟团队中的成员什么需要改变，也不是告诉他们哪些事务、知识、制度等是事关市场运作成功的因素，而是为他们制定个性化的知识地图使他们转变为知识合作者。在一个项目工作小组里，出色的个性化的知识地图只需小组成员花费一个小时的时间去发掘出他需要的知识，并快速形成一个革新方案，进而确定他在将这个方案从设想变为现实的过程中所担任的角色。

（2）可视化。知识地图应该形象化地描述虚拟企业团队组织的战略规划和其他知识资源。在多数情况下，一种隐喻的手法或许可能够用来捕捉围绕某一商业运作的复杂联系。为了增加知识地图对成员的吸引力，知识地图的构建应该引人注目并富有情趣。事实表明人们通过可视化的方法去学习，其发掘隐藏知识的能力和理解复杂关系的能力极高。因此，知识地图的可视化应该是知识地图构建的重要原则。

（3）动态性。知识地图是动态的，经常会改变，虚拟企业必须有专人来负责知识地图的维护与更新才能发挥知识地图的最大效益。如某位成员离开后，虚拟企业很可能会失去部分的知识资产，或是当某成员在接受了某个方面知识的教育培训后，整个虚拟企业组织的知识资产会增加，这些情况都会使得知识地图其间的联结与关系发生变化。另外，虚拟企业应保留过去不同时期的知识地图，以观察知识资产与知识需求的变化。

（4）重要信息的公开化。不管是内部还是外部的信息，都是用来集中群体对市场现状的探讨。研究表明，若要使成员改变他们对某一问题的看法或者假设，必须给他们提供不可辩驳的数据。通常的情况是一般成员不容易接触到只有虚拟企业组织上层管理人员才能共享的信息，而一旦这种信息以合乎逻辑的和可以利用的形式传递到普通成员中，他们通常会做出与上层领导相一致的决策，提高了他们执行决策的积极性。

（5）以问题为导向的协作。一个问题的提出可以产生新的工作方法和新的解决方案，所以知识地图的构建要以问题为中心，加强虚拟团队内的协作和交流。协作的过程是智慧共享的过程，是对旧问题产生新想法的过程。

（6）营造良性交流的环境。知识地图要为成员提供一种公开的相互信任的交流环境。在这样一个工作平台下，成员可以交流不同的市场信息，发表不同的意见，从而产生新的见解、新的问题，展开又一轮以问题为导向的协作。

2. 构建过程

基于知识转移的活动过程，下面介绍一个虚拟企业组织知识地图的构建程序（如图 7 - 4 所示）。这个程序包括六个步骤：定义虚拟企业组织的知识，过程地图分析，知识萃取，知识轮廓，知识联系，知识地图确认。

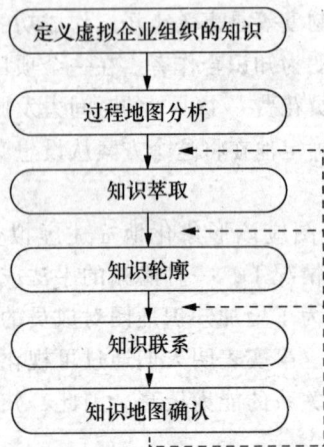

图 7 - 4　构建知识地图的步骤

（1）定义虚拟企业组织的知识。这个步骤涵盖知识定义和虚拟企业组织内部的知识分类基准。知识地图的范围与详细程度可以用问卷调查和访谈的方法来确定。知识地图的范围决定知识地图是构建在整个虚拟企业上还是建立在某个成员企业或某个部门。在决定了范围之后，我们决定知识分析的层次及知识的颗粒维度。当定义了知识的颗粒维度后，还要计算交易的颗粒维度。由于充斥的知识太多、太细，过分分解的知识会阻碍知识的恢复，也会阻碍知识地图的构建。这样，很有必要寻求准确的知识颗粒维度来满足虚拟企业组织的需要。当研究一个虚拟企业组织中的知识来源时，我们可以利用操作指导、协商记录、外部数据、交付资料以及合同记录等。

（2）过程地图分析。我们在分析业务流程的过程中不断总结经验，同时思索如何进行下一步的工作。在通过捕获和处理业务过程中包含的知识后，我们就能够很容易找到问题的解决方案。

在采用过程地图技术来分析企业的业务流程时，由于流程是系统为达到目的而进行的活动序列，所以当某些事件发生时，流程就会被触发。

过程地图由过程、流程、事件和外部对象组成。在过程地图中，水平方向代表相关的组织，在操作命令的指导下，过程垂直展开。某个过程和先前过程之间的关系用一个箭头表示。如果有外部对象或者事件，也要画出来。当一个过程涉及多个成员企业组织时，必须让相关成员企业组织流程保持一致。

（3）知识萃取。在这个步骤，通过过程地图萃取知识。萃取出来的知识有三种形式：过程执行前的先决知识、过程执行中的应用知识、过程结束后的知识。与任何过程都无关的知识也是存在的，那就是全局知识或外部知识。在通过过程地图识别知识后，我们不用依靠业务流程就可以萃取知识。

在知识萃取过程中可以使用如下工具：

①访谈（结构化、非结构化、半结构化）：从某领域的专家访谈预先准备的问题列表获取知识。

②文档分析：从文档中萃取知识，例如：操作指导、组织图标、培训材料和外部文档。

③系统分析：从数据库的信息中萃取知识，包括系统日志和文件结构。

④知识作坊（KW）：在特殊知识领域捕获并分析知识，KW是高度交互式的，KW的组成包括KW的整体介绍，存在的定义，建立参与者一致认可的知识，以及知识萃取会议。

我们也可使用其他技术，例如传统的头脑风暴，通常的群件技术、聚焦团体、定性的原文分析，以及任务环境分析。

（4）知识轮廓。我们为萃取出来的知识提供知识轮廓，接着利用预先定义的条目（属性）来描述知识并从过程中得出相互关系。Junnarkar（1997）认为知识转移与共享有两个方面：用信息把个人联系起来；用人把人联系起来。知识轮廓可以支持这两个方面，通过提供知识的属性（例如，关键词、描述、重点）以及知识发现者的属性（专家或者作家）来实现的。表7-1中给出了知识轮廓的属性示例。每个属性可能是强制的属性、可选择的属性或系统的属性。

表7-1　知识轮廓的属性示例

分类	条目	强制的	选择的	系统的
通用	知识 id			√
	标题	√		
	类型（隐性、显性）	√		
	生成日期			√
	最终形式			√
	开发日期	√		
存储	形式		√	
	地点		√	
所有者	作者	√		
	组织		√	
	访问权限	√		
内容	关键词	√		
	描述	√		
评价	重要性		√	
	价格		√	
关联	先决条件		√	
	专家	√		

　　（5）知识联系。在完成了知识轮廓之后，我们需要识别知识之间的联系。在我们提供知识轮廓的时候就指出了知识联系，接着需要进行确认的工作。我们必须识别新的联系，检查和确定现有联系。在知识地图中，知识联系用箭头表示。知识地图显示了知识的导航路径，知识地图是一种指向性的图表，包括节点和箭头，每个节点表示知识条目，连线表征知识间向前或者向后关系。图7-5显示了知识关联的一个例子。

　　（6）知识地图确认。知识地图完成后，某领域专家、业务经理、知识地图的构建者需进行一次结构化的总结和述评。主要要点如下：

　　①是否所有知识都被萃取出来？（没有定义的知识应该被找到）

　　②是否有对于虚拟企业组织来说是多余的知识？

　　③是否所有的知识都建立了轮廓和联系？

　　④是否知识轮廓和知识地图一致？

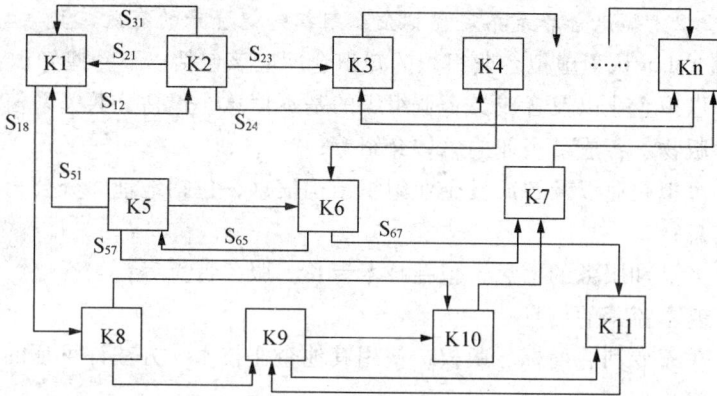

图 7 - 5 知识关联的例子

当完成了构建知识地图的过程，我们可以得到如下的交付结果：

⑤知识地图的交付：标准术语，以及新知识创造、知识地图、知识缺口。

⑥知识分发交付：最终报告，包括获取知识的信息系统。

⑦人员指向的交互：一个专家网络。

7.4.2 知识仓库

7.4.2.1 知识仓库的概念

知识仓库是一种特殊的信息库，库中的数据有相关的语境和经验参考。许多人用知识仓库这个术语代替数据库和信息库这两个词，以此迎接知识管理的浪潮。真正的知识仓库远比这两个概念复杂，知识仓库拥有更多的实体，它不仅仅存储着知识的条目，而且存储着与之相关的事件、知识的使用记录、来源线索等相关信息。

知识仓库不仅指虚拟企业组织的各类显性知识存储系统，包括组织的业务处理逻辑、文档、操作数据等，而且还有这些知识产生、应用的相关背景和经验参考。因此，知识仓库具备了将知识与特定过程和未知情况进行动态匹配的能力，即具备了促进知识创新的能力。

知识仓库通常收集了各种经验、备选的技术方案以及各种用于支持决策的知识。知识仓库通过模式识别、优化算法和人工智能等方法，对成千上万的信息、知识加以分类，并提供决策支持。这样，知识仓库不仅可以避免重新获取知识带来的成本，同时通过提供对协作的支持加速企业创新的速度。当与决策支持系统、专家系统等相结合时，知识仓库方能显示出知识转移与共享存储优势。

7.4.2.2　　知识仓库是界定虚拟企业组织知识资产的有效工具

D. R. Tobin 认为虚拟企业组织的知识仓库应该包括以下一些知识：

（1）虚拟企业以及各成员企业组织的基本信息，包括公共关系信息、年度报告、出版物、各成员企业的总体介绍等；

（2）虚拟企业以及各成员企业组织结构信息，包括地址、分公司、服务中心等的信息；

（3）产品和服务的信息，包括技术专长、服务特点等；

（4）基本流程的信息；

（5）关于专利、商标、版权，使用其他企业技术、方法许可证的信息；

（6）客户信息；

（7）整个市场行业的信息、其他企业以及其他虚拟企业组织的最新动态。

知识仓库在组织中有什么作用呢？以有序化的形式界定了组织的知识资产，是知识仓库对虚拟企业组织的首要贡献。建立知识仓库，必定要对原有信息和知识进行一次大规模的收集和整理，按照一定的方法进行分类保存，并提供相应的检索手段。经过这样一番处理，大量隐含知识被编码化和数字化，信息与知识便从原来的混乱状态变得有序化，从而方便了信息和知识的检索，并为进一步有效的知识获取、转移以及应用打下了基础。通过知识仓库积累、保存信息和知识资产，加快信息与知识的流通速度，为实现整个虚拟企业组织知识的高效转移与共享提供保障。

7.4.2.3　　知识仓库的体系结构

知识仓库的体系结构不存在统一的模式，它的内容应该是灵活多变的，依虚拟企业组织的具体情况而定。然而这不是说知识仓库的体系结构没有模式可循，实际上，存在着多个合理的模式可供选择。下面介绍一种基于智力动产价值提升理论的知识仓库体系结构模型（如图 7 - 6 所示）。

该模型分为三层：一是知识库和知识装入代理组成的数据、信息层；二是知识引擎组成的知识层；三是分析工具、检索工具等组成的激活层。描述知识及其关联背景的元数据作为共享资源贯穿各层。组织的数据、信息经过这三层的加工、处理，以活化的知识（即情报）的形式呈现给用户，支持用户的学习和决策。

数据、信息层负责知识的捕获、组织与存储，包括知识库和知识装入代理。知识库可分为方法库、模型库、数据库、文档库等，并可根据组织的知识构成情况加以增减。知识装入代理可以是知识工人与智能代理程序组成的人机系统，它主动地扫描、分析虚拟企业组织的知识资源，发现知识单元及其相互之间的联系，对知识单元进行分类组织，装入知识库，同时把知识单元之间的联系装入元数据。知识装入代理也负责对知识库的维护，发现并剔除过时的知识。

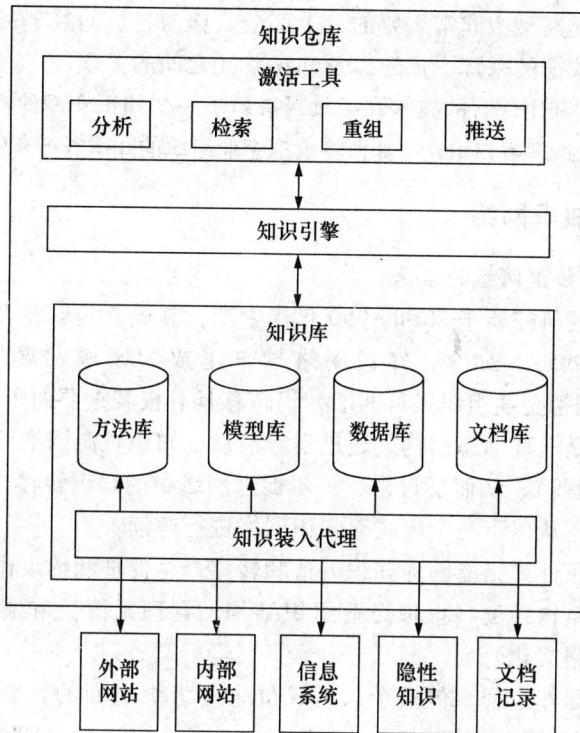

图7-6 知识仓库体系结构模型

知识层负责知识单元的动态连接，即把知识与其背景一同呈现出来。知识层的主要部件是知识引擎，是一个利用了人工智能技术的计算机程序。它接受来自激活层的访问请求，然后分析元数据中对于相关知识单元之间联系的描述，将知识库中的相关知识单元动态地连接起来，提交给激活层。它主要采用神经网络算法，将激活层的检索请求与知识单元进行匹配，然后存储匹配过程，并根据用户的确认调整神经网络的内部权值。

激活层负责知识的表现，也可以叫做用户接口层。它包括分析平台、检索平台、重组平台、推送平台等，可根据实际需要加以增减。分析平台面向决策人员，需要采用多种人工智能技术，包括神经网络、遗传算法、基于事例的推理等。由于各种算法应用的范围不同，因此，平台还需要具有根据环境调度各种算法的能力。检索平台面向组织的知识参考需求，可采用自然语言检索的方式，减轻用户的智力负担。重组平台主要面向组织的个性化学习需求，它可以根据学习主体的情况，将相关知识重新组合，生成个性化的教材。推送平台使用户可以订阅感兴趣的信息或知识，通过各种终端（PC、PDA等）随时随地接收信息。

　　元数据是此模型中非常重要的一个部分。作为各层的共享资源，它记录了知识库中装入数据的来源、描述以及知识单元之间的关联。

　　此模型试图利用现有的技术和工具，搭建了一个知识仓库的框架。该模型有助于我们更深入地理解知识仓库如何将虚拟企业组织的知识资产有序地组织起来。

7.4.3　知识网络

7.4.3.1　知识网络的概念

　　知识网络的研究始于 20 世纪 90 年代中期，其概念是由瑞典工业界提出的（Beckmann，1995）。如今，知识网络越来越成为区域发展战略的关键手段[211]，其对虚拟企业组织成员间的知识转移具有极其重要的影响。

　　知识网络是一种动态结构，通过学习活动，知识资源网络可以被持续地扩展（Seufer，1999），从而反过来进一步促进网络中的知识转移与交流活动。

　　这些学者还从以下三个模式对知识网络进行解读：

　　（1）环境条件。指能够为知识创造和转移产生促进和约束作用的环境，包括网络内部的结构维度（虚拟企业组织结构、管理系统）和文化维度（虚拟企业文化、网络文化）。

　　（2）知识运作过程。包括个人、成员企业组织层面的社会互动和交流过程。根据 Nonaka 等人（Nanaka，1991；Nonaka and Konno，1998）的观点，这些过程是一个知识的螺旋上升过程，即显性知识和隐性知识在不同层次上的动态转化过程。

　　（3）网络基础结构。包括用于社会关系中的各种工具。这些工具包括组织工具，如知识的积极活动者（某个个人、团队或者成员企业）促进和协调虚拟企业组织知识转移、交流、创造行为；聚焦知识创造、减少知识创造的时间和成本，促进虚拟企业组织内知识转移与交流的主动性（von Krogh，1997）。另外，也包括信息交流工具，如用于促进知识运作工程（Nonakaet，1998）的数据仓库概念（Seufert，1997）。

　　然而，这三个模式不是相互独立的，而是彼此关联的。例如，网络结构不仅仅是模块化的工具结合，还需要将结构设计与知识运作过程相结合。由于知识的转移可能发生在不同的时间和地点，因此有关如何及时萃取知识就显得尤为重要。而知识运作过程需要与网络环境和文化相匹配，虚拟企业组织应开发相应的环境条件以便于进行有效的知识转移与创新。

7.4.3.2　知识网络的价值

　　有效的知识网络可以增加虚拟企业组织知识转移的效率，并提升各成员企业及整个虚拟企业组织的创新能力。Bettina Bu Chel 对日内瓦的知识论坛成员进行了一次调研。日内瓦的知识论坛是由一群跨国企业的领导人组成的。他们每年进行数次面对面或虚拟化的交流，讨论知识管理的最新趋势并交换在知识管理领域取得的进展和最佳实践。在调研中，很多成功的故事说明了知识网络的成功经验。Xerox 公司服务技师构建了一个具有竞争优势的知识库，他们利用最佳实践网络与其他成员企业进行沟通，当一个技师在遇见疑难维修问题时就能通过这个实践网络获得最有价值的支持。在这个虚拟企业联盟体组织中，技师们通过知识网络与其他成员企业的技师共享经验，凭借从实践知识网络获取的知识与诀窍，技师们缩短了维修时间，减少了零件成本，并显著地增强了客户的满意程度。

Bettina Bu Chel 认为，知识网络包括很多形式，其中，最佳实践和商业机会的知识网络，拥有更多的成员企业支持，可以直接为整个虚拟企业账簿（效益）作贡献。为此，Bettina Bu Chel 对一个虚拟企业组织中的 16 家成员企业进行了深入调研，据此为我们展示了一个关于知识网络的全新图案。

Bettina Bu Chel 的调研结果显示，知识网络带来的主要价值和好处体现在三个方面：增强效率；增加创新；增加员工的满意程度。表 7 - 2 显示了关于知识网络重要性的调研结果。

表 7 - 2　知识网络的重要性调研

在 1~7 的尺度内（1 = 完全不重要；7 = 非常重要），如下的知识网络的效用对于虚拟企业组织来说有多重要？	
推进产品和过程的创新	5. 91
增进员工积极性和满意程度	5. 26
增加操作效率	4. 63

1. 通过知识网络增加员工的满意度和忠诚程度

知识网络的自发性和非正式性充分说明了知识网络对于个人的重要性。虚拟企业组织成员决定参加一个知识网络是因为这符合他们的个体利益。每个个体员工参加知识网络可能具有不同的目的，其中一些共同的利益或特征表现为：一方面，可能也是最重要的，参加知识网络能够和具有相似想法、兴趣与技术的同僚交换观点，这种渴望可能是推动成员参与知识网络的动机。同僚对自身观点的迎合或批判，对于网络成员来说具有特殊的价值。另一方面，通过参与网络活动还可以获得演练现有技能的机会并学习新的技能。

2. 通过知识的重复使用增加效率

除了个人利益的驱使之外，知识网络可以通过知识重用来给组织带来价值。Xerox 就是知识网络这种价值的受益者。Xerox 的技术服务部面临一项困难的工作：

他们需要获取关于不断增加新模式的经验，解决不断涌现的各种疑难问题。一个名为 Eureka 的知识网络给他们的服务带来了突破。在 2000 年，该知识网络至少汇集了 30000 个技巧。作为结果，每个维修案例至少节约了 10% 的时间，获得了更高的客户满意程度。到 2002 年，该知识网络至少为 Xerox 节约了 1.5 亿美元。

3. 通过知识的杠杆作用培育创新

除了可以增加现存知识的价值，知识网络还可以扮演更加具有前瞻性的角色。例如，可以利用知识网络的杠杆作用来进行创新。既然知识网络是由虚拟企业组织的成员构成，他们对于某些特殊问题具有共同的兴趣，经常工作在最新的知识前沿和技术前沿，他们在一起交流的最常见结果就是创造全新的知识——对于现存问题全新的解决方案、一种全新的技术、一种新产品或全新的商业模式等。

7.4.3.3　知识网络的不同类型

Bettina Bu Chel 的研究结果表明，知识网络远远超越了通常实践社群的概念。实践社群被描述成为"为了共同的事业，通过共享专业技术而非正式的结合到一起的一群人"（Wenger and Snyder，2000）。这个定义忽略了虚拟企业组织的支撑给网络带来的好处，以及网络除了给个人，也能给组织创造价值。

在现有虚拟企业中，通常存在四类知识网络，可以分别从两个维度来区分它们：从利益维度观察其包括关注个人利益和组织利益的网络；从支持主体维度观察其包括自主管理的网络和有管理支持的网络（如图 7 - 7 所示）。

有着管理支持的知识网络	《专业学习》网络	《最佳实践》网络
自主管理的知识网络	《兴趣爱好》网络	《商业机会》网络
	个体收益	组织收益

图 7 - 7　知识网络的四种类型

（1）兴趣爱好网络和专业学习网络。这两种网络符合传统的实践社群的概念。它们主要关注对象都是个体。"兴趣爱好网络"基于个体的兴趣爱好，例如网球、滑冰等，而且通常没有受到严格的管理。个人满意是这种网络最主要的目的。这种网络的基本思想是个人在工作中获得满足感，工作效果才好。

专业学习网络已经超越了爱好的范畴，如果管理者认识到专业学习网络的重要性，这种网络就会受到管理者的支持。在这种网络中，作为相互支持和工作的副产品，知识的转移是自发进行并随时发生的（Lave and Wenger，1991）。被转移的知识价值不是由行政命令决定的，而是由于潜在的使用者/接受者申明在知识转移中的兴趣。虽然在专业学习网络中，最主要的好处可能体现在个体知识和能力的增加。但是，由于个体获得知识后，将会导致更好的生产效率，从而也会给组织带来价值。

（2）最佳实践网络和商业机会网络。这两类知识网络是能够直接给虚拟企业和各个成员企业带来效益的。最佳实践网络关注在工作中转移与共享的实践经验和知识，能够给组织带来价值和效益。因此，最佳实践网络通常受到来自管理者的支持，甚至有可能被管理者直接接管。最佳实践网络在本质上是制度化的知识共享形式。最佳实践网络不同于传统的最佳实践转移的形式。传统最佳实践转移一般是单向性的过程，从较高的知识源单元转移到接受单元，并被更高层次的"转移联盟"督导（Szulanski，1996）。最佳实践网络的特点是双向转移：从原则上说，每个成员和每个单元都可以从别的成员和单元处学习。最佳实践网络的职责在于每个网络成员都参与到知识转移中来。评价传统知识转移是否成功的标准是测量知识转移的多少。对于最佳实践知识网络来说，除了关心现有知识转移的数量，同样也关注问题解决的数量和知识创新的数量。

商业机会网络是成员企业之间由于业务驱动形成的网络。商业机会网络可能是最具有创新性和最具有吸引力的知识网络。这种网络为那些真正有兴趣于开创未来产品和服务的人提供空间，发展一些并不一定吻合现行商业模式的新思想，释放潜在的商业潜力。下表7-3归纳了四种知识网络显示在兴趣和产出之间主要的区别：

表7-3　四种知识网络的区别

知识网络类型	初始动力	产出
兴趣爱好网络	被潜在使用者和接受者认可的知识与实践的价值	关注于成员的满意
专业学习网络	被潜在使用者和接受者认可的知识和实践的价值，也被管理者认可	关注于提高网络成员的技能水平
最佳实践网络	正式认可知识的价值 管理者决定的知识转移领域	关注于企业效率复制知识 使现有知识制度化 1＋1＝2
商业机会网络	业务驱动的知识价值 机会驱动的知识创新	创造新的知识 创新产品或者服务 1＋1＝3

7.4.3.4　知识网络的构成要素

Seufert指出，知识网络框架包括以下内容：一是行为主体，包括个人，团队和组织；二是行为主体之间的关系，这些关系可以根据内容、形式和强度进行分类；三是行为主体在他们的关系中所运用的资源和制度特性，包括结构维度和文化维度，如控制机制、标准处理程序、范式和规则、交流模式等。这些要素被组合在一起，在知识创造和转移过程中积累和使用知识，并最终实现价值创造（Seufert，1999）。

知识网络是组织为适应知识管理的需要，有效弥补知识转移与共享运作中存在的知识缺口[213]，而基于虚拟企业组织知识链中的知识转移与共享环节与能为其提供所缺知识的其他成员组织构成相应的网络体系。正如 Coates 所说，知识转移不应该被限定于只对成员企业组织内部知识资源进行管理，更应该对成员企业之间的知识资源进行转移和共享的运作，并将其融入到知识网络中。

知识网络中应包括以下构成要素：

（1）网络核心成员。通常在知识网络中会存在一个积极引导知识转移与共享活动的核心成员，其他成员则是与核心成员的合作而融入到知识网络中。网络核心成员所开展的各项知识管理活动贯穿整体知识网络的运作过程。知识网络的构建成效通常由网络核心成员的最终收益来体现。

（2）网络从属成员。从属成员是指基于某一领域的知识与核心成员开展知识转移与共享活动的成员，其中包括企业、企业群体、科研院所、咨询机构等在内的各类形式的成员组织。各从属成员所开展的合作活动可能只涉及知识网络运作中的一个部分。

（3）知识管理活动。涉及知识网络中各合作成员自身开展的一系列知识管理活动。

（4）共享知识资源。包括具有参考价值的信息、专有技术等在内可共享的各类知识。

（5）信息网络平台。它是知识网络的运行基础，是促进知识资源共享的技术基础，主要是由网络协作工具、交互系统、智能代理、电子社区、智能路由等组成的信息网络体系。

知识网络的构建充分实现了来自不同资源和领域的知识跨越空间和时间的整合，有效弥补了各成员自身知识的不足，克服了知识供应主体与知识使用者自身知识的不足，弥补了知识供应主体与知识使用主体之间存在的知识缺口。在虚拟企业中实现各成员间知识转移与共享的基础上，进一步增加成员之间的知识带宽，提升整个虚拟企业组织知识转移的运作成效。

7.4.3.5　虚拟企业组织知识网络的建立步骤

Bettina Buchel，Steffen Raub（2002）对知识网络进行的大量深入研究表明，在虚拟企业组织中建立知识网络需要重点关注四个步骤：通过优先满足组织战略来聚集知识网络、创建知识网络的前后联系、使知识网络的活动成为惯例以及知识网络的产出必须被充分利用（如图 7 - 8 所示）。

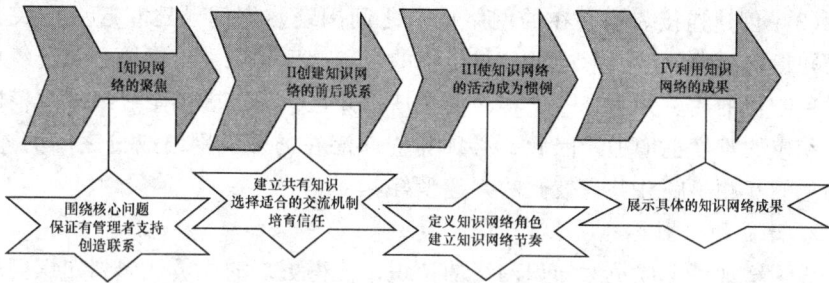

图 7-8　知识网络发展的四个步骤

1. 聚焦知识网络

就像每个新的概念一样，知识网络也受到某些怀疑，主要是基于知识网络不容易被控制的事实。经验证明如果知识网络的活动与成员企业的业务战略吻合或者符合成员企业的运作需要，在虚拟企业组织中建立知识网络就获得大家的赞许。建立知识网络成员间的关系应该注意如下要点：

（1）围绕核心问题。围绕业务的核心问题（也可以称为热点问题）来建立知识网络，有助于保证知识网络与各成员企业的利益相吻合，使知识网络与各成员企业目标保持紧密的一致。总部设在瑞士的 Holcim 就是一个很好的案例。Holcim 是一个水泥制造企业，它与很多供应商、销售商结成一个联盟体，形成了一个业务涉及全球规模的虚拟企业组织。Holcim 的愿景是希望与联盟中的其他成员企业互相共享知识，使自身转变为一个充满柔性的学习型组织（Buchel and Probst，2001）。同时，在该企业的运行过程中，高级管理人员对 Holcim 的运行设备的效率感到不满意，这是一个评价水泥制造企业运作是否成功的一个关键指标。管理者没有采取单独行动，而是积极加入到整个虚拟企业组织的知识网络，将该问题纳入知识网络交流议题的范畴。最佳实践网络的成员分析了 Holcim 的问题并建议：需要从技术和社交两个方面来解决这个问题。因此，遵照该知识网络的建议，Holcim 邀请了大量的技术专家，通过专家团队的努力最终改进了设备效率低下的问题。

（2）保证管理支持。知识网络的关注焦点和知识网络是否能够获得管理者支持之间存在直接联系。对于围绕热点问题而展开的知识网络，参与网络以及由此花费时间更容易获得各成员企业管理者的认可。从各种案例中观察到的证据表明，使用最佳实践网络来共享和利用虚拟企业组织的知识基本上都可以受到管理者支持。这表明成员企业的高级管理人员相信某些知识网络可以帮助员工掌握工作所需要的技能，在这种信念的引导下管理者才能培育知识网络成员之间现有的关系，或者鼓励建立知识网络成员间新的关系。

（3）创建连接。当潜在的网络成员之间围绕热点问题建立起一定关系之后，知识网络的原型就形成了。与传统的观点相反，识别出虚拟企业组织中具有某种专长的成员并不是一件容易的事情，并且，随着虚拟企业组织规模的增加，相应的难度也增加。因此，必须建立起潜在的知识网络成员之间的连接，帮助他们互相了解并共享彼此的兴趣爱好。

2. 建立知识网络的联系

为了增加各个成员对知识网络的认识，使得更多的成员认识到知识网络能够产生更多的价值，知识网络的协调者必须致力于网络成员间的相互联系来帮助他们共享知识。主要工作内容如下：

（1）建立共有的知识。对于一个初期的知识网络来说，成员往往来自不同的地点，每个成员的实际情境都不尽相同，要使得彼此之间快速了解是非常困难的。因此，需要在他们之间建立起一定的知识背景。因为知识的意义往往需要一定的知识背景才能被很好地理解。某项知识从一个环境传播到另外一个环境，往往需要了解该知识的发送环境和接收环境的区别（Szulanski, 1996）。也就是说，需要在不同的环境中建立共享的背景知识。这种共有知识可以是共同的经验或者对于每个网络成员背景知识的近距离理解。

（2）选择恰当的交流机制。在知识网络的整个生命周期中，从众多可能的交流方式中选择比较恰当的形式一直是一个关键问题。与传统的观点相反，问题的关键不是提供尽量丰富的交流手段，例如内部专用网络、E-mail、网络会议、电话会议等，而是从多种交流方式之间选择比较适合的方式。

不同的交流机制在孕育信任、解决复杂问题、便利快速交流等方面的功能差异很大。有效的知识网络会自觉地选择不同的交流媒介来达到不同的目的。在知识网络发展的早期阶段，在潜在网络成员之间进行面对面的交流占主导地位，这反映了知识网络成员间相互认知的需要。在帮助知识网络成员对彼此之间的文化背景差异了解后，逐步形成一种信任关系。在随后的交流中，其他方式，例如 E-mail 和电话会议等变得重要起来。

研究表明，在虚拟企业组织中成功的知识网络，可以根据任务的复杂程度和任务的独立程度来选择交流方式。例如，对于复杂的任务，依据需要讨论的问题的数量，需要交流的诸如文化差异、组织和专业差异等背景知识数量的多少，来要求更丰富的交流方式来实现实时反馈。相似的，对于交叉性很强的事务，例如，一个事务的开展必须基于前一事务的全部完成，就需要多种的交流方式和高频率的相互接触（Maznevski and Chudoba, 2000）。

（3）培育信任。在知识网络中，知识就是力量的格言绝对非常适用。为了有效克服信息壁垒，在组织成员之间传递隐性知识是非常重要的。在知识网络中转移与共享知识的前提是网络成员间的彼此信任。知识网络中其他成员知识流出意愿和程度是建立在对彼此专长比较信任的基础上。另外，因为知识网络成员在技能和兴趣方面比较相似，那么在知识网络之外，各个成员之间可能是一种竞争关系。这样，更使得信任成为同一知识网络成员之间转移与共享的前提条件，也就是说共享的知识不会成为将来对自己不利的武器。

3. 将组织活动惯例化

假设知识网络成员之间的联系非常松散，大量的研究表明想在知识网络成员之间进行有效的交流和持续的接洽，将知识网络的某些活动形成一种制度是很关键的一个步骤，这样有助于保证知识网络事务的稳定进行。要证明网络各个成员的存在并说明他们的贡献，知识网络需要能够展示他们的成就。

（1）定义知识网络角色。就像虚拟企业组织中的任何团体，知识网络的发展过程需要一整套角色体系。在最有效的知识网络中，可以识别出四种典型的角色，通过他们可以建立起知识网络的骨干（如表7-4所示）。

表7-4 知识网络的典型角色

知识网络角色	主要职责	谁能够胜任
协调者	识别网络成员并联系他们 组织、解决问题、激励	高度被激励的个人 对特定问题感兴趣 来自组织的任何部分
支持者	提供特殊的资源（例如IT和通讯媒介） 帮助协调者和知识网络成员提供持续的指导	成员企业 为了更大团体努力者
编辑	验证知识网络目录 系统化和整合	编目专家
发起人	提供资源和认可 提供长期的战略指导	虚拟企业组织中的高级管理人员

知识网络的协调者在绝大多数团体中扮演着核心的角色。协调者是知识网络的领导，甚至是知识网络的所有者，是麻烦问题的解决者，是知识网络能量的主要来源。协调者依据通常的标准来评定知识网络的运行状况，并像催化剂一样链接组织成员。

知识网络的协调者需要依靠一个支持性的帮助来解决各种问题。最基本的，协调者需要一个或多个行政助理来处理知识网络的运行事务。助理的工作包括组织、公布网络成员发布的信息，像图书管理员那样维持知识网络数据库和网络地址，还有安排和组织知识网络的会议。

高效的知识网络通常依靠一个或者多个编辑来让知识网络的工作内容发生效益。编辑可以对知识网络中知识的有效性进行评价，并整合知识网络中不同部分贡献的知识。例如，Xerox 的 Eureka 知识网络拥有一个专家领导小组，定期评论知识网络的知识库。

最后，一个支持者的角色应该保证知识网络受到来自高层管理者的支持。支持者尽管不是知识网络的一个部分，主要是通过协调者与知识网络保持联系。知识网络支持者却可以通过参与知识网络的各种活动，协助知识网络与企业战略保持一致，并且保证知识网络在需要的时候能够获得适当支持。

（2）建立一种网络节奏。不像各种标准化的工作部门，知识网络经常面对一些模棱两可的事情，例如知识网络的目标、工作过程、网络成员的承诺。通过在知识网络中增加相应的节奏可以产生知识网络的稳定性，使得知识网络的事务转变为例行程序。很像有规律的心跳可以让运动员稳定地发挥，特定的知识网络的节奏被证明可以让团体的表现更好（Maznevski and Chudoba, 2000）。知识网络的节奏包括有规律的虚拟化的面对面交流会议，或者是多重联系方式的结合。

4. 有效利用知识网络成果

尽管维持知识网络的活力对于创造知识网络非常重要，把知识网络中产生的知识传播到组织中的其他部分也是非常重要的。知识网络成员需要对知识网络的实际成果进行鉴定和演示，在其获得相应的知识网络的成果后，各成员的知识创新能力将获得进一步的提升。

7.5　本章小结

知识技术并不特指某一项技术，而是一个整合的技术体系。知识技术是知识管理的推动器。它为知识管理的解决方案提供基础，实现自动的和中心化的知识转移与共享，以及对创新过程的激励。

本章对知识技术与虚拟企业知识转移活动的关系进行了分析，并对虚拟企业知识转移过程中涉及的代表性的知识技术：知识地图、知识仓库、知识网络的运作原理进行详细的探讨。本章的研究，为虚拟企业知识转移的实现方法提供了一个科学的实践指导依据。

第八章　我国构筑虚拟企业知识转移机制的策略

随着全球经济一体化和信息技术的高速发展，越来越多的中国企业之间以及中国企业与外国企业之间相互联盟，结成知识共享、利益关联的虚拟企业组织，据此来提升自身的核心竞争能力。然而，我们应当清醒地认识到，在我国构筑虚拟企业知识转移机制依然面临着一系列制约因素，需要我国政府和企业采取积极措施进行合理应对。

8.1　我国虚拟企业知识转移现状

我国虚拟企业发展是从特许经营形式开始的，改革开放以后，特许经营作为一种现代商业经营模式被引入我国。特别是 20 世纪 90 年代以来，在一些外国企业，如麦当劳、肯德基等纷纷进入我国市场的同时，特许经营这种经营模式也逐渐为我们所接受，目前已从最初的单纯引入、模仿发展到结合我国国情进行创新的阶段。虚拟企业在我国的服装业、汽车制造业和电子业三个行业中较为常见，其存在形式既有公司形式，也有经济区域形式，相应的组织模式表现为战略外包、战略联盟、企业集群、虚拟销售和虚拟服务等形式。

随着信息网络的高速发展以及全球经济一体化的到来，我国虚拟企业获得了越来越多的机遇，相应的知识转移能力也获得了稳步提升。然而，不得不说的是，我国虚拟企业的知识转移机制也面临着各种挑战。笔者认为，一方面，虚拟企业作为现代企业组织一种新型形式，其知识转移效率必然要受到外界条件制约；另一方面，由于虚拟企业知识转移特有的内在特征，使得其受到法律法规、知识产权、信息化手段、网络安全、技术标准等因素的制约更为强烈。因此，分析我国虚拟企业知识转移的各种障碍因素，找出实践中的困境与问题，提出我国虚拟企业知识转移机制的构建策略，具有重要的意义。

8.2 我国虚拟企业知识转移面临的困境

通过参考现有相关的国内外文献和著述，我们认为，我国虚拟企业的知识转移面临的主要制约因素与困境体现在：知识产权、技术支持、政府政策三个方面（如图 8－1 所示）。

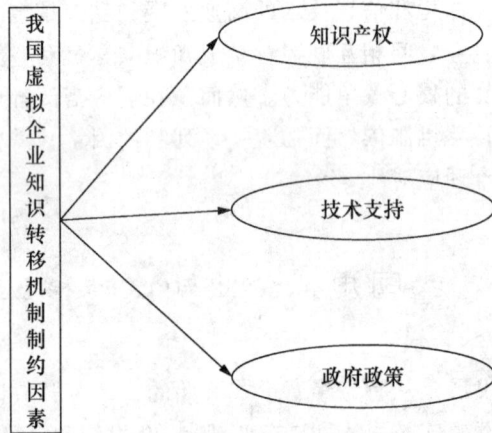

图 8－1 我国虚拟企业知识转移机制的制约因素

8.2.1 知识产权方面的困境

在我国虚拟企业知识转移机制的建设中，是离不开计算机技术和网络技术两个层面的。随着信息网络信息技术的日益普及，企业利用各种现代化信息技术进行知识的交流与日常管理，包括办公自动化系统、电子商务系统、销售时点系统、网站建设等。由于有关的关键技术常常掌握在国际垄断大公司手里，使得在虚拟企业知识转移的过程中，产生大量的有关法律侵权问题。

以往，我们考虑更多的是国外公司跑到我们的国土上收知识产权费，而忽视了国外公司还能在自身的国土上挥舞知识产权"大棒"。这说明我们对知识产权制度的本质作用还缺乏认识，在知识产权的保护意识上还有相当差距。我们虽然意识到"入世"是与世界知识产权保护的接轨，但更应认识到只有将知识产权战略的运用、知识产权人才的培养提升到"接轨"的水平，才能说我们的知识产权制度和国际接轨了。仅有完善的知识产权立法还远远不够，只有让我国企业学会如何利用这一制度才是真正意义上的知识产权保护。

8.2.2　技术支持方面的困境

1. 信息技术

畅通的信息是虚拟企业的生命线，虚拟企业知识转移与共享的过程必须依靠强大的信息技术支撑。虚拟企业中各成员企业来自不同部门、地区甚至是不同的国家，在加入虚拟企业之前都有自己的信息基础设施来收集和处理信息，因而在加入虚拟企业后可能会产生自身的信息基础设施与虚拟企业联盟体不兼容的现象，出现信息异构问题，导致信息的失真和扭曲，我国的虚拟企业在此方面表现尤为明显。如我国的信息基础设施建设方面的技术尚不够成熟，信息的有效传递性低、传递过程中失真现象严重、信息的整合问题没有得到根本解决等。

2. 网络安全技术

虚拟企业是管理科学、信息技术、通信技术相结合的产物。IT技术特别是 Web Service 的迅猛发展为虚拟企业知识转移机制的构建提供了一个全新的模式，同时也带来了新的挑战，即网络安全问题。虚拟企业知识转移过程中需要重点考虑的安全性是关于电子商务的交易问题。这个问题涉及虚拟企业外的其他组织，如权威的认证机构、位于银行和用户间为用户提供金融服务的支付网关等。安全电子交易（SET）规范已经提供了一套成熟、可信的解决方案，在虚拟企业中可以采用该规范来处理电子交易的问题。我国在网络安全方面的意识还不是很到位，这就给一些网络犯罪分子提供了可乘之机。

3. 建模技术

虚拟企业知识转移过程非常复杂，需要建立很多的相关模型。我国在此方面还存在以下问题：

虚拟企业知识转移模型不能从高层抽象各成员企业的功能、结构、特性等；

模型的可重构性、可扩充性和可伸缩性差；

建模方法单一，很多成员企业不具备专业的建模人员；

虚拟企业建模过程有时出现断层，不能融合各成员企业不同的层次，导致虚拟企业的各层次人员不能广泛参与；

在一致性方面，虚拟企业知识转移机制的各个视图的语法、语义不能准确地表达所要表达的意思。

8.2.3　政府政策方面的困境

政府既要制定法律和政策措施，同时又要基于区域经济的"本土资源"，探索出与本地相适应的法制现代化道路。即政府需保持政策的连续性、一致性、宽松性，并采用经济的手段，而不是单单采用行政手段对企业组织进行干涉。其次，我国尚须进一步加强立法、宏观规划、科技政策、理论研究等方面的培育力度，同时加大对虚拟企业知识转移过程中出现的新问题、新情况的关注程度，为我国虚拟企业的健康发展创造一个良好的政策法律环境，最终促进社会主义市场经济的快速发展。

8.3　我国构筑虚拟企业知识转移机制的策略

在国内外新形势的背景下，建设虚拟企业知识转移体系面临着很多挑战。笔者认为，要提升我国的虚拟企业知识转移能力，应遵循"政府支持、企业主导"的原则，从政府和企业两个层面来构筑和完善虚拟企业知识转移机制（如图 8-2 所示）。

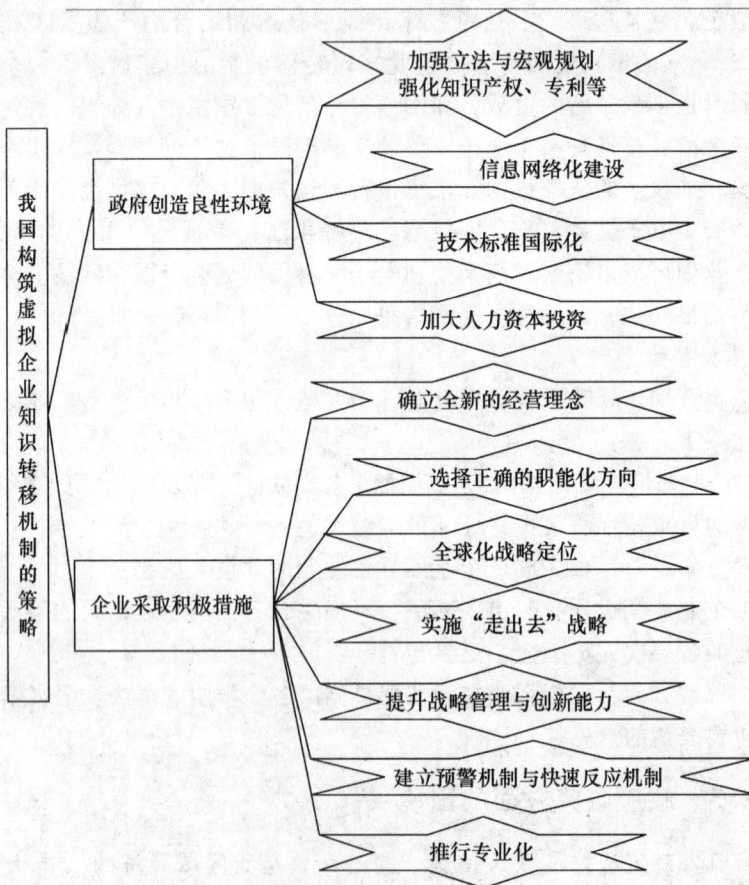

图 8-2　我国构筑虚拟企业知识转移机制的策略

8.3.1 政府创造有利于虚拟企业知识转移的良性环境

1. 加强立法建设与宏观规划，强化知识产权、专利和商标意识

我国现有的许多法律法规已无法完全适应电子商务的发展需求。在原有的金融、商务、税务、电信、计算机和网络安全等方面的基础上，可适当地加以修改、增强和完善相应的立法制度。

首先，我们应该正视知识产权制度。对知识产权制度利弊的讨论固然重要，但既然目前国际上强化知识产权保护的趋势在加强，那么企业的重点就是要在现有制度中发掘和吸收相关的战略、政策，提高企业界利用知识产权制度的战略水平。

其次，应该正视诉讼。应明白发生诉讼是市场经济活动的必然。同时我们也应认识到，两个不同国家企业之间的诉讼本身并不意味着国家之间的"压榨"。企业之间的诉讼，其本身就有维护法律和市场竞争的双重作用，既然诉讼是有成本的，那么其背后就一定会有企业市场竞争的深层原因。

最后，企业须重视知识产权工作和其他相关联的工作，比如技术壁垒、技术标准的研究等。应逐步完善自己在产品输出国的知识产权战略，并在技术标准、知识产权反垄断、软件商业方法专利、技术壁垒等新领域的研究方面更上一层楼。另外，伴随我国民营经济的飞速发展，一些杰出民营企业的快速发展，很可能使得跨国公司将其列为潜在的市场竞争对手，使自己面临知识产权诉讼的可能性也更高，企业一定要对此有清醒的认识，做到未雨绸缪。

只有这样，我国企业在加入虚拟企业后，才能降低由于受知识产权纠纷等因素影响所导致的虚拟企业知识转移风险，从而为提升我国虚拟企业知识转移能力提供一个强有力的支撑和保障作用。

2. 加快信息网络化建设

虚拟企业知识转移效率与信息网络化水平密切相关。然而，到目前为止，我国信息网络技术虽然取得了飞速发展，但与发达国家相比还仅处于一个开端，远远落后于发达国家水平。例如，我国许多边远贫困地区至今没有电话，更谈不上网站的建立。目前我国实质上主要使用的是中、低速网，可利用的局域网较少，而且速度慢。

加强信息网络化建设，我国政府应注意宏观上的协调与管理，加强对已有网络利用率的提高。首先，我国的一些互联网络如邮电网、广电网、中国电信网和联通网各自为政，缺乏系统的协调与管理，致使我国网络传输能力的利用率只有20%~30%，远远低于发达国家70%~80%的水平。另外，过高的网络费用也严重影响了我国信息基础设施的使用率。网络通信市场的价格垄断，使得我国目前的上网费与我国居民收入以及企业发展水平不相适应，人为地降

低了现有网络的利用率。因此，一方面，我们可通过法律、政策来推动网络间的联合。例如美国的《1996 年电信法》清除了电话网、有线电视网和互联网三网合一的法律障碍，允许电信公司、有线电视公司和 Intenet 服务供应商，在同一市场中开展电信业服务，电信市场完全实行开放式的竞争经营，从而大大促进了不同网络间的联合，并使消费者的上网费用大大降低。另一方面，我们应加快骨干网建设，以解决国内各骨干网间的宽带互联问题，促进网络资源的充分利用、优势互补。

3 重视技术标准的国际化

资料显示，当今世界贸易壁垒的 80% 来自于技术壁垒，而在 20 世纪 70 年代这一比例仅为 10% ~ 30% 。如今，技术壁垒越来越多地受到各国普遍重视和广泛应用，以技术性措施促进出口，抑制不必要的产品进口已经成为国际上的通行做法。所以要求企业产品的技术标准应尽快与国际接轨，加快标准制定速度，完善技术标准体系，适应市场变化的需要。目前，我国的标准化管理体制和运行机制仍然带有计划经济色彩，国家标准与行业标准界限不清，行业标准间出现交叉或相互矛盾，并且技术标准制定与科学研究相脱节，有些行业技术标准几十年不变，与国际标准有着很大差距。因此要加快标准制定速度，尽快使主要产业、主要产品的技术标准与国际接轨。

继续改革地方标准，严格控制地方标准范围，尽可能不制定或少制定地方性标准。

政府有关部门要按照国际通行规则，特别是要遵循国际惯例和 WTO/TBT 协议，逐步改革标准化工作，从内容、覆盖范围和事先通报等方面完善强制性标准制度。强制性标准应仅限于国家安全、保护人类生命和健康、保护动物和植物的生命和健康、保护环境、防止欺骗等方面。

尽快将自己的技术优势置入标准，参与国际技术标准的制定。在传统产业里，产品与专利往往是一对一的关系，一个产品所能形成的专利技术十分有限。而在高技术产业领域中，情况发生了很大的变化，一个技术标准往往决定一个行业的技术路线，它所形成的技术思想，不但能够形成成千上万项专利技术，而且影响相关行业，使后来者只得沿着这条技术路线走下去。未来高新技术产业领域国际化竞争的一个十分重要的趋势就是在最新、最尖端的产业领域中展开技术标准的竞争。技术标准的竞争是产业竞争的制高点，掌握了标准就掌握了竞争的优势与主动权，抢占标准就是抢占高新技术产业制高点。然而，发达国家在高技术产品上掌握着大部分的规格、标准和制式，这是不可否认的客观事实。在此情况下，我国虚拟企业要突破重围，增强自身的知识转移与共享能力，就必须走跨越式的发展之路，从战略的高度来充分认识技术标准的重要性，是实现我国赶超战略的一条捷径。

4. 加强对人力资本的投资，提高我国人力资源的素质

在知识的转移、传播和应用中，人力资本始终起着举足轻重的作用。一个国家的人力资源的素质越高，该国的知识吸收能力就越强，就越容易产生高效的虚拟企业。因此，我国政府应加大对教育的投资，改革现有的教育体制，培育现代化的教育体系，采取产、学、研相结合的道路，不断提升我国人力资源的素质，培养出一大批具有创新精神和能力的优秀人才，以此来增强我国虚拟企业知识转移和知识创新能力。

8.3.2　企业应采取积极措施来提升虚拟企业知识转移能力

1. 虚拟企业要确立全新的经营观念

观念决定企业的存亡与发展。面对新的游戏规则，企业要从传统的计划经济模式转向市场经济，要有竞争的意识。同时，我国企业要加强合作意识，不需要再去从事那种"大而全、小而全"的经营模式，不需要"为了一个部件上一个工厂"，要抛弃保守的狭隘主义思想，积极寻找联盟伙伴，并站在发展的、全局的高度来积极加盟我国的虚拟企业，与其他成员企业共享知识，协同发展。

2. 选择正确的职能化方向

企业在职能化方向的选择上，应首先从企业在职能市场上最有竞争力的环节入手，以此为自己赢得一个生存发展的条件。然后通过自身的不断努力，来实现从低利润率环节向高利润率环节的转化。而决不是一开始就排斥低利润率环节，从而阻断了实现自我生存与发展的一条捷径。企业只有获得与其他先进企业进行合作的机会，先保证自己能够在职能化的大趋势下得以生存，才有可能谈发展。因此，当一个企业的比较优势是低附加值环节时，其要做的不是放弃，而是好好利用此职能与其他合作伙伴进行更深入的知识交流与共享，不断地进行学习和自我知识积累，据此来逐步提升自身的知识创新能力。对于实力较强的、以谋求发展为第一位的企业来说，其在进行职能化过程中，除了应充分考虑自身的优劣以及其在整个职能市场上的比较优势与比较劣势外，还应对价值链的各个环节进行充分分析，尽量选择具有较高进入壁垒的关键环节。这样，由各个企业形成的虚拟企业联盟体就会产生相应的知识势差（其理论依据如第三章的论述），从而可进一步地增强虚拟企业中各成员企业之间的知识转移与流动速率。

3. 采取全球化的战略定位

虚拟企业的战略定位对其知识转移能力的提升具有重要的促进作用。我国建设虚拟企业时，各成员企业以及整个虚拟企业联盟的全球化产业战略定位是一种理念，是一种必然趋势，更是经济一体化给中国这样一个发展中国家所带

来的一种后发优势、一种历史性的机遇。

我国建设虚拟企业知识转移机制时，各成员企业以及整个虚拟企业组织的全球化战略定位，包含两层含义：

（1）参与国际竞争与合作的产业定位。国外公司有传统的优势产业和优势产品，由于有很强的进入壁垒，可以暂不参与竞争，而主要选择合作的方式，在合作中竞争，在竞争中诱导国外公司关键技术和知识的溢出，在引进消化中实现赶超。与此同时，从我国企业各自的实际出发，可选择具有比较优势的产业与产品进入全球高新技术产业分工体系，在全球范围参与竞争。

（2）供求关系角度的产业定位。全球供求关系是动态变化的，应该根据某一时期内世界产品市场供求关系的变化来选择产业定位。如果大量出口某一产品就必然导致出口价格下降，国际市场上这个商品就供过于求，形成出口越多，价格越低，收入越低的恶性循环，结果是恶化高新技术产业的贸易条件。因此，选择发展某一产品参与国际竞争，就不仅要考虑供给，还要考虑需求。

4. 积极实施"走出去"战略

我国的企业须积极参与国际竞争，加快"走出去"的步伐，大量地与国外企业结盟为虚拟企业，据此来增强知识转移的范围和能力。其战略方式的重心应逐步由贸易方式向投资方式转移，并通过投资促进贸易的发展。有以下五种模式可供选择：

（1）国际营销网络型模式。积极发展国际营销网络体系，带动营销管理人员的国际流动，培养大批跨国经营管理人才，扩大商品出口。在此基础上，企业的经营方式逐步从定牌生产和来样加工向创立科技园区企业的国际品牌转变，扩大自身产品和企业的国际知名度，为中长期的企业国际化和产业国际化积累无形资产。

（2）结构转移型模式。指通过企业对外直接投资实现产业国际转移和产业结构国际性调整。对外直接投资方式拟采用生产设备、生产技术与资本输出相结合，到亚洲和中南美的发展中国家设立生产型公司。通过对外直接投资延长产业或产品寿命周期，为国内剩余生产能力找出路，并带动劳务输出。

（3）资源开发型模式。这是指通过对外直接投资，从全球范围获取经济发展所需的稀缺资源，建立国际资源开发基地，并在一定程度上为中长期的产业国际布局打基础。资源开发型对外投资产业主要是农业资源开发、石油化工、木材加工、矿产采选、钢铁等。对外直接投资方式拟采取合资企业等资源共享模式。

（4）研究开发型模式。指通过优势竞争力行业的企业到欧、美、日等发达国家或南亚新兴工业化国家设立研究开发机构。

（5）中介服务型模式。"走出去"不仅是商品国际化、企业国际化、产业国际化发展过程，也是服务国际化过程，因此，中介服务型对外投资也是"走出去"的重要组成部分。中介服务业中投资信息咨询、国际企业管理咨询、国际律师服务、国际会计审计服务、国际会展服务、软件服务与电子商务等可先行，并带动技术人员国际流动。

5. 提高虚拟企业的战略管理能力和创新能力

随着"入世"后中国企业经营空间、经营环境和战略管理活动的变化，必须大力提升虚拟企业高层管理者的战略管理能力。虚拟企业的盟主企业必须具备两种关键的战略管理能力，即从企业、顾客、竞争对手不同的角度思考、形成自己的创新战略和行动计划，以及有效地组织实施既定战略的能力。这种战略能力体现在战略洞察能力、战略应变能力和战略控制能力三个方面。此外，必须大力提升企业高层管理者的创新能力。企业决策者的创新能力，包括创新精神、创新思维和实际的创新能力。

6. 建立预警机制和快速反应机制

完善的预警和快速反应机制将提升虚拟企业知识转移的效率[233~238]。因此，在我国建设预警机制应从市场入手，即从市场的销售、价格、数量等信息判断市场状况。对国际价格的变动情况要随时掌握，如果某种出口商品价格出现异常波动，与前期价格相差甚远，企业就应快速制定相应对策。目前，国家有关部门已经成立了产业调查机构，并且尝试建立产业损害预警机制。

7. 积极推行专业化

要在全球化竞争中立于不败之地，我国企业在组建或参与虚拟企业时，必须紧紧把握专业化的方向，这样，虚拟企业中由于各成员企业之间的知识几乎不存在过大的知识距离，使得知识转移与共享变得更为高效，从而导致整个虚拟企业的核心竞争力大大提升。

虚拟企业的核心竞争力表现为三个层次：

一是及时发现和抓住外部环境呈现的发展机遇，制定正确的发展战略来有效地组织企业内外部资源的能力。

二是能通过领导、组织、奖惩、文化建设，围绕关键成功要素，发展出超越竞争对手专有技能的组织领导能力。

三是上述活动所产生的专有技能，如技术、工艺、产品的创新能力，提供高品质产品、控制成本的能力、对顾客需求迅速反应的能力和强大的营销能力等。

核心竞争力一般都独树一帜，例如温州打火机业的"集群"模式，它的成功秘诀就是"专业分工，合作紧密"。温州的打火机行业，一个企业只生产一个零部件，实行专业化社会化大分工，行业凝结了温州企业的规模生产和成本优势，结果是，形成了成员企业群聚合起来的虚拟企业核心竞争力，成了世界打火机市场最恐怖的杀手。有人形容温州的打火机厂商联盟体是"土狼群"，生命力极为顽强，即使在最恶劣的生存环境中也能增殖繁衍。

8.4　案例解析：以 DA 公司为发起者的虚拟企业知识转移与共享系统

　　山东 DA 科技股份有限公司是山东省实力较强的知识型企业（以下简称 DA 公司），以提供电信核心支撑应用及增值服务系统为主营业务发展方向。公司以 BP 寻呼系统业务起步，经过近十年的发展，目前已经发展成为一个能够提供电信综合解决方案以及企业信息化支撑解决方案的软件企业，现主要从事四类业务：电信支撑产品线、企业信息化支撑产品线、系统集成和电信增值业务。纵观该企业的发展历程，可以看出，DA 公司通过其作为发起者构筑的虚拟企业知识转移与共享系统来提升自身的核心竞争力，是非常成功的。因此，其实践案例值得我国许多相关企业借鉴。

　　1. 虚拟企业知识转移与共享系统的构成要素

　　DA 公司企业的网络与信息技术的应用水平较高，其组织结构呈现出扁平化和柔性特征，具备非常好的虚拟企业运行的基础与条件，由该公司作为发起者构建的虚拟企业知识转移与共享系统的要素主要包括：知识库、知识网络、文化与价值观、组织结构、技术基础设施（如图 8 – 3 所示）。

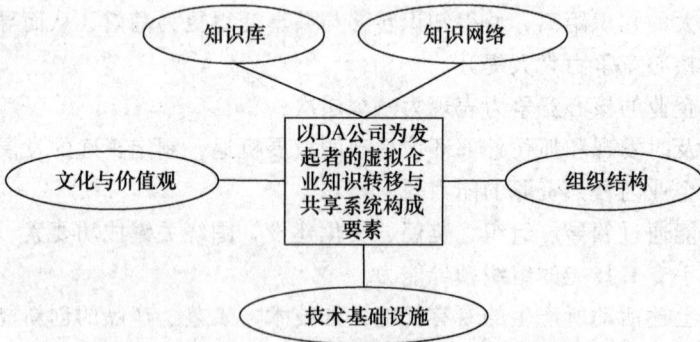

图 8 – 3　虚拟企业知识转移与共享系统的构成要素

　　（1）知识库。DA 公司为了储存项目开发中积累的知识，建立了相应的知识库对其进行统一管理。经过几年的积累，公司知识库中积累了电信系统开发的成功经验以及其中的一些模块，为全面进入电信支撑系统市场提供基础支持。

（2）知识网络。DA公司在不断培育自己研发团队和构建组织知识库的同时，一直积极构建知识网络，作为企业技术发展中的知识补充。DA公司的知识网络分四个层次：①与LX公司的战略联盟。DA公司作为LX在山东电信行业唯一的战略合作伙伴，可以在相关的各个行业部门，包括软件、硬件，得到LX的免费技术支持；凡与LX有关的故障，也均可得到其北美实验室的维护。同时，公司可以在LX的中间件平台上开发电信支撑软件，从而弥补了自己中间件开发能力较弱的缺点，在成熟的平台上开发自己的产品，使得DA公司的产品开发可以在较高的层次上进行。LX同时为DA公司提供各种技术、管理等方面的培训，成为公司接触最新软件开发技术和管理知识的窗口。②与山东大学开展技术合作。公司借助高校这个知识的前沿阵地，接触到本领域的最新技术动态和知识，同时，可以利用高校强大的科研力量，合作解决一些单靠企业本身无法解决的难题。③与山东省内其他软件企业之间的各种互动合作。④DA公司经过初期发展，与几大电信运营商建立了紧密的合作关系。

由于行业的特殊性，DA公司的产品开发具有强烈的客户关联性，因此，在产品开发过程中，DA公司需要与客户进行及时互动方能准确地得到各种需求信息，从而根据实际变化调整自己产品开发的方向。知识网络的构建，使得DA公司在进入电信支撑系统这一市场后，可以充分接触到本领域内的最新技术动态和市场动态，不断地进行完善自身的知识库。

（3）文化与价值观。DA公司在发展过程中鼓励不同文化背景的人加入公司，也鼓励内部人员积极学习和吸收外部技术知识和文化理念，可以说DA公司的文化既是一种兼容并蓄的文化，又是鼓励学习和创新的文化。在这样一种文化的驱动下，公司的发展带有强烈的外部学习痕迹。

（4）组织结构。DA公司组织结构也采取结构化和松散化相结合的管理方式，其知识库和知识网络统一进行管理，而对项目团队则实行松散型组织管理。项目团队成立后，公司在知识库和知识网络接口方面提供支持，同时利用界面管理为项目团队提供市场、工程等各方面信息，加强不同部门、不同人员之间的知识交流。

（5）技术基础设施。软件企业要将知识转化为产品，发达的网络、先进的计算机基础设施以及中间件平台是必不可少的组成部分。DA公司为内部开发人员配备了领先的计算机系统，通畅的宽带网络，并且通过与LX的合作，为软件人员提供了LX的中间件开发平台，从而使得公司所有软件人员可以在该开发平台上统一进行开发。

2. 虚拟企业知识转移与共享系统架构

以上五个要素相互联结和支撑，构成了如图8-4所示的以DA公司作为发起者的虚拟企业知识转移与共享系统架构。

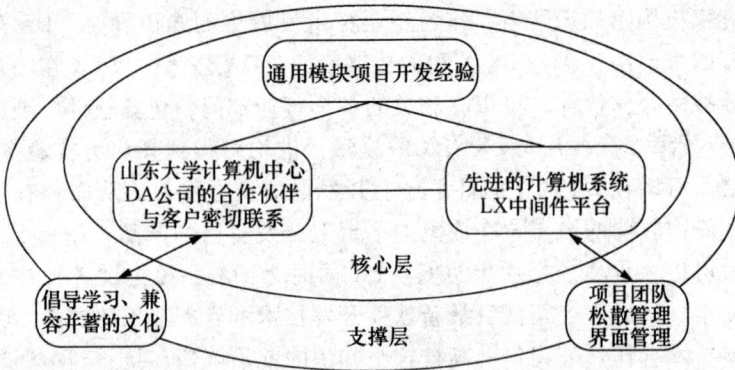

图 8 - 4　DA 公司作为发起者的虚拟企业知识转移与共享系统架构

在图 8 - 4 所示的虚拟企业知识转移与共享系统架构的核心层，DA 公司虽已在相关产品开发中积累了丰富的经验和知识，然而，它却面临着一个成长迅速、技术升级变化日新月异的市场，仅靠自身的知识积累难以满足市场以及技术迅速发展的需要。DA 公司采取外部学习战略，即利用知识网络向外部学习，将外部知识与企业内部的知识进行有效整合，通过外来知识流的冲击，达到提升自身知识创新能力的目的。核心层要素间的知识流通过知识网络，并利用相应的基础设施流入组织的知识库，各要素间的联结围绕这一知识流进行。

支撑层主要为核心层中的知识流动提供支撑。兼容并蓄的文化使 DA 公司以开放的态度对待外部知识，从而外部知识可以更快地流入组织内部，同时，在这种文化下，外部知识可以有效与内部知识进行整合，从而实现外部知识向内部知识创新能力的转化。

柔性组织架构主要为知识流提供组织保障。结构化管理和松散管理相结合的方式使公司可以在外部知识刚进入组织时，为外部知识团队单独开辟一个空间实行松散型管理，同时利用组织界面管理为知识团队提供技术、知识等一系列支持，使知识团队在享有充分自由的情况下利用组织已有资源进行技术研发等活动。在研发成功后，对知识团队管理转而变为结构化方式，便于将团队创造的新知识在组织内扩散，实现知识向内部知识库的转移。

通过该虚拟企业知识转移与共享系统，DA 公司的电信支撑软件开发能力、OA（Office Automation，办公自动化）系统开发能力均得到了快速提升，从而使其成为该领域实力强大的企业之一。

3. 虚拟企业知识转移与共享系统的功能——知识的动态整合

根据前述的分析可知，以 DA 公司作为发起者的知识转移与共享系统可以促使知识资源的优化，推动组织学习的发展，进而带动整个组织的知识创新。事实上，DA公司的组织学习与虚拟企业知识转移与共享系统是一个互动过程。首先，在DA公司的组织学习过程中，知识转移与共享系统作为组织记忆的载体，其构成要素随着新知识的不断融入获得了积累并使其边界得以扩大。其次，虚拟企业根据组织学习过程中产生的反馈，对要素间的联结方式进行调整，来适应组织学习的进行。随着组织学习不断深入，各要素间的联结势必不断优化。要素联结方式的调整主要是核心层要素联结方式的调整以及组织支撑层要素与核心层要素互动关系的调整。核心层联结方式的改进，会提高知识在虚拟企业内流动的速度和效率，也会提高DA公司对内外部知识资源的利用率，两个层面的互动获得改善后，可以使虚拟企业知识转移与共享系统对各种学习活动的支持作用更强。

因此，从动态角度看，企业组织的知识创新过程不仅是个人知识和组织知识协同成长的过程，也是组织学习以及知识转移与共享系统的协同成长的过程[239~241]。一方面，虚拟企业知识转移与共享系统支撑组织学习顺利进行；另一方面，组织学习过程中的反馈引起虚拟企业知识转移与共享系统的更新。二者间的互动关系如图8-5所示。

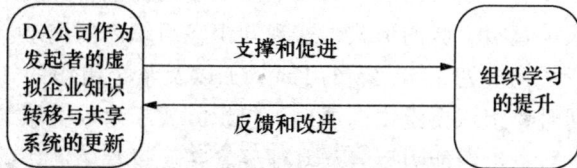

图8-5 知识的动态整合模型

知识的动态整合本质上来说是人脑加工处理的过程，是不同性质的知识相互转化过程，其结果是产生了新的知识。DA公司认为，员工在工作中随着自身实践经验的不断增长，经常会创造一些新的工作方法，来应付意想不到的困难和紧急问题，使得DA公司从中受益。同时，DA公司及时捕获这种局部性的创新知识，并将其整合为整个组织的知识，由此进一步产生更大范围的创新潜力。再者，DA公司通过虚拟企业知识转移与共享系统不断获取外部新的知识，将其与自身已有的知识相融合后，亦会产生非常有利于提升组织核心竞争能力的创新知识。这样，DA公司通过组织学习和知识在组织中的迅速传递，将有力地促进知识整合，推动自身技术创新能力的发展。

4. 虚拟企业知识转移与共享系统和DA公司成长

第一，DA公司利用虚拟企业知识转移与共享系统的组织记忆功能，将Telescope经营分析系统中的通用模块存入知识库；并且规定项目组在产品开发成功后，要将开发流程和开发中的成功经验总结成项目报告，项目报告也要被整合进入知识库。经过这两项措施，项目开发中产生的显性知识和部分隐性知识就被整合为组织的知识。这样，持续增加的组织知识就为电信系列产品的开发提供了强有力的支持。

第二，外部学习的成功使得 DA 公司将这种做法惯例化。DA 公司把从知识网络中吸收知识转化为一种惯例式做法，从而使得内部学习规范和流程更加丰富。DA 公司加强对外部技术机遇和技术动态的跟踪和检索，并成立由技术、市场和管理等部门派出代表组成的合作保障部，以实现对不同类型知识的跟踪和判断。其结果是公司对知识网络的管理更有条理性，知识网络与知识库之间的联结也更加迅捷，从而能够更好地发挥知识网络对公司技术增长的推动作用。

第三，为了使公司的经营分析系统成为全面进入市场的跳板，DA 公司以项目组为主要力量建立了相关电信软件开发的分公司，并为分公司配备了相应的工程技术人员。通过各部门间的界面管理，DA 公司迅速有效地整合了公司内的技术与知识。

第四，为了促进项目中的知识在不同项目团队和不同部门间的转移与共享，DA 公司一方面加强知识库的中介作用，另一方面，鼓励项目组成员加入其他项目团队，并且鼓励其他团队成员加入分公司的项目开发中，以不同部门间人员流动和人员直接交流的形式，实现知识在组织内的流动。

采取上述一系列措施，DA 公司内部员工以及整个组织的知识创新能力均获得了提升。同时，组织要素中的惯例、组织方式、对外关系等也随着新知识融入得到同步更新，组织能力要素与其他要素在此过程中亦协同增长，从而带动公司的健康成长（如图 8-6 所示）。总而言之，DA 公司在实际操作过程中的众多方面，都体现出了虚拟企业知识转移与共享系统对创新能力增长的支撑作用，公司成功利用该系统实现了企业的快速发展。

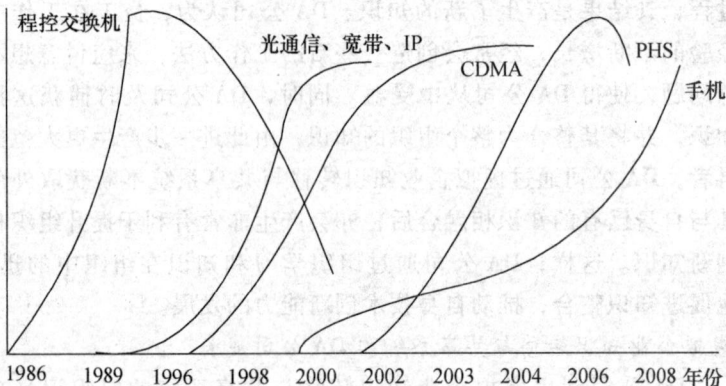

图 8-6　DA 公司的成长模型

8.5 本章小结

随着经济全球化的发展，越来越多的中国企业之间以及中国企业与外国企业之间相互联盟，结成知识共享、利益关联的虚拟企业组织。然而，我国在构筑虚拟企业知识转移机制的过程中依然面临着一系列制约因素，需要我国政府和企业采取积极措施进行合理应对。

因此，本章首先对我国虚拟企业知识转移面临的困境进行分析；其次从政府和企业两个层面，对我国构筑虚拟企业知识转移机制提出了相应的应对策略；本章最后引入了一个实际案例：以 DA 公司为发起者的虚拟企业知识转移与共享系统，通过对该案例的详细解析来帮助我们理解虚拟企业知识转移的重要意义。

第九章　结论与未来展望

9.1　主要结论

（1）虚拟企业中知识转移的影响因素为：知识源的特征、知识接受组织的特征、被转移的知识复杂性特征、知识转移背景特征。

（2）引用物理学的概念，本书认为虚拟企业知识转移的动力主要是由于不同的成员企业之间存在知识势差，不同知识势差的成员企业间必然要发生知识的转移。虚拟企业内知识转移能力主要与成员企业的知识吸收能力与知识溢出能力相关，并呈现出正相关关系。

（3）虚拟企业知识转移是知识发酵的途径和必要前提条件，虚拟企业的知识发酵过程就是转移知识、创造新知识的过程。只要对各发酵要素进行良性培育，各知识转移要素在"吧"中就可快速发酵，来实现虚拟企业的知识增长。

（4）知识吸收能力主要与成员企业之间的接触界面、成员企业的先验知识以及成员企业内部的知识扩散整合机制息息相关。要提高成员企业的知识溢出程度，并同时保护成员企业的核心能力，可以采取主动知识溢出的策略。

（5）虚拟企业知识转移风险主要与知识本身、成员企业和环境三个方面的因素有关，可以通过在虚拟企业中建立相应的学习机制、信任机制、核心能力保护机制来预防风险。

（6）虚拟企业知识转移要平稳、高效地运作，离不开现代信息技术的支持。本书构筑了基于 Web2.0 的虚拟企业知识共享系统（Virtual Enterprise Knowledge Share System, VEKSS），为虚拟企业知识转移提供了一个可操作的实现平台。另一方面，知识地图、知识仓库、知识网络等典型知识技术也为虚拟企业的知识转移提供了高效的实现方法。

（7）面对虚拟企业知识转移的各种困境，我国可从政府和企业两个层面，分别构筑虚拟企业知识转移机制，据此增强虚拟企业知识转移与知识创新能力。

9.2　需要进一步研究的问题

虚拟企业知识转移是一个涉及面广、现实性强、综合性高的复杂问题。对该问题的研究，既需要深厚的理论基础、高度的抽象思维能力，又需要科学的研究手段和丰富的资料数据。限于作者的水平、研究的时间，以及资料数据的可得性等问题，本书在诸多方面还存在不足，需要在未来的研究中继续探索和完善。

第一，要对虚拟企业知识转移风险做出定量化的评价，尚需对知识的数量与质量等方面进行衡量。

第二，由于 Web2.0 的去中心化、社会化，使得个体所有的知识都在快速地膨胀和扩散，从而可能造成过多的知识溢出，不利于成员企业组织的核心竞争力的保护。因此，如何在 Web2.0 环境下集中控制这些分散的个体知识，尚需做进一步的研究和探讨。

第三，虚拟企业与虚拟企业之间的知识转移问题。

附录：知识管理资源

一、国内外主要的知识管理网站

（一）中国内地网站

[1] 中国知识管理网：http：//www. chinakm. com/default. asp

[2] 道中国：http：//www. daochina. com/

[3] 蓝凌—知识管理专业服务商：http：//www. landray. com. cn

[4] 知识中华：http：//www. kmchina. com/

[5] 中国协同知识管理网：http：//www. ckmchina. com/

[6] 中国知识管理中心：http：//www. kmcenter. org/

[7] 中国企业创新知识网：http：//www. cekd. cnki. net/

[8] 盟亚知识管理学苑：http：//www. monya. com. tw/

[9] AMT—企业资源管理研究中心：http：//www. amteam. org/

[10] 中国数字图书馆网站介绍：http：//www. d - library. com. cn/index. jsp

[11] 中国学习型组织网：http：//www. cko. com. cn/

[12] 愿景学习型组织促进会：http：//www. visioncentury. com/index. php

[13] 上海明德学习型组织研究所：http：//www. smiloc. com. cn/

[14] 学习型中国网：http：//www. xxzg. net/

[15] 学习型社会网：http：//www. 3xshw. com/

[16] 中国第三方物流网：http：//www. 3rd56. com

[17] 畅想网公共知识库：http：//www. amteam. org

[18] 《环球企业家》Online：http：//www. gemag. com. cn

[19] 中华企业管理网：http：//www. wiseman. cn

[20] 亚太教育训练网：http：//www. asia - learning. com

[21] KM—中国信息化—赛迪网：http：//industry. ccidnet. com/dim/

（二）中国香港、中国台湾网站

[1] 中华知识管理应用协会：http：//www. km. org. tw/

[2] 知识管理研究中心：http：//www. kmrc. org/

[3] 组织学习与知识管理中心：http：//colkm. ccu. edu. tw/

［4］意蓝知识管理：http：//www. eland. com. tw/index. htm

［5］数码威龙？个人知识管理中心：http：//www. netstar21. com/index. cfm?

［6］组织学习与知识管理中心：http：//colkm. ccu. edu. tw/

［7］ITIS 智网：http：//www. itis. org. tw

（三）国外网站

［1］微软知识管理：http：//www. microsoft. com/taiwan/TechNet/dns/km/

［2］知识管理资源中心：http：//www. kmresource. com/

［3］知识管理世界：http：//www. kmworld. com/publications/magazine/

［4］CIO 知识管理研究中心：http：//www. cio. com/research/knowledge//

［5］知识中心：http：//www. knowledgecenters. org/

［6］终极知识管理网站：http：//www. ckmchina. com/front/ckmlink/Destina-
tionKM. com

［7］知识网：http：//www. knowledgebusiness. com/

［8］国际学习型组织：http：//www. solonline. org/

［9］知识管理优势：http：//www. kmadvantage. com/km_ articles. htm

［10］Brint 网站和知识管理门户网：http：//www. brint. com/，http：//www.
kmnetwork. com/，Brint Institute's Online Book on Knowledge Management：
http：//www. kmbook. com

Brint Institute's WWW Virtual Library on Knowledge Management：http：//
kmbrint. com

［11］知识园地：http//www. co－i－l. com/coil/knowledge－garden/index. shtml

［12］管理第一：http：//www. managementfirst. com/knowledge_ management/
index. htm

［13］知识公司的论文与案例：http：//www. webcom. com/quantera/welcome. html

［14］知识培养库：http：//www. hnowledge－nurture. com/web/bulabdoc. nsf/By+
Medium？OpenView

［15］斯威比的知识管理文库：http：//sveiby. konverge. com/library. html

［16］知识管理论文网：http：//www. outsights. com/systems/kmgmt/kmgmt. htm
#articles

［17］卡尔·威格的论文网：http：//www. krii. com/karl_ wiig_ pubs. htm

［18］Delphi 集团研究组：http：//www. delphigroup. com/km/#articles

［19］知识管理研究中心：http：//www. cio. com/forums/knowledge/our_ articles. html

［20］数据挖掘与商业智能论文：http：//itmanagement. earthweb. com/datbus

［21］Xerox 公司：http：//www. xerox. com

［22］Technology Review by M. I. T：http：//www. techreview. com

[23] Darwin：Business Evolving in the Information Age：http：//www. darwin-mag. com

[24] Destination CRM's Knowledge Management Site：http：//www. destinationcrm-com/km

[25] Intelligent KM：http：//www. intellgentkm. com

[26] IT Toolbox for Knowledge Management：http：//km. ittoolbox. com

[27] IT – Director. com：http：//www. it – director. com

[28] Knowledge at the Wharton School：http：//knowledge. wharton. upenn. edu

[29] The McKinsey Quarterly：http：//www. mckinseyquarterly. com

[30] New Architect：Internet Strategies for Technology Leaders：http：//www. newarchitectmag. com

[31] Open P2P. com by O'Reilly：http：//openp2p. com

[32] Pew Internet & American Life Site：http：//www. pewinternet. org

二、主要的知识管理研究机构与研究中心名称及网址

（一）协会与组织

[1] 国际知识管理协会：http：//www. kmci. org/

[2] 知识网络联盟：http：//kwork. org/

[3] 欧洲学习型组织协会：http：//www. eclo. org/

[4] 组织学习社团：http：//www. solonline. org/

[5] 知识管理专业协会：http：//www. kmpa. org/

[6] 世界智力资产组织：http：//www. wipo. int/eng/main. htm

[7] 全球知识经济协会：http：//www. gkec. org/

[8] 知识管理认证委员会：http：//www. kmcertification. org/

[9] 美国生产力和质量中心：http：//www. apqc. org/km/

[10] 知识和创新管理专业协会：http：//www. kmpro. org/

[11] 知识管理基准协会：http：//www. kmba. org

（二）知识管理研究中心

[1] 英国人工智能应用学院知识管理研究中心：http：//www. aiai. ed. ac. uk/ ~ alm/kamlnks. html

[2] 美国亚利桑那大学信息管理中心：http：//www. cmi. arizona. edu/

[3] 日本东京理工学院社会工程系知识管理中心：http：//www. gdrc. org/kmgmt/

[4] 多米尼加大学知识管理中心：http：//www. dom. edu/gslis/ckm. html

[5] 乔治梅森大学知识管理中心：http：//www. icasit. org/km

[6] 法国 INSEAD 商学院知识管理、工作流与知识门户：http：www. insead. fr/

CALT/Encyclopdia/ComputerSciences/Groupware/Workflow/

［7］德国卡尔斯鲁厄大学 AIFB 学院群体知识管理研究中心：http：//www. aifb. uni－karsruhe. de/Forschungsgruppen/WBS/english

［8］加拿大麦克马斯特大学知识管理中心：http：//www. business. mcmaster. ca/mktg/nbontis

［9］美国普渡大学知识管理中心：http：//www. mgmt. purdue. edu/centers/timer/

［10］加拿大女王大学知识型企业 KBE 中心：http：//business. queensu. ca/kbe

［11］英国罗伯特格等大学知识管理中心：http：//www. rgu. ac. uk/schools/sim/ckm/ckm. htm

［12］美国圣地亚哥州立大学知识管理专业培训中心：http：//defcon. sdsu. edu/1/objects/km/home/index. htm

［13］斯坦福大学知识系统实验室：http：//www. ksl. stanford. edu/

［14］英国华威大学商业流程资源中心（知识管理）知识与创新网络：http：//bprc. warwick. ac. uk/Kmweb. html http：//www. ki－network. org/

［15］美国科罗拉多大学组织学习与知识管理中心：http：//www. cudenver. edu/～mryder/itc＿data/org＿learning. html

［16］肯塔基大学知识管理中心：http：//www. uky. edu/BusinessEconomics/dssakba/kikm. htm

［17］莱斯特大学知识与创新网络：http：//www. ki－network. org/

［18］马里兰大学信息与知识管理会议：http：//www. csee. umbc. edu/conferences/cikm/

［19］南加州大学组织知识中心：http：//www. ec2. edu/dccenter/ok/index. html

［20］加拿大多伦多大学知识管理实验室：http：www. cs. toronto. edu/km/

［21］IBM 知识管理研究院：http：//www. ibm. com/

［22］大连理工大学知识管理与知识科学研究中心

［23］中国科学技术大学知识管理研究所

［24］哈尔滨工业大学管理科学研究所

［25］南京大学国家信息资源南京研究基地：http：//irm. nju. edu. cn/

［26］复旦大学知识产权研究中心

［27］东南大学学习科学研究中心：http：//rcls. seu. edu. cn/

［28］浙江大学创新管理与持续竞争力研究中心：http：//www. cma. zju. edu. cn/riim/index. aspx

参 考 文 献

［1］ X. N. Chu. Partnership Synthesis for Virtual Enterprises. The International Journal of Advanced Manufacturing Technology, 2002, (19): 384 – 391

［2］ Surendra Sarnikar. Pattern-based knowledge workflow automation: concepts and issues. Information Systems and E-Business Management, 2008, (4): 385 – 402

［3］ S. K. Gupta. Architecture for knowledge discovery and knowledge management. Knowledge and Information Systems, 2005, (3): 310 – 336

［4］ C. Garita. The cooperative information management for industrial virtual enterprises. Journal of Intelligent Manufacturing, 2001, (12): 151 – 170

［5］ Gary Hamel, C. K. Prahalad, and Yves Doz. Collaborate With Your Competitors and Win, Harvand Business Review, 1989

［6］ Ovum. Knowledge Management: Building the Collaborative Enterprise, 2004

［7］ Eriksson, I. V. & Dickson, G. W.. Knowledge Sharing in High Technology Companies, Proceedings of Americas Conference on Information Systems (AMCIS), 2000

［8］ 张志勇，刘益，陶蕾. 企业网络与知识转移：跨国公司与产业集聚群的比较研究. 科学管理研究, 2007

［9］ 陈建斌. 论知识管理, 机械管理开发, 2002

［10］ 秦仪，罗霄. 论企业跨国经营中的知识管理. 中国软科学, 2002

［11］ Hendriks, P.. Why Share Knowledge – The Influence of ICT on Motivation for Knowledge Sharing. Knowledge and Process Management, 1999

［12］ Bhattacharya, Sudipto. Knowledge as a public good: efficient sharing and incentives for development effort. Journal of Mathematical Economics, 1998

［13］ Robert M. Grant, RM. Toward a Knowledge-based Theory of the Firms. Strategic Management. 1996

［14］ Wiig, K. M.. Knowledge management: where did it come and where will it go. Expert Systems With Applications, 1997

［15］ Claire Mc Inerney. Knowledge Management and the Dynamic Nature of Knowledge. Journal of the American Society for Information Science and Technology,

2002

[16] Sherif, K. . Think social capital before you think knowledge transfer, International Journal of Knowledge Management, 2006, (3)

[17] Joshi, K. D. , Sarker, Saonee, Sarker. Suprateek. The impact of knowledge, source, situational and relational context on knowledge transfer during ISD process. Proceedings of the 38th Annual Hawaii International Conference on System Sciences, 2005

[18] K. Wiig. The Role of Knowledge Based Systems in Knowledge Management, Workshop on Knowledge Management and AI. U. S. Dept. of Labor, Washington, D. C. , October, 1998

[19] D. Apostolou, G. Mentzas. Managing corporate knowledge: a comparative analysis of experiences in consulting firms. Second International Conference on Practical Aspects of Knowledge Management, 1998, (10): 29 - 30

[20] Zack, M. H. . Managing Codified Knowledge. Sloan Management Review, 1999

[21] Bruce Lioyd. Knowledge Management: the Key to Long - term Organizational Success. Long Range Planning, 1996

[22] Kwan, M. M. . The knowledge transfer process: from field studies to technology development, Journal of Database Management, 2006, (1)

[23] Liebowitz. J. , Megbolugbe. I. A set of frameworks to aid the project manager in conceptualizing and implementing knowledge management initiatives. International Journal of Project, 2002

[24] Pradeepa Wijetunge. Adoption of Knowledge Management by the Sri Lankan University librarians in the light of the National Policy on University Education. International Journal of Educational Development, 2002

[25] Joshi, K. D. Knowledge transfer within information systems development teams: Examining the role of knowledge source attributes. Decision Support Systems, 2007, (2)

[26] Jiang Ji - hai. Empirical research on inter - firm knowledge transfer cost in the supply chain. Industrial Engineering and Management, 2005

[27] Joshi, K. D. . Knowledge transfer among face - to - face information systems development team members: examining the role of knowledge, source, and relational context. Proceedings of the 37th Annual Hawaii International Conference on System Sciences, 2004

[28] Stary, C. . Inclusive design of ambient knowledge transfer, 9th ERCIM Workshop on User Interfaces for all. 2007

[29] Riss, U. V.. Knowledge, action, and context: impact on knowledge manage-
ment. Third Biennial Conference, WM, 2005

[30] Hustad, Eli. Knowledge networking in global organizations: The transfer of
knowledge, Proceedings of the ACM SIGMIS CPR Conference. 2004

[31] 肖小勇. 基于企业网络组织间知识转移的研究 [博士学位论文]. 湖南:
中南大学, 2005

[32] Robertson. A virtual library for building community and sharing knowl-
edge. International Journal of Human-Computer Studies, 1999, (3)

[33] Effective Communication and Information Sharing in Virtual Teams, http: //
www. bizresources. com/learning/evt. pdf, 1998. 8

[34] Buckley. P. J. , Carter. M. J.. Managing Cross Border Complementary Knowl-
edge: The Business Process Approach to Knowledge Management in Multina-
tional Firms. Carnegie Bosch Institute, 1998

[35] Orlikowski, W. J.. Learning form Notes: Organizational Issues in Groupware
Implementation. Proceedings of the Conference on Computer Supported Cooper-
ative Work, 1992

[36] Marquardt M.. Building the Learning Organization: A Systems Approach to
Quantum Improvement and Global Success. Mc Graw – Hill, New York, 1996

[37] Starbuck, W. H.. Learning by Knowledge Intensive Firms. Journal of Manage-
ment Studies, 1992

[38] Davenport, T. H. & Prusak, L. Working Knowledge: How Organizations Man-
age What They Know. Boston. Havard Business School Press, 1998

[39] Dataware Technologies, Seven Steps to Implementing Knowledge Management
in Your Organization, Corporate Executive Briefing. http: //www. dataware.
com, 1998

[40] Matson, Eric, Shavers, Tim.. Stimulating Knowledge Sharing: Strengthening
Your Organization's Internal Knowledge Market. Organizational Dynamics,
2003, (3)

[41] Yamamoto, G. T.. Virtual environments, virtual works, virtual lives. Technology
Management for the Global Future, 2007

[42] Wallace, Mark. Virtual worlds, virtual lives. PC World (San Francisco,
CA), 2006, (11)

[43] Piza, H. I. Virtual sensors for dynamic virtual environments. 1st IEEE Interna-
tional Workshop on Computational Advances in Multi – Sensor Adaptive Pro-
cessing, 2006

［44］ Jiejie Zhu. Virtual reality and mixed reality for virtual learning environments. Computers & Graphics, 2006, (1)

［45］ Bellovin, Steven M.. Virtual machines, virtual security. Communications of the ACM, 2006, (10)

［46］ Fakheri, Ahmad. Virtual instrumentation and virtual experimentation. Proceedings of ASME International Mechanical Engineering Congress and Exposition, 2006

［47］ Broderson, Hal. Virtual reality: The promise and pitfalls of going virtual. Nature Biotechnology, 2005, (10)

［48］ Ma, Bin. Virtual plastic injection molding based on virtual reality technique. International Journal of Advanced Manufacturing Technology, 2007, (31): 11 – 12

［49］ Zhao, Xin – Hua, Virtual simulation of submarine motion in virtual ocean environment. Journal of System Simulation, 2006, (18)

［50］ Pan, Zhigeng. Virtual reality and mixed reality for virtual learning environments. Computers and Graphics (Pergamon), 2006, (30)

［51］ Maeda, Taro. Virtual acceleration with galvanic vestibular stimulation in a virtual reality environment. Proceedings – IEEE Virtual Reality, IEEE Virtual Reality, 2005

［52］ Zhigong Pan. Virtual network marathon: fitness – oriented e – sports in distributed virtual environment. Interactive Technologies and Sociotechnical Systems—12th International Conference, VSMM 2006.

［53］ Jo, Jun – Mo. Virtual source – based minimum interference path multicast routing in optical virtual private networks. Photonic Network Communications, 2007, (13)

［54］ Xie Wenjing. Virtual space, real identity: exploring cultural identity of Chinese Diaspora in virtual community. Telematics and Informatics, 2005, (22)

［55］ Symons, J. Virtually borderless: an examination of culture in virtual teaming. Journal of General Management, 2007, (32)

［56］ Lempereur, M.. A virtual model adapted to simulation of entering – learning movement of a car. APII – JESA Journal Europeen des Systemes Automatises, 2004, (38): 7 – 8

［57］ 彭佳. 虚拟企业知识转移问题研究［硕士学位论文］. 东北：东北大学, 2005

［58］ Zhang Hongbing, Fan Ronghui , He Jinsheng. Research on Knowledge Innovation in Virtual Enterprise, International Conference on Information Management，Innovation Management and Industrial Engineering，Taipei，Taiwan，2008. 12. Volume I：339 – 342

[59] 邢永杰. 基于博弈论的虚拟组织理论研究［博士学位论文］. 天津：天津大学，2003

[60] IDC. Knowledge Management Survey，1999

[61] Arthur Andersen Business Consulting. Zukai Knowledge Management，Tokyo：Toyo Keizai，1999

[62] Davenport，T. H.. Some Principles of Knowledge Management Working Paper，1997

[63] Dixson，N.. Common Knowledge：How Company Thrive By Sharing What They Know. Havard Business Press，2000

[64] Ruggles，R.. The State of Notion：Knowledge Management in Practice. California Management Review，1998

[65] Nonaka，I. & Takeuchi，H.. The Knowledge Creating Companies，Harvard Business Review. 1995，5

[66] Tom Steward.. Knowledge Capital in Knowledge Economy Era. Fortune，1994

[67] C. Holsapple，K. Joshi. Knowledge Management：A Three – Fold Framework. Kentucky Initiative for Knowledge Management，1997，7

[68] R. Young. Knowledge Management Overview：From Information to Knowledge. http：//www. knowledgeassociates. com/website/km. nsf/ notesdocs/ Overview/ OpenDocument，1999

[69] R. Van der Spek，R. de Hoog. Knowledge Management Network，U. of Amsterdam. The Netherlands ，2004

[70] Hongbing Zhang. Research on Organizational Knowledge Conversion. International Conference on Computer Science and Software Engineering，Wuhan 2008. 12，Volume5：304 – 307

[71] Wiig，K. M.. Knowledge Management Foundations. Schema Press，Arlington，TX，1993

[72] J. Liebowitz，T. Beckman. Knowledge Organizations：What Every Manager Should Know. St. Lucier CRC Press，Boca Raton，FL，1998

[73] Shin. M，Holden. T，Schmidt. A.. From knowledge theory to management practice：towards an integrated approach. Information Processing and Management，2001，（37）：335 – 355

[74] Chuang，Yih chyi. Learning by Doing，Technology Gap，and Growth. International Economic Review，1998，9

[75] Brian J. Loasby，The evolution of knowledge：beyond the biological mod-

el. Research Policy, 2002, (31): 1227 – 1239

[76] Byounggu Choi, Heeseok Lee. Knowledge management strategy and its link to knowledge creation process. Expert Systems with Applications, 2002, (23): 173 – 187.

[77] H. Saint – Onge. Knowledge management. Proceedings of the 1998 New York Business Information Technology Conference, November, TFPL, New York, 1998

[78] Rubenstein – Montano. A systems thinking framework for knowledge management. Decision Support Systems, 2001

[79] Johannessen, J. A., Olsen, B. & Olaisen. Aspects of innovation theory based on knowledge – management. International Journal of Information Management, 1999

[80] Drew, S.. Building knowledge management into strategy: making sense of a new perspective. Long Range Planning, 1999

[81] Francoise Barthlme. Jean – Louis Ermine. Camille Rosenthal-Sabroux. An Architecture for Knowledge evolution in organization. European Journal of Operational esearch, 1997

[82] Moller, Kristian, Svahn, Senja. Crossing East – West boundaries: Knowledge sharing in intercultural business networks. Industrial Marketing Management, 2004

[83] Delong, D. W. & Fahey, L.. Diagnosing Cultural Barriers to Knowledge Management. The Academy of Management Executive, 2000

[84] Nonaka, I.. A Dynamic Theory of Organizational Knowledge Creation, Organization Science, 1994

[85] R. Ruggles, Tools for Knowledge Management: An Introduction, Butterworth-Heinemann, Boston, 1997

[86] Pollar D.. Becoming Knowledge – Powered: Planning the Transformation, Information Resources Management Journal, 2000

[87] D. Malone. Knowledge management A model for organizational learning. International Journal of Accounting Information Systems, 2002, 3

[88] Jon – Arild Jahannessen., Bjorn Olsen. Knowledge Management and Sustainable Competitive Advantages: The Impact of Dynamic Contextual Training. International Journal of Information management, 2003

[89] Pan, Shan L., Leidner, Dorothy E.. Bridging communities of practice with information technology in pursuit of global knowledge sharing. Journal of Strategic Information Systems, 2003

[90] Lee, Jae – Nam. The impact of knowledge sharing, organizational capability and partnership quality on IS outsourcing success. Information and Management, 2001

[91] Argote L., Ingram P., Knowledge Transfer in Organizations: Learning from the Experience of Others. Organizational Behavior and Human Decision Processes, 2000, 82 (1)

[92] Gilbert Myrna & Gordey – Hayes Martyn. Understanding the Process of Knowledge Transfer to Achieve Successful Technological Innovation. Technovation, 1996, 16 (6): 301 –312

[93] O'Dell C., Grayson C. J.. If we only knew what we know: the transfer of internal knowledge and best practice. New York: Free Press, 1998

[94] O'Dell. C.. A Current Review of Knowledge Management Best Practice, Conference on Knowledge Management and the Transfer of Best Practices, Business Intelligence, London, 1996

[95] Darr, Eric D.. Kurtzberg, Terri R., An Investigation of Partner Similarity Dimensions on Knowledge Transfer. Organizational Behavior and Human Decision Process, 2000

[96] 闰芬, 陈国权. 实施大规模定制中组织知识共享研究. 管理工程学报, 2002, (3)

[97] Fred Nickols. The Knowledge in Knowledge Management, The Knowledge Management Yearbook 2000 – 2001, Boston Oxford Auchland Johannesburg Meibourne New Delhi. Butterworth – Heinermann, 2000

[98] Gilbert, Cordey – Hayes. The contribution of shared knowledge to IS group performance. MIS Quarterly, 1996

[99] C. W. Holsapple, M. Singh. The knowledge chain model: activities for competitiveness. Expert Systems with Applications, 2001

[100] 冯帆, 廖飞. 知识的粘性、知识转移与管理对策. 科学学与科学技术管理, 2007, (9)

[101] 唐炎华, 石金涛. 我国企业知识型员工知识转移的影响因素实证研究. 管理工程学报, 2007, (2)

[102] Chao Kuo – Ming, Smith Peter. Knowledge sharing and reuse for engineering design integration. Expert Systems with Applications, 1998, (3)

[103] 吴彤. 自组织方法论研究阅. 北京: 清华大学出版社, 2001: 3 –67

[104] Werner S. Pluhar. Critique of Teleological Judgement. Hackett Publishing Company, 1987: 253

[105] H. 哈肯. 高等协同学. 北京：科学出版社，1989：274 – 278

[106] 徐浩鸣. 混沌学与协同学在我国制造业产业组织的应用. 哈尔滨工程大学，2002

[107] 拉尔夫·D. 斯泰西. 组织中的复杂性与创造性. 成都：四川人民出版社，2000：37 – 39

[108] 米歇尔·D. 迈克马斯特. 智能优势：组织的复杂性. 成都：四川人民出版社，2000：10 – 15

[109] 邓小键，赵艳萍. 基于自组织理论的虚拟企业组织模式研究闭. 商业研究，2006，(6)：136 – 138

[110] 叶飞，孙东川. 网络经济时代的敏捷企业动态联盟与自组织理论. 华南理工大学学报（社会科学版），2003，5 (1)：44 – 47

[111] 赵艳平. 虚拟企业的协调机制研究 [博士学位论文]. 南京：南京理工大学，2007

[112] Baldwin C. Y., K. B. Clark, Managing an age of Modularity. Havard Business Review, 1997, 75 (5)：84 – 93

[113] Baldwin C. Y., K. B. Clark, Design Rules: the Power of Modularity. Cambridge MA：MIT Press, 2000

[114] 青木昌彦，安藤晴彦. 模块时代：新产业结构的本质阅. 上海：上海远东出版社，2003：20 – 30

[115] Schilling Melissa A., The Use of Modular Organizatlon Forms：An Industry-Level Analysis. Academy of Management Journal, 2001, (44)：6 – 14

[116] 童时中. 模块化原理设计方法及应用. 北京：中国标准出版社，2000

[117] 钱平凡，黄川川. 模块化：解决复杂系统问题的有效方法. 中国工业经济，2003，(11)：85 – 90

[118] 冯蔚东，陈剑，冯铁军. 虚拟企业组织设计过程与试运用. 计算机集成制造系统，2000，6 (3)：17 – 24

[119] 高汝熹，周波. 知识交易的经济特征. 研究与发展管理，2007，3

[120] 江积海. 企业知识交易机制的选择及其动态研究. 情报科学，2005，9

[121] 骆永民. 基础设施建设、交易成本与经济增长. 当代经济管理，2008，1

[122] 张红兵，和金生，张素平. 组织知识转化机制的研究. 中国科技论坛，2008，(8)：107 – 111

[123] 任志安. 企业知识共享网络理论及其治理研究 [博士学位论文]. 成都：西南交通大学，2001

[124] Hongbing Zhang, Junai Yan. Research on Knowledge Transfer Risks between

Allied Enterprises. Proceedings of The International Conference on Management of Technology, Taiyuan, 2008, 10: 197 – 202

[125] 周波. 知识交易的定价. 经济研究, 2007, 4

[126] Maret, Pierre. Virtual knowledge communities for corporate knowledge issues. Lecture Notes in Computer Science, 2005

[127] Rasmussen, L. B.. Work in the virtual enterprise – creating identities, building trust, and sharing knowledge. AI & Society, 2007, (21): 1 – 2

[128] Jermol, M.. Managing business intelligence in a virtual enterprise: a case study and knowledge management lessons learned. Journal of Intelligent & Fuzzy Systems, 2003, 14

[129] Di Marco, B.. Knowledge management: from hope to reality. Sistemi & Impresa, 2006, 52 (6)

[130] Cohen, A.. Libraries, knowledge management, and communities of practice. Information Outlook, 2006, 10 (1)

[131] Tianhui, You. Analysis and assessment of knowledge sharing risk in the virtual enterprise. Proceedings of the 9th Joint Conference on Information Sciences, JCIS, 2006

[132] Zhao, L.. Knowledge management issues in outsourcing. IEEE International Engineering Management Conference (IEEE Cat. No. 04CH37574), 2004

[133] Al Ghassani, A. M. An innovative approach to identifying knowledge management problems. Engineering Construction and Architectural Management, 2004, 11 (5)

[134] Numata, Jun. Information management for knowledge amplification in virtual enterprise. IEEE International Engineering Management Conference, 1996

[135] Michelini, R. C.. Knowledge – based emulation/simulation for flexible-automation manufacturing. Proceedings of the 1995 Eurosim Conference, Eurosim '95, 1995

[136] Hanley, S.. Knowledge is the glue: achieving effective collaboration through trust based relationships. Cutter IT Journal, 2002, 15 (6)

[137] Yuh Min Chen. A systematic approach of virtual enterprising through knowledge management techniques. Concurrent Engineering: Research and Applications, 1998, 6 (3)

[138] Valauskas, E. J.. The virtual association. Library Trends, 1997, 46 (2): 411 – 421

[139] Liao, Lejian. Ontological modeling of virtual organization agents. 9th Pacific

Rim International Workshop on Multi – Agents，PRIMA 2006，220 – 232

[140] Cheng Tao. Service location mechanism of virtual manufacturing organiza-tion. Engineering Journal，2005，8（3）：6 – 22

[141] 胡健飞，杜伟．虚拟企业知识管理问题研究．科技情报开发与经济，2006

[142] 黄哲．基于知识网络的协同知识创新联盟构建研究［博士学位论文］．哈尔滨：哈尔滨工业大学，2005

[143] Zhang Hui. Behavior representation and modelling of organizational virtual en-tities. Journal of System Simulation，2006，18（8）：252 – 254

[144] Hongbing Zhang. Study on Knowledge Transfer Risks between Member Enter-prises of Virtual Enterprise. Pacific – Asia Workshop on Computational Intelli-gence and Industrial Applications，2008，（12）：909 – 913

[145] Zhang Xionglin，Guo Qi，Zhang Hongbing. Research on Knowledge Manage-ment Strategy. Proceedings of The International Conference on Management of Technology，Taiyuan，2008，10：361 – 365

[146] 疏礼兵．团队内部知识转移的过程机制与影响因素研究［博士学位论文］．杭州：浙江大学，2006

[147] 唐建生．知识共享的若干问题研究［博士学位论文］．天津：天津大学，2005

[148] Nonaka，I．，Toyama，R．& Konno，N．. SECI，Ba and Leadership：A Unified Model of Dynamic Knowledge Creation，Long Range Planning，2000

[149] Nomura，Takahiko. Design of 'Ba' for successful Knowledge Management – how enterprises should design the places of interaction to gain competitive ad-vantage，Journal of Network and Computer Application，2002（4）：263 – 278

[150] Hedlund G．. A Model of Knowledge Management and The N-Form Corpora-tion. Stragegic Management Journal，1994

[151] Moore J．. The evolution of reciprocal sharing. Ethology and Sociobiology，1984

[152] 张红兵，和金生．虚拟企业知识创新发酵模型研究．中国科技资源导刊，2008，（6）：45 – 50.

[153] Zhuge Hai. A knowledge grid model and platform for global knowledge sha-ring. Expert Systems with Application，2002

[154] Hongbing Zhang. Research on Knowledge Increase in Enterprise Technologi-cal Innovation Ability. International Conference of Production and Operation Management，Xiamen，2008

[155] 和金生. 知识管理与知识发酵. 科学学与科学技术管理, 2002, 23 (3)

[156] 和金生, 张红兵. 产业集群知识创新机制的一个新视角. 科技管理研究, 2007, 27 (10): 230-232

[157] 张红兵, 和金生. 基于 "融知发酵" 的产业集群知识创新探析. 科学管理研究, 2007, 25 (4): 76-79

[158] 沈必扬, 王晓明. 基于吸纳能力、技术机遇和知识溢出的企业创新绩效分析. 科技进步与对策, 2006

[159] J. Liebowitz. Building Organizational Intelligence: A Knowledge Management Primer. CRC Press, Boca Raton, 2000

[160] Delphi Group. Knowledge Management Onsite Seminar, http://www.delphi-group.com/events/institutes/km-inst.tm, 1999

[161] D. Apostolou, G. Mentzas. Managing corporate knowledge: a comparative analysis of experiences in consulting firms. Second International Conference on Practical Aspects of Knowledge Management, Basel, Switzerland, 2001

[162] Liebowitz, J.. Knowledge management and its link to artificial intelligence. Expert Systems With Applications, 2001

[163] Epple, Dennis, Argote, Linda. Empirical investigation of the microstructure of knowledge acquisition and transfer through learning by doing. Operations Research, 1996, 44

[164] 雷宏振, 李垣, 廖貅武. 预先知识、内生共同知识与企业吸纳能力增进. 商业研究, 2005

[165] Bray, D.. Climate science and the transfer of knowledge to public and political realms. Anthropogenic climate change, 1999

[166] 吴伯翔. 中国本土企业吸收能力影响因素研究 [硕士学位论文]. 华东理工大学, 2005

[167] 黄曼丽, 蓝海林. 基于吸收能力的联盟企业组织学习研究. 科技管理研究, 2005

[168] 向刚, 汪应洛. 企业持续创新能力: 要素构成与评价模型. 中国管理科学, 2004, 12 (6): 137-142

[169] 于国波. 基于知识共享的企业技术创新能力提升机理及路径研究 [博士学位论文]. 武汉理工大学, 2007

[170] 董秋玲, 希阵英, 常玉. 多层次灰色评价法在西部科技园区技术创新能力评价中的应用. 科学管理研究, 2006, (4): 52-55

[171] Witmer, B. G., Virtual spaces and real world places: transfer of route knowledge, International Journal of Human-Computer Studies, 1996, 45 (11)

[172] Masnikosa, V. P. , On some obstacles in communication and transfer of knowledge, Kybernetes, 1999, 28: 575 – 84

[173] Femie Scott. Knowledge sharing: context, confusion and controversy. International Journal of Project Management, 2003 (3)

[174] Cabo, Pepin G.. Industrial participation and knowledge transfer in joint R&D projects. International Journal of Technology Management, 1999, 18: 188 – 206

[175] Klima Rolf. Improved knowledge of gas flow and heat transfer in reheating furnaces. Scandinavian Journal of Metallurgy, 1997, 26: 25 – 32

[176] 赵培勇. 虚拟企业知识共享风险研究 [硕士学位论文]. 西安理工大学, 2005

[177] 张红兵, 和金生. 国际科技合作中知识转移风险的研究. 世界科技研究与发展, 2009, 2

[178] 张红兵, 和金生, 张素平. 虚拟团队知识创新机理与能力培育. 中国人力资源开发, 2008, (9): 6 – 9

[179] 陈菊红, 汪应洛, 孙林岩. 虚拟企业伙伴选择过程及方法研究. 系统工程理论与实践, 2001, (7): 48 – 53

[180] 钱碧波, 潘晓弘, 程耀东. 敏捷虚拟企业合作伙伴选择的方法研究. 机电工程, 1999, 6

[181] Tulluri, S. , Baker R, C.. A quantitative framework for designing efficient business process alliances. international conference on engineering management andcontrol, IEMC, 1996: 656 – 660

[182] Mary Johnson, Laura Meade. Partner selection in agile environment. 4th Annual Agility Forum Conference Proc, 1995: 496 – 505

[183] 杨广, 郭宏湘. 虚拟企业伙伴信任关系的建立与维系. 广西财经职业学院学报, 2006

[184] Bailey J. H.. Learning and transfer of spatial knowledge in a virtual environment, Proceedings of the Human Factors and Ergonomics Society. 38th Annual Meeting, 1994

[185] Le Vie, Donald, S. Jr. knowledge transfer initiative to help achieve total customer satisfaction and ISO 9000 registration. IEEE International Professional Communication Conference, 1999

[186] Oeser, E.. Information superhighways for knowledge transfer and the need for a fundamental theory of information. International Forum on Information and Documentation, 1995, 20 (1): 16 – 21

[187] 史蒂芬·P. 罗宾斯. 组织行为学 (第七版). 北京: 中国人民大学出

版社，2002

[188] Linda Beamer and Lris Varner. Intercultural Communication in the Global Workplace. 北京：清华大学出版社，2003

[189] Abdel – Malek Lo. Tele – manufacturing：A Flexible Manufacturing Solution. International Journal of Production Economics，1998，57：1 – 12

[190] 朱筼生．跨文化管理：碰撞中的协同．广州：广东出版社，2000

[191] 王英俊．虚拟研发组织的运行及管理研究［博士学位论文］．大连理工大学，2006

[192] 戴俊，朱小梅．团队组织的知识交流机制研究．科学学与科学技术管理研究，2004，1：120 – 124

[193] Zuo, Meiyun. Framework for integration of SOA and Web2.0. Journal of Southeast University（English Edition），2007，23

[194] 丁清典．基于 Web2.0 的互联网新模式研究［硕士学位论文］．北京邮电大学，2006

[195] Makoto, O..Academic information and communication in the age of Web2.0. Journal of Information Processing and Management，2007，49

[196] Knights, M..Web2.0, Communications Engineer，2007，5

[197] Monistrol, R..Web browsers and Web2.0. El Profesional de la Informacion，2007，16：261 – 267

[198] Hongbing Zhang, Research on Knowledge Sharing Mechanism Based on Web2.0. International Seminar on Future Information Technology and Management Engineering，Leicestershire，United Kingdom，2008，11：210 – 213

[199] 庄秀丽．网志场交流技术环境．http：//www.kmcenter.org/ArticleShow.asp? ArticleID = 4276，2007

[200] Zhang Y. Q..Computational Web intelligence and granular Web intelligence for Web uncertainty. IEEE International Conference on Granular Computing（IEEE Cat. No.05EX1036），2005

[201] Maruyama, Katsuhisa. Japanese workshop on leveraging Web2.0 Technologies in Software Development Environments（WebSDE）.International Conference on Automated Software Engineering，ASE，2006

[202] 许梦丽．虚拟企业知识管理系统［硕士学位论文］．大连海事大学，2006

[203] 曹燕．基于 BLOG 的个人知识管理．科技管理研究，2007

[204] 王伟．基于 Web2.0 环境下的电子商务的盈利模式研究［硕士学位论

　　　　　 文］．对外经济贸易大学，2006

［205］耿小庆，和金生．知识技术的路线选择与平台构建．科技进步与对策，
　　　　　 2007，9

［206］李大玲．知识技术的发展对知识工程的影响．图书情报工作，2006，4

［207］林键，杨新华．知识管理的支撑技术及实现框架模型．计算机工程与应
　　　　　 用，2001，（13）：62 – 64

［208］乐飞红．企业知识管理实现流程中知识地图的几个问题．图书情报知
　　　　　 识，2000，（3）：15 – 17

［209］潘立武．企业知识管理及其知识仓库解决方案．计算机工程与设计，
　　　　　 2002，（11）：15 – 20

［210］温娟．知识仓库及其管理技术探讨．新疆大学学报，2002，（3）：362 – 364

［211］Michael H. G.. Learning by developing knowledge networks. ZDM，2004，
　　　　　 36：196 – 205

［212］Roy D. Pea. Toward a Learning Technologies knowledge network. 1999，47：
　　　　　 19 – 38

［213］袁静．基于融知发酵模型的组织知识需求、获取与管理研究［博士学
　　　　　 位论文］．天津大学，2005

［214］Kierzkowski. Towards virtual enterprises. Human Factors and Ergonomics In
　　　　　 Manufacturing，2005，15

［215］覃蔚．知识经济时代企业虚拟化之探讨［硕士学位论文］．湘潭大
　　　　　 学，2004

［216］修国义．虚拟企业组织模式及运行机制研究［博士学位论文］．哈尔滨
　　　　　 工程大学，2006

［217］Christian Wagner. Enhancing e – government in developing countries：manag-
　　　　　 ing knowledge through virtual communities. Electronic Journal on Information
　　　　　 Systems in Developing Countries，2003，14

［218］Johnston，Kevin. Knowledge，power and trust in SME e – based virtual organ-
　　　　　 izations. International Journal of Networking and Virtual Organisations，2005

［219］崔涛，刘航．面向虚拟企业的知识管理浅析．科技信息，2007

［220］胡婉君．基于虚拟企业的知识管理浅析．中国经贸导刊，2006

［221］马跃．虚拟企业知识转移［硕士学位论文］．山东大学，2006

［222］Rouser，K.. Strong threads of learning-knowledge transfer within communi-
　　　　　 ties of practice，IEMC ’03 Proceedings，2003

［223］成桂芳，宁宣熙．虚拟企业知识协作自组织过程机理研究．科技进步与
　　　　　 对策，2007

[224] Yoon T. . Knowledge fusion among the virtual production enterprises within the technology information infrastructure environment. IEEE International Engineering Management Conference, 2002, 1

[225] Xu Heping. Knowledge diffusion and technology innovation in virtual enterprises. Engineering and Management, 2003, 8

[226] Macedo T. M. . Informal networks: managing the knowledge within virtual enterprises. Second IFIP Working Conference on Infrastructures for Virtual Organizations, 2001

[227] Valikangas. Knowledge creation and virtual enterprises in power plant construction. Valtion Teknillinen Tutkimuskeskus Symposium, 2003

[228] Qi Ershi. Knowledge management system for virtual enterprises based on Web. Industrial Engineering Journal, 2006

[229] Haase, P. . Knowledge exchange in semantic – based peer – to – peer systems. NFD Information – Wissenschaft und Praxis, 2006, 57

[230] Spinosa L. M. An IT – based framework for knowledge management in networked organizations, E – Business and Virtual Enterprises. Second IFIP Working Conference on Infrastructures for Virtual Organizations, 2001

[231] Su, Stanley, Y. W. , Extensible knowledge base management system for supporting rule – based interoperability among heterogeneous systems, International Conference on Information and Knowledge Management, Proceedings, 1995

[232] Offsey S. . Knowledge management: linking people to knowledge for bottom line results. . Journal of Knowledge Management, 1997, 1

[233] Mowshowitz, Abbe. Virtual organization. Communications of the ACM, 1997, 40: 30 – 37

[234] Eversheim W. , Global virtual enterprises. ZWF Zeitschrift fur Wirtschaftlichen Fabrikbetrieb, 1998, 93

[235] Gosset, P. . From data exchange to knowledge sharing in the context of virtual enterprise. CESA '96 IMACS Multiconference, 1996

[236] Grudin Jonathan. Trends in collaborative technologies for supporting knowledge management. International Symposium on Collaborative Technologies and Systems, 2005

[237] Roche, C. . From information society to knowledge society: the ontology issue, AIP Conference Proceedings, 2002

[238] Zha X. F. . Knowledge – intensive collaborative design modeling and support, Computers in Industry, 2006, 57

［239］ Sumner, Jason. Knowledge, innovation and the organization. KM Review, 2005, 8

［240］ 隋波. 基于知识共享的企业成长系统及其模型研究 ［博士学位论文］. 西北工业大学, 2006

［241］ Thornhill, Stewart, Knowledge, innovation and firm performance in high- and low – technology regimes. Journal of Business Venturing , 2006, 21

后　记

本书是在我的天津大学博士毕业论文基础上修改而成的。值此之际，向所有曾给予我关心、支持和帮助的老师、同学、朋友以及家人致以诚挚的谢意和最美好的祝愿。

师恩重于山，首先要感谢我的导师和金生教授。在本书的写作过程中，从选题、构思、写作到定稿，都凝聚着导师的心血。导师深厚的学术修养、严谨的治学态度、活跃的学术思想和不断进取的精神，是我终生学习的典范。在今后的工作和学习中，我当以加倍的努力和更有成效的工作来表达学生的感激之情，以不负恩师的教诲与栽培。

在本书的开题阶段，陈通教授、赵国杰教授、刘晓峰博士提出了十分宝贵的建议。在本书的写作过程中，还有幸得到了李名梁博士、陈晓峰博士、柳锦明博士、胡杰博士、阎俊爱博士、冯珍博士等给予的思路启发和文献协助。在攻读博士期间，还得到了刘金兰教授、刘晓纯教授、陈红老师、唐建生老师、袁静老师、隋静老师、张雄林老师、李明老师等人的教导和培养。本书的完成离不开各位老师的悉心指导和帮助，在此表示衷心的感谢。

感谢我的同门王亚平、朱立彬、陈福林、李国春、李江、刘巍、李徐平、刘银波、裴欣、司云波、田静、王笑、王晓霞……在我学习期间，我们一起探讨与交流学术心得，彼此给予关怀和鼓励，为紧张而清苦的学习生活平添了不少乐趣。虽然朝夕相处的日子已经成为过去，但是你们给予我的友情和帮助今生铭记。

我还要感谢我的家人，他们是我最坚实的后盾。感谢我的父母对我的关心和支持；感谢我的妹妹张素平，虽然她尚在美国加州大学圣地亚哥分校攻读博士后，但是她却是我每一篇文章的第一读者和意见提供者；感谢我的哥哥张炎斌，当我遇到困难的时候，他总是第一个出现在我身旁帮我排忧解难。

最后，还要感谢本书所引用文献的作者，他们的研究成果构成了本书的研究基础。也真诚地感谢各位专家、学者在百忙之中审阅本书并提出宝贵意见。本书还受到山西财经大学课题"虚拟化动作企业的知识管理体系研究"（K203001）的资助，在此一并表示衷心感谢。

謹以此书献给所有关心、鼓励和支持过我的人们！

张红兵

2009 年 2 月于山西财经大学